KB050456

One Man's View of the World

리콴유의 눈으로 본 세계

리콴유 저 | 유민봉 역

박영사

추천사

전 세계의 글로벌 이슈를 참신하고 솔직하게 분석한 책이다. "리콴유의 눈으로 본 세계"는 반세기 동안 동료 지도자들이 리콴유 전 총리로부터 듣고자 했던 지혜를 들려주고 있다.

헨리 키신저, 미국 국무장관, 1973~1977

리콴유의 동북아 및 세계에 대한 날카로운 통찰력과 분석은 다시 한번 그가 왜 우리 세대에 탁월한 원로로 인정받는지를 잘 보여준다. 예측할 수 없는 도전으로 가득 찬 급변하는 세계에서 리콴유 전 총리는 이성, 명확성, 희망의 변함없는 목소리를 들려주고 있다.

이명박, 대한민국 대통령, 2008~2013

리콴유 전 총리는 미국과 중국 간의 피할 수 없는 힘의 재편이 초래할 결과를 강조하면서, 그의 날카롭고 설득력 있는 분석을 제시하고 있다. 또한 유럽 정치인들이 올바른 조치를 취하지 못하면 자초하게 될 유럽의 고립주의를 분명히 밝히고 있다. 그의 긴 안목과 지혜를 담은 "리콴유의 눈으로 본 세계"는 21세기 복잡한 세계에 가장 가치 있는 안내서가 될 것이다.

헬무트 슈미트, 독일 총리, 1974~1982

"리콴유의 눈으로 본 세계"는 리콴유 전 총리가 신망있는 정치인으로서의 오랜 경험과 국내문제에서 달성한 커다란 업적에서 얻은 통찰력을 잘 보여주고 있다.

야스히로 나카소네, 일본 총리, 1982~1987

다른 많은 지도자와 마찬가지로, 나도 아시아뿐만 아니라 전 세계 정세에 대한 리콴유 전 총리의 현명하고 솔직한 조언을 정기적으로 구했다. 그의 탐구하는 마음, 예리한 분석, 전략적 비전이 있었기 때문에 싱가포르가 오늘날 세계에서 독자적인 힘을 가질 수 있었다고 본다. "리콴유의 눈으로 본 세계"는 미래의 지도자들이 지혜와 통찰력을 얻기 위해서 두고두고 참고할 책이다.

조지 부시, 미국 대통령, 1989~1993

리콴유 전 총리가 전하는 식견과 조언은 그의 오랜 그리고 매력적인 삶에서 축적된 지혜의 산물이다. 특히 미국과 대등한 관계로 세계 최고의 자리에 오른 중국이 갖게 될 영향력과 역할에 대한 중요한 통찰력을 보여주고 있다. 사려 깊은 독자들은 이 책을 통해 향후 펼쳐질 세계를 거시적으로 명확하게 예견하고 그에 따라 계획을 세울 수 있는 직관력을 얻을 수 있을 것이다.

제임스 볼저, 뉴질랜드 총리, 1990~1997

리콴유 전 총리는 다시 한번 우리에게 명료한 사고, 호소력 있는 표현, 깊이 있는 사고와 상식을 제공해주고 있다. 필독서이다!

조지 슐츠, 미국 국무장관, 1982~1989

통찰력, 깊은 생각, 높은 식견, 선견지명이 담긴 책이다. 전 세계 국가와 싱가포르의 미래에 대한 리콴유 전 총리의 평가와 분석은 진실로 탁월하다. 지금 우리가 어디에 있고 어디로 가는지를 이해하고자 하는 사람들에게 중요한 지침이 되는 책이 될 것이다.

툰 다임 자이누딘, 말레이시아 재무장관, 1984~1991, 1999~2001

세계의 불확실성이 가득한 시기에 나온 의미있는 책이다. 중동, 중국, 미국, 유럽 등 그가 얘기하고 있는 주제들은 과거 우리 시대에도 늘 그랬던 것만큼이나 오늘날에도 어렵고 도전적인 주제가 될 것이다.

캐링턴 경, 나토 사무총장, 1984~1988

리콴유 전 총리는 결코 문제를 피하지 않고 직접 부딪히며, 문제의 본질에 대한 가정을 이해할 수 있도록 설명하고, 무대책에 대해서는 가혹할 정도로 비판을 가한다. 다른 사람들이 자신의 견해를 유보하는 방어적 입장을 취하는 경우에도 리콴유 전 총리는 직설적이고 요점을 그대로 파고든다. 현실 정치의 마스터로서 그와 대견할 만한 정치인이나 논객을 보지 못했다.

찰스 파월 경, 대처 영국 총리 비서, 1983~1990

과거 여러 번 리콴유 전 총리와 대화를 나누는 영광을 가졌고, 그때마다 늘 많은 것을 배웠다. 때로는 세부적인 부분에서 동의하지 않는 경우가 있었지만 그의 견해를 집중해서 경청함으로써 대단한 도움이 되었다. 미국인, 중국인은 물론 누구나 "리콴유의 눈으로 본 세계"를 일독함으로써 얻는 것이 많을 것이다.

조세프 나이, 하버드대 케네디스쿨 교수, 「권력의 미래」 저자

저자 서문

지난 100년간 세계는 상상할 수 없을 정도로 변화해왔다. 1920년대 내가 어린 아이였을 때는 십리도 안 되는 할아버지 댁에 가는 데 1시간이 걸렸다. 더욱 놀라운 것은 오늘날 서로 연락을 주고받는 방식이다. 1930년대 싱가포르에서 학교를 다니고 있을 때, 내가 좋아했던 영자 소년지를 받아보려면 영국에서 일주일에 한번 5, 6주 걸려 도착하는 배를 기다려야 했다. 오늘날 편지는 빠른 항공우편을 이용하면 몇 시간에도 받아볼 수 있다. 그런 것도 귀찮으면 빛의 속도로 빠르고 쉽게 인터넷 이메일이나 스마트폰 문자 메시지를 이용하면 된다.

이 모든 변화를 나는 예상하지 못했다. 그냥 싱가포르의 변화를 지켜볼 뿐이었다. 지금부터 50년 후는 어떤 모습일까? 지난 50년의 변화 속도보다 더 빠르게 변할 것이라는 것 이외에는 알 수가 없다. 오히려 15년, 30년 후에 일어날 일을 예상해보는 것이 더 현실적일 것이다. 구체적인 사건이 아니라 어떤 커다란 흐름(트렌드)이 지배적일지를 예상해보는 정도 말이다. 이 경우에도 불확실성을 배제하지 못한다.

이 책은 앞으로 예견되는 세계와 향후 중요한 역할을 하게 될 강대국에 관한 나의 견해이다. 미래가 앞으로 어떻게 펼쳐질지를 이해하려면 지금 어떤 일이 발생하고 있는지 그 원인은 무엇인지에 대한 정확한 이해가 선결조건이다. 국제 정세에 대한 나의 이해는 지난 50년간 공직생활에서 만난 많은 외국 인사들에 대한 관찰을 토대로 한 것이다. 이 기간 나는 싱가포르의 외교정책을 맡아 일했고, 글로벌 이슈를 직접 다루었던 인사들과 교류하였다.

한 국가의 결정과 행동이 전 세계적으로 가장 큰 영향을 미치는 두 나라는 바로 미국과 중국이다. 하지만 싱가포르는 이 두 나라 외에도 유럽, 일본, 한국, 동남아시아, 인도, 중동 등 가능한 많은 나라들과 관계를 유지해야 한다. 나는 이들 국가가 직면하고 있는 주요 이슈들에 대해서 그리고 앞으로 이들 국가의 미래가 어떻게 전개될 지에 대한 견해를 이 책에 담았다.

싱가포르는 현재의 세계를 있는 그대로 받아들여야 한다. 세계를 변화시키기에는 너무나 작은 나라다. 그러나 이들 나라 사이에서 운신의 폭을 극대화하도록 노력할 수는 있다. 그것이 우리의 전략이고, 그렇게 되도록 영리한 지략을 발휘해야 할 것이다.

국내적으로 싱가포르의 성공 스토리를 설명할 수 있는 세 가지 특성을 든다면, 사회적으로 가장 안전한 나라를 만든 것, 모든 국민을 동등하게 대한 것, 그리고 향후 모든 세대가 성공을 계속할 수 있도록 보장한 것이다.

지금까지 우리 싱가포르가 쌓아온 이 세 가지가 없었다면, 지금 우리가 향유하고 있는 이점을 갖지 못했을 것이다. 국내 투자가이든 해외 투자가이든 싱가포르에 투자할 때 확신을 가져야 한다. 이들 세 요소가 투자에 대한 지속적인 미래 수익을 확신시켜 줄 것이다. 우리가 다른 나라와 이러한 관계를 유지하지 못한다면, 우리는 세계인들의 관심 밖에 놓일 위험을 감수해야 할 것이다.

역자 서문

역자 서문을 쓰는 이 시점에 중국은 한국의 사드 배치가 자국의 핵심이익을 침해한다면서 중국 단체의 한국 관광 금지, 중국 내 롯데마트 영업 정지 연장 등 여러 형태로 경제 보복 조치를 계속 이어가고 있다. 한편 미국은 한미연합훈련에 초음속 전략폭격기 B-1B와 핵추진 항공모함 칼빈슨호를 전개하는 등 군사 동맹을 굳건히 보여주면서 한국의 대미 무역흑자를 이유로 한국산 철강재 수입규제, FTA 재협상 가능성 등을 제기하고 있다. 2017년 7월 강대국 사이에 끼인 대한민국의 현실이다.

다수의 우리 국민은 2016년 7월 정부의 사드 배치 공식화 이후에 중국이 보인 정치적·경제적 발언이나 조치에 대하여 우리의 주권을 간섭하는 외교적 결례이고 국민적 자존감을 건드리는 부당한 대응으로 받아들이고 있다. 다수 국민의 이러한 정서를 함께 공감하면서, 국민을 대표하는 한 사람으로서 중국과 미국의 두 강대국을 어떻게 이해하고 우리 한국이 취할 대안이 무엇인가를 고민하지 않을 수 없었다. 그때 책장에서 다시 꺼내든 책이 바로 이 *One Man's View of the World*(리콴유의 눈으로 본 세계)이다.

이 책을 통해서, 내가 가진 막연한 선입견과 민족적 감정이 아니라, 50년 이상 국제무대에서 미국의 닉슨 대통령에서 오바마 대통령까지 그리고 중국의 덩샤오핑 주석에서 시진핑 주석까지 양국의 많은 지도자들과 교류해온 리콴유 싱가포르 전 총리의 눈을 빌려 미국과 중국을 보다 균형감 있게 이해할 수 있었다. 이러한 나의 경험을 많은 분들과 공유하고 싶다는 생각에서 이 책을 번역하였다.

이 책은 학술서가 아니다. 리콴유 개인의 눈으로 세계의 정세를 보고 해석한 책이다. 나는 리콴유의 시각과 지도자로서의 삶의 철학에 깊은 인상을 받았다. 리콴유의 관점에는 아시아의 유교적 가치관과 미국의 자본주의 경제관이 깊이 자리 잡고 있다. 리콴유는 미국의 시장자본주의를 신봉하면서 개별 국가의 역사적·문화적 특수성을 함께 고려하여 미국과 중국을 포함한 세계 각국의 정치·경제 현상을 파헤치고 미래를 얘기하였다. 무엇보다도 50년 이상 전 세계의 지도자와 폭넓게 교류하면서 지도자는 물론 그 국가를 오랜 기간 지속적으로 관찰하면서 얻은 식견이기 때문에 다른 어느 외교 전문가나 학자의 주장과 차별되는 그만의 독특한 통찰력에 깊은 감명을 받았다. 또한 89세의 나이에 이 책을 쓸 정도의 체력과 맑은 정신력, 그리고 91세에 서거하였으니 죽음을 2년 앞두고 후회 없이 삶을 마무리하며 떠날 준비가 되어 있는 그의 초연한 자세가 나의 가슴 속에 깊은 여운을 남겼다.

이 책은 중국과 미국에 대해 내가 가지고 있었던 어설픈 이해를 보다 선명하게 가다듬어 주었다. 리콴유의 눈으로 보았을 때 미국과 중국은 모두 군사력과 경제력이라는 힘을 바탕으로 자국의 이익을 중심에 놓고 세계질서를 유지하려는 공통점이 있다고 본다. 다만 힘을 행사하는 방법이 미국은 합리적이고 그래서 순진하다면 중국은 거칠고 감정적이다. 미국은 외국을 주권국가로서 국제규범에 따라 대하지만 비정상국가에 대해서는 자유, 민주, 인권 등의 절대가치를 과신(過信)하고 이들 국가의 역사적·종교적·문화적 특수성을 무시하는 과오를 범하고 있다고 본다. 중국은 어떤 가치나 제도를 다른 국가에 강요하지는 않지만 자국의 이익을 침해하는 국가에 대해서는 주권국으로서의 지위나 국제규범을 무시한 채 힘으로 굴복시키는 패권국의 모습을 보인다는 것이다. 최근 중국이 한국에 취한 일련의 조치를 보면 쉽게 수긍이 되고, 중국 심리학자 우즈홍(武志紅)도 지적한 것처럼 덩치만 큰 아이 같은 나라(巨嬰國)이다. 한편 미국의 경우 리콴유가 관찰한 대로 국제규범에 따른 예측가능성과 합리성이 미국의 중요한 국가 자산이었다. 그런데 트럼프 대통령 취임 이후 미국제일주의를 앞세워 기존의 국제규범을 흔드는 상황이 나타나고 있다. 리콴유가 살아있다면 그도 이러한 미국의 태도에 당혹해 했을 것이다.

우리는 미국과 중국 그 어느 나라도 자국의 이익을 희생하면서 다른 나라를 배려하지 않는다는 현실, 그리고 군사력이든 경제력이든 경쟁국보다 더 큰 힘을 유지하기 위해 국력을 집중하고 있다는 현실을 분명히 이해하여야 한다. 그렇기 때문에 강대국 사이에 끼인 우리는 혼자의 힘이 아니라 동맹·동반·협력 관계를 맺는 집단 네트워크의 힘으로 우리의 주권과 이익 그리고 국민 자존감을 지켜나가는 노력에 정치권이 초당적으로 힘을 모아야 할 때이다.

이 책은 미국과 중국뿐만 아니라, 한국, 일본, 인도, 싱가포르, 유럽, 중동, 동남아시아 국가들, 그리고 세계경제와 기후변화·에너지에 대한 리콴유의 이해와 주장이 포함되어 있다. 무엇보다도 세계 각국이 겪고 있는 저출산 문제의 원인진단과 대응책, 유럽의 복지국가 모델이 등장한 배경과 한계, 특히 북유럽 스칸디나비아 국가 복지모델의 특수성 등에 대한 그의 견해는 저출산 문제와 복지서비스 확대의 압박에 직면하고 있는 우리에게 많은 시사점을 제공하고 있다.

이외에도 관심을 끈 부분은 말레이시아, 인도네시아, 베트남, 태국, 미얀마 등 동남아시아 국가들의 정치, 경제, 역사에 대한 리콴유의 예리한 분석이었다. 국가발전을 목표로 앞만 보고 달려온 대한민국은 우리보다 앞선 국가만 바라보고 이를 따라잡기 위해 노력해왔다. 국민소득이나 경제규모 측면에서 우리 뒤를 따라오는 동남아시아 국가들은 관심 밖이었다. 그런데 이들 국가의 정치제도와 현상을 보면서 우리나라가 경제는 앞서 있는지 모르지만 정치에서는 이들 국가와 큰 차이가 없다는 것을 새삼 확인하게 되었다. 이들 국가는 모두 신흥 개발국가들로서 그동안 정치발전과 경제성장에서 분명한 성과가 있었다. 하지만 정도의 차이일 뿐 1인의 가부장적·제왕적 권력이 지배하여 입법부·행정부·사법부 간의 견제와 균형이 이루어지지 않고, 여야 대립이 첨예하여 협치의 의회정치가 작동하지 않고 있다. 대한민국의 각 정당이 독일, 오스트리아, 프랑스 등 선진국의 권력구조와 정치제도를 벤치마킹하여 개헌안을 내놓고 있는데, 한편으로는 우리와 동양의 문화를 공유하는 이들 국가들이 겪고 있는 정치현상에서 우리가 반면교사로 삼을 부분이 많다는 것을 확인할 수 있었다.

번역을 마치면서 무엇보다도 이 책의 가치를 먼저 알고 원서를 나에게 선물해준 조경래 KPMG 고문께 감사함을 표한다. 원서에는 많은 인물과 지명, 전문용어가 등장한다. 독자의 이해를 돕기 위해 이들에 대해 각주를 달았다. 이 작업과 교정을 도와준 신재경 보좌관, 이순호 박사, 조연경 박사, 최우영 비서관, 임희연 비서, 유무경 비서, 김효준 비서, 성민우 비서 등 의원실 보좌진에 감사한 마음을 전한다. 끝으로 이 책의 편집에 수고를 아끼지 않으신 편집부 전채린 선생님, 영업팀 강상희 선생님께 깊은 고마움을 표한다.

2017년 7월

유 민 봉

감사의 글

이 책의 출간은 스트레이츠 타임즈(*The Straits Times*) 편집진의 도움이 없었다면 불가능했을 것이다. 편집에 참여한 한혹쾅, 엘진 도, 주라이다 이브라힘, 추아무이훙, 샤시 자야크마르 씨는 연구 및 편집 자료를 제공해주었다. 또한 이들은 나와 수차례의 인터뷰를 진행하였고 그 발췌본이 책의 각 장에 포함되었다.

이 책이 제 시간에 순조롭게 발행될 수 있도록 도와준 나의 개인 특별보좌관 안토니 탄, 언론 비서 영운잉, 그리고 여러 지원 기관의 스태프들에게도 감사의 뜻을 전한다.

차례

chapter 01

중국CHINA

chapter 02

미국AMERICA

chapter 03

유럽EUROPE

chapter 04

일본JAPAN 한반도KOREA 인도INDIA

chapter 05

동남아시아SOUTH-EAST ASIA

chapter 06

싱가포르SINGAPORE 갈림길에 놓이다

chapter 07

중동MIDDLE EAST

chapter 08

글로벌 경제GLOBAL ECONOMY

chapter 09

에너지ENERGY & 기후변화CLIMATE CHANGE

chapter 10

나의 삶MY LIFE

chapter 11

대화CONVERSATION

리콴유의 눈으로 본 세계

■ 각 chapter의 지도는 편집과정에서 삽입한 것임

chapter
01

중국CHINA

중앙의 강력한 힘: 중앙통제

현재의 중국과 앞으로 20년 뒤의 중국을 이해하려면, 중국 사회와 중국 국민에 대해 먼저 이해할 필요가 있다. 중국인의 머릿속에는 지난 5,000년의 역사를 통해 국가 통치의 중심 권력이 강력했을 때는 나라가 안정적이었던 반면, 그렇지 못했을 때는 혼란과 혼돈의 어지러운 시기였다는 생각이 깊이 자리 잡고 있다. 모든 중국인은 국가를 이끄는 지도부가 강력해야 평화와 번영이 가능하다고 생각한다. 이것이 통치의 기본 원칙으로서, 중국인의 내면에 뿌리 깊이 새겨진 역사의 교훈이다. 중국은 앞으로도 이 원칙에서 벗어나는 일이 없을 것이고, 그것은 공산주의 이념보다도 우선되는 중국인의 신념 체계이다.

일부 서양 국가는 서구식 민주주의가 중국에 도입되는 것을 보고 싶어 하겠지만, 아마도 그런 일은 일어나지 않을 것이다. 몇 년에 한 번씩 국가 지도자를 바꾸는 미국인들의 시각으로 보면, 대통령 선출이든 의원 선출이든 1인1표제의 선거를 하지 않는 성공적인 국가를 상상할 수 없을 것이다. 그러나 그것은 세상을 보는 미국인들의 선입견일 뿐이다. 중국 사람들은 그런 전통을 경험한 적이 없다. 중국은 미국과 다른 문화와 역사, 그리고 13억 명의 인구를 가진 거대한 나라이다. 중국은 그들만의 방식이 있는 것이다.

2011년 가을, 중국 광둥성의 어촌 마을 우칸烏坎에서 민심이 폭발하는 소요사태가 발생했다. 마을 사람들이 지방 관료와 공모한 개발업자에게 땅을 빼앗긴 것이다. 물론 토지 분양으로 얻은 이익은 개발업자와 관료들에게 돌아갔다. 처음에는 몇 백 명의 억울해 하는 농민들이 비교적 작은 규모의 항의를 시작하였다. 그 때가 9월이었다. 그런데 12월 항의 시위에 참여했던 농민 한 사람이 경찰 구금 중에 사망하자 본격적인 시위로 번지고 며칠 만에 거의 2만 명의 주민이 가담하는 큰 사태로 커졌다. 주민들은 장애물을 설치하고, 간단한 무기로 무장해 마을에서 관료들을 쫓아냈고 빼앗긴 농토를 돌려달라고 요구했다. 한편 중국 언론에는 우칸에서 발생한 소요사태 관련 뉴스가 하나도 보도되지 않았지만, 많은 중국인들은 인터넷과 해외뉴스를 통해 무슨 일이 일어나고 있는지를 알 수 있었다. 결국 광둥성 당 부서기가 항의자들을 만나 주민들의 불만이 정당하다고 인정했고, 땅의 일부를 그들에게 다시 돌려주었다. 그리고 시위로 체포됐던 주민들은 모두 풀려났다. 이 사태가 있은 이후 마을에서는 비밀투표에 의한 자유선거가 열렸고, 시위를 이끌었던 핵심 인물이 압도적인 승리를 거둬 새로운 마을 지도자가 되었다. 우칸에서 벌어진 사건은 중국에서 민주개혁을 원하는 사람들에게는 유명한 사건이 되었다.

우리는 비단 우칸만이 아닌, 중국의 다른 곳에서도 매일 이와 비슷한 시위가 일어나고 있다는 것을 알고 있다. 그리고 누군가는 이러한 사태가 중국의 취약한 부분을 보여주는 증거라고 생각한다. 그러나 중요한 것은, 우칸 소요사태가 그러했듯이, 중국 당국이 그 어떤 사태도 전국적인 시위로 번지도록 방관하지 않는다는 것이다. 우칸 지역의 질서를 회복하고 사태를 중재하기 위해 중국 공산당은 광둥성 당 부서기까지 보내는 정도였다.

우칸사태로부터 우리는 두 가지 교훈을 얻을 수 있다. 하나는 공산당이 장악력을 가지고 있으며 실제 당의 관여로 질서가 바로 잡혔다는 것이고, 다른 하나는 당이 평화 유지를 위해 강경책과 유화책을 적절히 활용했다는 것이다. 사태가 확대되기 전에 매우 강력한 국가보위부서가 나서 소요사태에 엄하게 대응하면서 동시에 부패한 지방 관료의 편이 아니라 주민의 편에 서는 유연함을 보여주었다. 그래서 중국 공산당이 부패로 얼룩져 있다고 단정하는 것은 너무 단순한 생각이다. 실제로 우칸 주민들이 시위 때 내건 구호를 보면 부패한 지방 관료에 대해서는 반대했지만 공산당에 대해서는 지지한다는 내용으로 당과 부패관료를 분리하는 조심성을 읽을 수 있다.

이것은 수천 년 동안 중국의 시위자들이 공통적으로 보여 왔던 전략이기도 하다. 그들은 국가의 중앙 통치 권력에 도전하는 것은 곧 전멸을 뜻한다는 것을 알고 있기 때문에 지방 관료의 악행에 대항하면서도 중심 권력에는 충성심을 보여주는 것이다. 중국의 통일된 권력을 잡기 위해 끝장을 보겠다는 모험을 하지 않는 한, 누구도 국가 중심 권력에 도전하려 하지 않을 것이고, 그래서 그런 일은 일어나지 않을 것이다.

정치변동

세계무대에서 중국의 재부상은 우리 시대의 가장 극적인 사건 중 하나라 할 수 있다. 특히 중국의 경제적 부상은 놀랍다. 중국은 지난 40년 동안 상상할 수 없는 속도와 인류 역사에서 전례없는 규모로 성장하였다. 2020년이 되면 중국의 국내총생산GDP은 세계 최고가 될 것이고 이후 몇 세기 동안 계속될 것으로 보인다. 더욱이 중국 국민들이 과거 칙칙하고 단조로운 모습에서 오늘날 다양한 관심과 열망을 가진 사람들로 변화하는 것은 더 이상 놀라운 일도 아니다.

군사적으로도 중국은 자신의 힘을 드러낼 수 있는 기술개발과 군사행동능력에 큰 진전이 있을 것이다. 지금은 미국이 중국 영해 12마일 근방에서 근접 정찰을 하고 있지만, 중국은 언젠가 미국을 12마일 영해 밖으로 밀어낼 것이다. 그 다음에는 다시 200마일 배타적 경제수역Exclusive Economic Zone, EEZ 밖으로 밀어내 미국이 더 이상 중국 동부 해안선 200마일 안에서 스파이 활동하는 것을 허용하지 않을 것이다.[1] 지금 강대국 간의 힘의 질서가 변하고 있다.

20~30년 안에 중국은 국제사회에서 최대 강국 미국과 대등한 자리에 앉길 원할 것이다. 중국은 새로 비상한 신흥 강대국new power이 아니라, 과거의 국력을 부활시킨 이전의 강대국old power이

1 중국은 2016년 12월 25일 랴오닝(遼寧)호 항공모함 편대를 중국 근해의 전략적 군사방어선인 제1열도선(쿠릴 열도에서부터 일본 오키나와, 대만, 필리핀, 말라카 해협을 연결하는 선)을 넘어 서태평양 지역에 진입시켰다. 공산당 기관지 인민일보(人民日報)의 자매지인 환구시보(環球時報)는 다음 날 26일 사평(社評)에서 "중국 함대는 언젠가는 동태평양을 순항해야 한다"고 주장했다(연합뉴스, 2016. 12. 26).

라고 보는 것이 맞을 것이다. 새로운 '비상'이라기보다 '부활'이라고 보아야 할 것이다. 결국 중국의 의도는 세계 최고의 강대국이 되는 것이라고 나는 믿는다.

중국의 변화에서, 정치도 예외일 수는 없다. 어느 시스템이든 영원히 변하지 않는 것은 없다. 나의 생애에서 가장 믿기 힘든 경험 중 하나가, 레닌주의 구소련에서 체제의 개혁 필요성을 주장한 미하일 고르바초프의 등장이다. 구소련과 같은 상황이 중국에서 반복되지 말라는 법은 없다. 지도자 선출 방식을 아무리 조심스럽게 바꾸어가더라도, 언젠가는 "이런 말도 안 되는 제도, 이제 개혁하자"고 소리치는 세대가 등장할 것이다. 그런 일이 일어나지 않을 것이라고 누구도 장담할 수 없다.

그러나 중국에서 그런 일이 일어난다 하더라도 1인1표제가 받아들여지지는 않을 것이다. 그저 한 지도자 집단이 다른 지도자 집단으로 바뀌는 정도에 머물 것이다. 왜냐하면 문화적으로, 역사적으로 중국인의 마음속에는 권력의 중심부가 강력하게 유지되어야 국가의 평화와 번영이 가능하다는 믿음이 자리 잡고 있기 때문이다. 1인1표제는 중국에서 한 번도 시행된 적이 없고, 그래서 중국을 번영으로 이끌어준 적도 없기 때문에 1인1표제는 시도조차 되지 않을 것이다.

비록 우칸 같은 소요사태가 여기저기 돌출적으로 발생한다 하더라도, 그런 반란이 계속 이어지리라고는 보지 않는다. 물론 중국에는 농민이 주도한 반란이나 봉기의 역사가 있긴 하지만 이것은 생활이 참을 수 없을 정도로 힘들 때 나타나는 것이었다. 지금 중국에서 보통 사람들의 삶이 점점 나아지고 있는데 그들이 왜 혁명을 원하겠는가? 중국인들은 덩샤오핑鄧小平의 개방정책 이후 그들이 이룬 엄청난 발전을 혁명에 의해 잃을 수 있다는 것을 알고 있다. 중국의 젊은이들 입장에서, 경제 전망이 현재보다 더 좋았던 적이 없었고, 삶의 질은 매일매일 나아지고 있으며, 국가로서의 중국은 점점 더 강력해지고 있다. 결국 현 상황을 흔들어 댈 이유가 없다. 고향을 떠난 시골 출신 노동자들은 권리를 박탈당하고 있음에도 집단으로 조직화되어 있지 않다. 그냥 도시의 중산층에 편입되길 원하며 더 잘 살길 원한다. 중산층이 되고 나면 상류층으로 올라가고 싶고 그 위치까지 올라가 생활이 안정되면, 국가의 투명성을 요구하고 통치에 대한 견해를 말할 수도 있다. 하지만 그렇게 되기까지는 시간이 걸릴 것이다. 현재의 중국 시스템이 개선되어야 할 여지는 있지만 붕괴의 위험에 놓인 것은 아니다.

힘과 통제력을 계속 유지하려는 중국 중앙정부의 의지를 과소평가해서는 안 된다. 중앙정부는 뛰어난 정보력과 선진 기술로 국정 상황을 예의주시하고 선제적 조치를 취해나간다. 인터넷, 아이폰, 소셜미디어와 같은 현대 기술의 출현으로 중앙정부는 일하기가 과거보다 어렵게 된 것은 사실이다. 왜냐하면 이들 기술을 이용해서 많은 사람들이 동시에 정보를 교환하고, 작은 집단이 큰 집단으로 커지는 것이 가능해졌기 때문이다. 그러나 이것이 중앙정부의 현장 감시가 느슨해졌다는 것은 아니다. 중국 정부는 사이버 공간에서 어떤 일들이 일어나고 있는지 전문적으로 모니터링하고 검열하는 사이버 군대를 운영하고 있다. 그들이 정보의 흐름을 감시·통제하는 데 투입하는 인적 자원의 규모는 가히 놀랄 만한 수준이다. 그리고 중국의 방화벽을 뚫고 다니는 일부 네티즌의 실력과 창의력에도 불구하고 중국 당국의 조치는 효과를 거두고 온라인상에서의 활동을 확실히 제어하고 있다. 중국 정부는 온라인 검열을 통해 온라인상에서 사람을 선동하고 조직화하는 능력을 차단하고, 사이버 보안부대가 빈틈을 노리는 어떤 해킹 시도도 진압할 것이다.

이런 모든 상황을 고려할 때, 앞으로 10~20년 내에 중국에서 기대할 수 있는 정치 개혁은 어떠한 형태가 될 것인가?

중국은 아마도 지금보다는 참여를 확대하는 형태의 정부로 조심스럽게 나아갈 듯하다. 이미 일부 마을과 기초 의회에서 직접선거의 사례가 있다. 따라서 선거를 통한 지도자 결정이 중국에서 점차 허용될 것이라는 것을 상상 못할 것도 없다. 다만 그런 시도가 잠정적이고 점진적으로 이루어질 것이다. 물론 중국은 예측할 수 없는 부작용을 초래할 무한경쟁 방식은 피할 것이다. 당국의 관리가 가능한 범위 안에서 허용될 가능성이 있다. 결국 중국으로서는 과감한 정치제도의 개혁을 시도할 강력한 외부의 압력도 내부의 인센티브도 없다고 할 수 있다.

다만 당내 민주주의는 중국 공산당이 실험해보고 싶어 하는 개념이다. 2007년 제17차 당 대회는 일부 최고당직 후보자의 선택 폭이 넓어졌다는 점에서 제16차 당 대회 때보다 훨씬 더 개방적이었다. 과거 마오쩌둥毛澤東이나 덩샤오핑과 같은 최고영도자paramount leader는 그들의 후계자를 지목했었지만, 후진타오胡錦濤는 그럴 수 없었다.

당내 민주주의는 다른 부분까지 확대될 수도 있다. 한 가지 생각해볼 수 있는 방법으로는, 성省이나 시 단위에서 당이 추천한 후보자들 간에 제한적 경선을 도입하는 것이다. 주요 당직에 3~4명의 검증된 후보자들을 내세워 경선에서 다수 대중의 지지를 얻어야 임명된다는 것을 당원들에게 인식시킬 수 있다.

그렇다고 해도 변화는 매우 느리게 진행될 것이다. 나는 중국 공산당이 공직자 선출의 전 과정에 대한 현재의 철저한 통제에서 완전히 손을 놓을 것으로 보지 않는다. 법치와 통치시스템의 부재 그리고 부패는 중국의 분명한 약점이고, 앞으로도 중국 시스템의 한계로 계속 작용할 것이기 때문이다.

중국에서 부패는 수천 년 이어져온 고질병이다. 특히 중국이 시장개혁을 도입한 이래 부패가 기하급수적으로 증가하였는데, 매우 급속하게 부의 규모가 커진 민간부문에 비해 공직자의 보수 수준이 형편없는 수준이었기 때문이다. 오늘날, 중국에서는 관계꽌시, guanxi없이는 어떤 것도 되지 않는다. 만약 중국에서 어떤 일을 성사시키려면 관계하는 상대방의 지위에 맞추어 선물의 등급을 구분해서 제공하여야 한다. 일반적으로 누구나 고위층 인사와 관계를 갖고 싶어 하고, 고위공무원이라 하더라도 그보다 더 위의 누군가와 관계를 발전시키고 싶어 한다. 예를 들어, 상사로부터 부당한 압력을 받고 있다고 생각하는 사람은 그 상사의 상사와 관계를 발전시켜 문제를 해결할 수 있는 것이다. 이것이 중국에서 갈등을 해결하는 중요한 방식이다. 중국에서 부패는 이렇게 만연되어 있기 때문에 중국 공산당은 부패와의 전쟁을 당의 '생사의 문제'로 생각한다.

중국에서 부패가 척결될 수 있을까? 국가 최고 지도층의 부패 청산을 위해 노력할 것이다. 그럼에도 불구하고, 2012년 11월 11일자 뉴욕타임즈는 원자바오溫家寶 총리 일가의 재산 27억 달러당시 한국 원화 환율로 약 3조원의 상세 내역을 공개하여 파문이 일기도 하였다. 특히 지방 수준에서의 부패는 통제하기 힘들 것이다. 부패가 시스템을 붕괴시키지는 않겠지만, 시스템의 비효율을 초래한다. 승진·취업 그리고 정책을 결정하고 집행하는 데 사적인 관계연고가 작용한다면, 최상의 효율적인 자원배분이 불가능할 것이다.

또한 중국에서는 법이나 시스템이 무시되는 뿌리 깊은 문화를 가지고 있다. 싱가포르는 이 점에서 서양과 같은 수준의 법질서·권력구조를 받아들이기에 이르렀다. 법을 만드는 의회입법부가 있고, 행정부·입법부로부터 독립하여 법을 해석하는 사법부법원가 있다. 당사자 간에 분쟁이 있다면 의회가 아니라 법원이 법의 정신과 의미 그리고 과거의 판례에 근거하여 판결을 하는 것이다.

그런데 중국은 아직 이런 시스템을 받아들이지 않고 있다. 중국에서는 어떤 합의서에 서명을 했다고 해서 최종 합의가 이루어진 것으로 보지 않는다. 문서에 서명한 것은 앞으로의 긴 우호관계에 있어 출발점에 불과하다. 중국에서는 서명하고 난 이후 관계를 지속하면서, 한 쪽이 너무 많은 이득을 보고 있어 일부는 돌려줘야 하는 것은 아닌지를 점검하고 정리하는 것을 관행으로 하고 있다.

이런 모호하고 불확실한 중국인의 태도는 국가기관에서도 나타난다. 중국에서는 자리에 앉은 사람이 기관보다 크다.[2] 그래서 국가주석도 군에 대한 개인적 영향력이 없다면 공식적인 군통수권이 제한받을 수밖에 없다. 싱가포르, 영국, 유럽, 미국의 경우 국가원수대통령이나 총리는 법에 군통수권이 규정되어 있기 때문에 군은 자동적으로 통수권자의 명령을 따르게 된다. 이들 국가에서는 기관이 사람보다 크기 때문이다.[3] 중국이 법질서를 확립하고 통치 시스템을 구축하는 데 미국은 차치하고 싱가포르 수준을 따라올 수 있을까? 결코 쉽지 않을 것이다. 그것은 중국 정부와 국민 모두에게 매우 근원적인 인식의 전환을 요구할 것이다. 중국의

2 The man is bigger than the office. 법, 제도, 시스템이 아니라 권력을 가진 사람의 재량권, 역량, 인간관계(꽌시)가 더 중요한 역할을 한다.

3 기관의 작동 원리, 일하는 방식 등을 규정해 놓은 공식적인 제도와 규범이 엄격히 준수되어야 하고, 개인은 그것을 부당하게 어기지 못한다.

문화와 역사에는 법질서나 시스템에 대한 개념이 없었기 때문에 그것을 어디부터 시작해야 할지를 모를 것이다.

중국은 법질서나 시스템 대신에 그들의 방식대로 모든 가능한 방법을 강구하여 국가를 운영한다. 바로 이런 한계 때문에 중국은 지속적으로 성장하고 최고의 국가역량을 활용하는 이상적인 국가는 결코 되지 못할 것이다.

결론적으로 중국의 제도와 시스템은 진화·발전하겠지만, 그것은 서양의 방식이 아니라 그들만의 독특한 방식이 될 것이다. 앞으로 중국이 취하는 개혁조치가 무엇이 되든지, 한 가지만은 변하지 않을 것이다: 중앙의 강력한 통제

중국 경제는 매우 급속히 성장했지만 정치 분야에서는 변화가 더디게 진행되어 왔는데요?

먼저 중국의 문화와 역사에 대한 이해가 필요합니다. 중국 역사에서 지도부의 권력이 강력했던 시기는 평화로웠고, 반대로 중앙권력이 약했던 시기는 혼란과 혼돈의 역사였어요. 지역의 군부(軍府)가 지배하던 시기가 특히 그러했지요. 모든 사람이 각자 자기가 판단하는 방식으로 행동했습니다. 그러니 중국이 오래 학습한 이 원리에서 벗어난 변화를 보기가 쉽지 않지요.

중국의 강력한 중앙집권화는 공산당과 동의어로 이해해도 되겠습니까?

현재의 중국 공산당을 보면 그렇습니다. 그런데 중국 공산당을 어떻게 이해하십니까? 중국 공산당은 사전에 나오는 엄격한 의미의 공산당이 아닙니다. 그것은 이미 병에는 새 와인이 담겼는데 아직 낡은 상표가 병에 붙어 있는 것과 같습니다.

하지만 중국의 정치구조는 그대로 남아 있지 않나요?

중국의 정치구조는 공산주의보다 먼저 만들어졌지요. 중국말에 "산은 높고 황제는 멀리 떨어져 있다(山高皇帝遠)"는 말이 있어요. 중국에서 황제는 힘과 질서의 중심입니다. 하지만 황제로부터 멀리 떨어져 있을수록 그 힘이 덜 미치고 그만큼 통치력이 약해지지요. 그런 역사가 수천 년 이어져왔습니다.

중국에서 일어나고 있는 근래의 많은 변화에도 불구하고 그런 제도가 당분간 계속되리라고 생각하시는지요?

글쎄요. 현재의 중앙권력은 과거와는 다르게 헬기, 인터넷, 핸드폰을 사용할 수 있고, 현장에 공안원을 신속히 투입할 수 있어요. 하지만 중국인의 근본적인 인식구조는 변하지 않았다고 봅니다.

정보에 익숙한 젊은 세대는 어떤가요? 그들은 정보를 쉽게 접할 수 있고 그래서 어느 정도 균형된 사고를 할 수 있지 않을까요? 그리고 도시의 하층민과 농민들이 소득격차를 더 이상 참지 않고 반란을 일으킬 가능성도 있고요?

나는 어떤 반란도 성공하지 못할 거라고 봅니다. 광둥성에 우칸이라는 곳에서 그런 비슷한 반란이 있었지요. 하지만 당 부서기가 내려와 문제를 해결했어요. 무엇보다 중국은 강력한 공안부를 가지고 있습니다.

중국의 오랜 역사가 이런 통제체제 때문에 가능했다고 보시나요? 소련, 동구 유럽 등 많은 국가에서 무력으로 권력을 쟁취하고 유지하려 했지만 모두 실패하지 않았나요?

중국은 동유럽과 다릅니다. 동유럽은 르네상스를 경험하였고, 자유를 향한 욕망이 있었고, 개인의 자율이 존중되는 자유사상 국가였습니다. 중국은 중국이지요. 거듭 얘기하지만, 중앙 권력이 강해야 국가가 안전하고, 그것이 약하면 국가가 위태롭다는 믿음이 중국인의 인식에 새겨진 가장 중요한 원칙입니다.

그렇다면 중동 국가에서 일어난 "아랍의 봄(Arab Spring)" 같은 반정부 시위가 가까운 미래에 중국에서는 일어나기 힘들다고 보아야겠군요.

아랍의 봄과 중국을 연결시켜 생각하는 것은 무리입니다. 그런 생각은 어디까지나 언론의 글 재간에 불과합니다. 그 기사를 읽고 이렇게 말했어요. "이 사람들 정말 중국을 전혀 모르는군!" 중국인들은 국가와 국민의 사고가 역사에 의해 결정되는 아주 긴 전통을 가지고 있습니다.

> **아랍의 봄 (Arab Spring)**
> 2010년 12월 북아프리카 튀니지에서 시작되어 이집트 그리고 주변의 중동 국가로까지 확산된 반정부 민주화 운동.

고질적인 부패고리에서 아무런 이득도 얻지 못하는 농촌 사람들이 체제의 변화를 원하지 않을까요?

그들은 집단행동을 할 수 있을 정도로 조직화되어 있지도 않고, 무엇보다도 도시 중산층에 진입하는 것을 목표로 삽니다. 체제에 대한 저항은 더 큰 혼란을 초래한다고 보고, 그들은 오히려 도시 사람이 되는 데 더 큰 관심이 있습니다.

그들에게 언젠가 중산층으로 올라갈 수 있다는 기대를 가질 만큼 충분한 사회적 유동성이 있다고 보시나요?

사회적 유동성이 어느 정도 있다고 봅니다. 그런 의미에서 계층화된 사회는 아니지요. 내가 잘 아는 영국을 보면, 매 세대가 최고의 자식을 낳아 기르고 그들끼리 결혼해서 상류층을 이루게 되지요. 그들 자식 또한 우수한 유전자와 교육기회를 통해 상류층을 유지합니다. 중국이 그런 상황에 도달하기까지는 오랜 기간이 걸릴 겁니다. 싱가포르는 급속히 고학력화가 진행되면서 예상했던 것보다 더 빨리 그런 상황에 도달하는 위험에 처해 있지요. 싱가포르에서는 택시 기사 집안이든 상인 집안이든 자녀들을 모두 대학까지 보내고 대학 나온 자녀들이 서로 결혼해서 상류층을 만들어 삽니다. 그리고 그 아이들에게 다시 유전자를 물려주고 교육기회를 제공함으로써 계층화된 '계급'을 만듭니다. 이런 현상은 어느 사회나 일어나기 마련입니다. 그런데 언젠가는 불만으로 가득 찬 바닥 민심이 "좋아, 한 번 판을 다시 짜보자"는 식으로 모아질 수 있지요. 이런 식으로 공산주의 혁명이 일어났던 것입니다. 중국 국민당은 전복됐고, 공산주의 엘리트가 등장했지요. 하지만 아직 중국 공산당이 그 정도에 이르렀다고 볼 수는 없지요.

공산당 이론가들은 당내 민주주의가 시작되어야하고, 거기서부터 변화가 시작되어야 한다고 주장하고 있습니다. 이것에 대해 어떻게 생각하십니까?

그들은 선거를 허용할 것이지만, 그것은 그들이 추천한 후보자들을 대상으로 하는 선거입니다. 그것이 그들이 말하는 당내 민주주의입니다.

그 다음 단계는 무엇입니까?

잘 모르겠어요. 모든 사람이 자유롭게 출마하고 무한 경쟁하는 상황은 오지 않을 겁니다. 중국에서 한 후보자가 "저는 이번 대통령 선거에 출마한 아무개입니다"라고 외치는 걸 상상할 수 있을까요?

글쎄, 대만에서는 그렇지 않나요?

대만은 인구가 고작 2천 3백만 명밖에 안 되는 매우 작은 곳입니다.

중국에서 1인1표 선거제는 가능하지 않다고 보시는군요? 도입 필요성조차 말입니까?

예. 다만 마을 단위나 성(省) 단위의 지방의회에는 1인1표제가 가능할지도 모르겠어요. 그러나 그보다 상위의 국가주석, 당서기, 성장(省長)들은 아닙니다.

만약 지도부에서 일부 생각이 다른 사람들이 있다면 어떤가요? 예를 들어, 원자바오는 총리 재임시절 정치개혁가의 인상을 주었고,

중국적 민주주의를 말하기도 했습니다.

원자바오는 1인자는 아니었습니다. 3인자였지요. 3인자가 말하기엔 좋은 얘기였지요. 당시 아직 영향력을 가진 장쩌민 전 주석이 뒤에 있었지요. 원자바오는 자신을 당 중앙위원회 집단지도 체제에서 한둘의 소수자라고 봤던 것 같습니다. 그들은 아주 신중하게 '선발'되어 그 자리에 들어간 사람들입니다. 그들이 어떻게 그 시스템을 버리고 일반투표를 하자고 말할 수 있겠어요? 그리고 누군가 그곳을 박차고 나와 선출될 수 있다! 그것은 역린逆鱗을 건드리는 것이지요.

중국이 싱가포르 정치 체제에 관심이 있다고 보십니까?

중국은 아이디어를 얻을 수 있으면 어떤 정치 체제에도 관심을 갖지요. 다만 그것을 어떻게 중국화하느냐의 문제가 남지요.

싱가포르는 1인1표제를 시행하고 있습니다.

중국은 그러지 못할 겁니다. 그렇지 않나요? 중국이라는 나라의 크기를 보세요.

그렇다면 중국은 싱가포르 정치 체제의 어떤 면에 관심을 가질 수 있을까요?

중국은 싱가포르가 어떤 방식으로 풀뿌리 민주주의의 주인공인 일반 시민을 시민-의원 소통 프로그램, 주민위원회, 인민협회 등에 지속적으로 참여시키고 있는지에 관심을 보여 왔습니다. 싱가포르에서는 일반 시민이 현장에서 겪고 있는 일을 파악하고 문제해결에 힘을 씁니다. 중국은 이미 싱가포르에서 시행하고 있는 이런 제도를 시행하고 또 지시도 내린 것으로 알고 있어요. 그것이 잘 실행되었는지는 별개의 문제이지만, 중국 지도부는 일선 현장에서 일반 국민이 겪는 문제가 무엇인지 계속 주시하고 해결하도록 지시를 내린 것은 분명하지요. 그러나 관료들이 개발업자들과 짜고 평범한 농민들에

시민-의원 소통 프로그램

시민-의원 소통 프로그램은 싱가포르가 개발한 시스템으로, 싱가포르 시민이 의원을 만나 민원을 제기하고 피드백을 받는 등 시정에 대해 얘기하는 프로그램의 이름이다.

인민협회

인민협회는 싱가포르에서 1960년 7월 1일에 설립된 준정부기관으로서, 민족 간 화합과 사회통합을 촉진하기 위해 설립한 것이다.

게 적정 보상 없이 농지를 포기하도록 강요한다면, 어떻게 우리 싱가포르 시스템을 따라올 수 있겠습니까?

만약 국민당이 중국 본토에서 집권했더라면 1인1표제가 도입되었을까요? 국민당 정부에서 국부로 존경 받던 쑨원孫文 선생은 서구식 민주주의를 신봉했는데요.

아니요. 나는 전혀 그렇게 생각하지 않습니다. 대만은 면적도 작고, 생존 차원에서 미국에 의존했기 때문에 그런 제도를 도입했던 것이지요. 대만은 독재의 권위 정부를 미국이 지켜주지 않을 것을 알았기 때문에 1인1표제를 받아들였다고 봅니다.

지금 대만은 민주주의 체제이고, **홍콩**도 몇 년 안에 보통 선거가 실시될 예정인데, 이것들이 본토 개혁에 큰 압박을 주지 않을까요? 본토의 중국인들이 같은 나라 사람이라고 생각하는 대만인과 홍콩인들이 어떠한 권리를 누리는지 목격하게 된다면, 중국 정부도 압박을 받지 않을까요?

글쎄요, 중국 국민들도 그런 선거제도를 원할 수 있습니다. 하지만 그들이 어떻게 정부에 압력을 가할 수 있을까요? 그들은 지금까지 선거를 해본 경험도 없습니다. 혁명을 통해 정부를 전복시킬 각오가 되어 있나요? 아니면 권력을 잡고 있는 사람들이 그 권력을 포기할까요? 중국 사람들 스스로도 13억 인구의 큰 나라에서 한 사람이 한 표씩 투표권을 행사해서 대통령을 뽑을 수 있다는 확신을 갖지 못했다고 봅니다. 1인1표제가 중국에서는 작동할 수 없는 제도이지요.

홍콩의 공식 명칭은 중화인민공화국 홍콩특별행정구이다. 행정수반(행정장관)은 선거위원회에서 간접선거 방식으로 선출된다. 선거위원은 입법회의 의원을 포함해서 전국인민대표대회(전인대) 홍콩 대표 등 당연직, 그리고 주민의 직접선거로 선출된 위원으로 구성된다. 입법회의(입법부)는 지역 및 직능대표 70명으로 구성되며 이 중 1/2이 직접선거로 선출된다.

그런 확신을 가지는 이유가 무엇입니까?

선생님이라면 13억 인구를 대상으로 선거운동이 가능하다고 보시나요?

비교의 차원에서, 인도에서 그렇게 선거가 이루어지지 않나요?

여러 다른 이유가 있겠지만, 인도에서 1인1표제를 시행한 효과가 그리 대단하지 않습니다.

도광양회韜光養晦
사람들이 경계심을 갖지 않도록 조용히 힘을 기른다

나는 2007년 11월 북경을 방문해 인민대회당에서 시진핑習近平을 처음 만났다. 내가 첫 면담자로 요청한 사람은 다른 인사였는데 중국 당국은 시진핑을 면담 1순위로 정한 것이다. 마치 시진핑이 후진타오의 뒤를 이을 지도자라는 것을 세상에 알리듯, 시진핑이 중국공산당 중앙정치국 상무위원으로 승진되고 나서 외국 지도자와의 첫 번째 미팅이었다.

시진핑을 처음 보았을 때, 생각이 좁은 소인배가 아니라 그릇이 큰 대인의 인상을 받았다. 그는 문제를 심사숙고하면서 자신의 지식을 드러내지 않았다. 그는 장쩌민江澤民만큼 친밀감이 들지는 않았지만, 그렇다고 후진타오처럼 형식적이지 않았다. 그에게는 엄숙함이 있었다. 특히 그가 만 15살 때인 1969년 샨시성山西省 시골에 하방下放[4]되어 겪었던 시련과 고난에도 어떤 불평이나 투정 하나 없이 묵묵히 주어진 일을 마치고 다시 돌아온 것을 보면, 가히 넬슨 만델라 급의 지도자 반열에 그를 올려놓을 만했다.

시진핑은 5세대 지도자의 핵심 인물이다.[5] 그는 중국 관료제의 장점을 살려 중앙에서 지방까지 중국 정부의 역량을 한 단계 끌어올렸다. 중국 관료들은 점차 서양식 교육을 받고, 외국 문물

4 문화혁명 기간 엘리트 재교육을 위해 지방으로 내려보낸 것. 시진핑 아버지도 이 시기에 중앙에서 향촌으로 하방되었다.

5 역대 중국 최고 지도자(paramount leader)는 일반적으로 1세대 마오쩌둥(1949~1976), 2세대 덩샤오핑(1978~1993), 3세대 장쩌민(1993~2003), 4세대 후진타오(2003~2013), 5세대 시진핑(2013~현재)으로 구분한다. 1976년 7월부터 1978년 3월까지 화궈펑이 중국 최고 지도자였으나 지도자 세대 구분에는 포함시키지 않는다.

에 노출되고, 영어 구사력이 좋아지고 있다. 그들은 더 이상 딱딱한 공산주의자가 아니다. 기술력이 앞선 선진 부국을 따라 잡기 위해 의욕을 보이는 실용주의자들이다. 시진핑에 앞선 4명의 최고 지도자들 모두 자신만의 독특한 업적을 남겼다. 마오쩌둥은 영원한 혁명을, 덩샤오핑은 개혁개방을, 장쩌민은 사회통합과 개발을, 그리고 후진타오는 빈부차가 완화된 조화의 사회를 업적으로 남겼다. 시진핑은 어떤 업적을 남기게 될 것인가?

1976년 중국을 처음 방문한 이래 나는 가능하면 연 1회 매년 중국을 방문하려고 했다. 실제로 나는 마오쩌둥부터 후진타오까지, 그리고 지금의 시진핑에 이르기까지 중국의 모든 최고지도자들을 만났다. 마오쩌둥은 중국을 재건한 위대한 지도자였다. 그는 청나라 이후 200년의 혼란기를 마침내 마감하고 1949년 천안문 관망대에서 중화인민공화국을 선언하였다. 혁명가로서 마오쩌둥만한 사람은 없다. 그는 게릴라전에 능숙했고, 국민당을 물리치고 국가를 통일했다. 하지만 중국의 근대화를 이끈 인물은 아니다. 중국을 해방시킨 그가 문화혁명으로 중국을 거의 파멸시켰다는 것을 역사는 비극적으로 기록하고 있다. 마오쩌둥이 더 오래 살고, 그의 이념을 계승한 직계 후계자 화궈펑華國鋒이 계속 중국을 통치를 했더라면, 중국은 아마 구소련의 길로 갔을 것이다. 내가 마오쩌둥을 만난 건 그의 전성기 때가 아닌, 생의 마지막 시기였다. 내가 그 때 보았던 그는 한 여성이 후난湖南 악센트가 섞인 그의 말을 나의 통역에게 중국 표준어로 통역해주고 그것을 나에게 다시 영어로 통역해주어야 했다. 나는 전설적인 남자의 그림자만을 보았다.

중국은 다행스럽게도 덩샤오핑이 뒤를 이어 국가의 길을 똑바로 돌려놓았다. 그는 1978년에 방콕과 쿠알라룸푸르를 거쳐 싱가포르를 방문했다. 그는 베트남이 캄보디아를 공격하지 못하도록 하는 데 우리의 협조를 원했고, 만약 베트남이 캄보디아를 침략하면 함께 베트남을 막아내자고 요청했다. 싱가포르 방문은 그가 새롭게 눈을 뜨는 계기가 되었을 것이다. 중국을 떠나기 전까지만 해도, 그는 방문지 세 곳방콕, 쿠알라룸푸르, 싱가포르이 모두 못사는 국가의 낙후된 도시라는 선입견을 가졌음이 분명했다. 그러나 그의 앞에 펼쳐진 세 도시는 중국의 어떤 도시보다도 앞선 각국의 수도들이었다. 싱가포르에서의 4일 방문을 마치고, 그를 태운 비행기의 문이 닫히고 난 후 나는 환송나온 참모들에게 "그에게 방문 도시를 사전 보고한 비서는 귀국하는 대로 질책을 받을 것 같다."고 말했다. 왜냐하면 덩샤오핑은 보고 받은 것과 전혀 다른 싱가포르를 보았기 때문이다. 싱가포르에 대한 보고 내용은 아마도 싱가포르에 사는 공산주의 동조자가 만든 편향된 것이었음이 분명했다.

덩샤오핑이 만찬에서 나를 축하해주기에 내가 무엇 때문이냐고 묻자 그는 말했다. "싱가포르는 참 아름다운 전원도시입니다!" 나는 그에게 감사를 표하고는 몇 마디를 추가했다. "우리가 건설한 것보다 중국은 앞으로 더 잘할 수 있습니다. 우리는 중국 남부의 땅 없는 농민의 자손에 불과하니까요. 중국에는 많은 학자와 과학자, 그리고 전문가들이 있습니다. 우리가 어떤 일을 하든, 중국은 우리보다 더 잘할 겁니다." 그는 대답하지 않았다. 그는 꿰뚫어 보는 듯한 눈으로 나를 쳐다보기만 했고, 그는 이내 다른 주제로 말을 이어갔다. 그 때가 1978년이었다.

1992년 덩샤오핑은 지속적인 개혁개방을 촉구하기 위한 중국 남부지역 순방 일정 중에 광둥성에 들러 지도자들에게 이렇게 외쳤다. "세계를 배웁시다! 특히 싱가포르를 배웁시다! 그리고 그들보다 더 잘 해봅시다!" 나는 속으로 조용히 말했다, "아! 저 사람은 내가 했던 얘기를 잊지 않았구나!" 나는 정말 중국이 싱가포르보다 더 잘 할 수 있을 거라고 믿었다.

덩샤오핑은 천연자원 하나 없는 작은 도시국가 싱가포르가 외국인의 투자와 경영 그리고 기술을 이용해서 국민들에게 얼마나 좋은 생활을 영위할 수 있게 해주는지를 직접 목격했다. 중국에 돌아간 그는 중국경제를 세계에 개방할 필요성을 설파했다. 그것은 중국의 역사에 있어 중대한 전환점이었고, 그때부터 뒤돌아보지 않고 앞만 보고 나아가고 있다.

나는 중국의 극적인 변화를 목격했다. 한때 사회기반시설이 전혀 갖추어지지 않은 빈곤한 도시들이 고속도로와 고속철도, 그리고 공항이 잘 개발된 신도시로 변모해갔다. 대련, 상해, 북경, 심천 등의 대도시를 방문해보면 홍콩이나 다른 세계적인 대도시들과 비교해서 조금도 뒤쳐지지 않는다는 것을 알 수 있다. 중국인은 위대한 건축가이자 건설기술자들이다. 그들이 왜 그렇게 오랫동안 그들의 능력을 발휘하지 못하고 가난 속에 살았는지 모르겠다.

덩샤오핑은 중국을 그 이전과는 완전히 다른 궤도에 올려놓았다는 평가를 받고 있다. 그가 개혁개방을 주창했을 때 많은 혁명동지들이 반대했지만, 의지가 굳고 강한 성격인 그는 반대를 무릅쓰고 그의 정책을 밀고 나갔다. 아마도 그가 없었다면 중국이 다시 새로운 변화의 전기를 맞게 되기까지는 꽤 오랜 시간이 걸렸을 것이다. 그는 회의론자들을 이겨내고 개혁을 추진할 수 있는 유일한 대장정大長征 참가자였기 때문이다. 덩샤오핑은 겉보기에는 그저 그런 작은 남자였을지 몰라도 지도자로서는 내가 만나본 사람들 중에 의심의 여지없이 가장 인상적인 세계적인 인물이었다.

덩샤오핑에 의해 다음 지도자로 선택받은 장쩌민은 1989년 천안문 사태 당시 상해 당 비서로서 상해에서도 발생한 비슷한 폭동을 성공적으로 진압한 사람이다. 그는 덩샤오핑이 시작한 중국의 개방정책을 성공적으로 완수하는 것을 자신의 확고한 목표로 삼았다. 나는 그를 따뜻하고 친근한 사람으로 기억한다. 한번은 갑자기 이탈리아의 유명한 노래, 오 솔레 미오O Sole Mio를 부르고는 내 팔을 붙잡고 말했다, “미국이 우리를 어떻게 생각한다고 보십니까?” 지금이라면 당연히 나에게 물어볼 필요도 없겠지만 그 때는 그들이 미국과의 관계가 원만하지 못했던 시기였다.

장쩌민을 이어 후진타오가 4세대 지도자가 되었다. 나는 그를 중국의 통합을 추진한 지도자로 기억한다. 그의 통치 기간에 중국을 근본적으로 바꾼 혁신을 한두 개 성공시켰다고 평가할 수 있을 것이다. 하지만 농민들의 도시 이주 그리고 늘어나는 소득격차 등 중국이 직면한 엄청난 도전을 해결하기 위해 해야 할 일이 너무 많았다. 그는 표현력이 화려하진 않았지만 기억력이 탁월했고 모든 문제를 아주 신중하게 점검하고 처리했다. 안타깝게도 취임 직후 발생한 사스SARS, 중증급성호흡기 증후군 사태를 처리하는 과정에서 초기 위기관리에 실책도 있었다. 그래도 사스가 경제에 심각한 위협이 된다는 것을 인식하고 나서는 보건부장관과 베이징 시장을 전례 없이 해임하는 등 문제해결을 위해 단호한 리더십을 보여주었다. 그리고 후진타오가 중국의 권력 핵심으로 부상하게 된 이유 중 하나는 티베트 반란의 진압 때문이었다. 내 기억에 그는 온화함과 아저씨 같은 모습 뒤에 강철 같은 단호함이 숨어있는 외유내강外柔內剛형 지도자였다.

앞으로 시진핑이 어떤 정책을 펼쳐나갈 지, 재임기간 중에 어떤 업적을 남길 지 예상하기는 쉽지 않다. 보통 중국 지도자들은 취임하기 전에는 자신의 계획을 외부에 떠벌리지 않는다. 그로 인해 공격의 빌미를 제공하지 않기 위해서이다. 지금 중국은 외부보다도 내부에서 발생하는 문제가 더 심각한 상황이기 때문에 아마도 시진핑은 이런 국내문제를 해결하는 데 모든 에너지를 집중할 것이다. 물론 예기치 않은 중대한 외부 사태의 발생이 변수가 될 수는 있다. 보통 사람들은 중대한 사태변화에 갑작스럽게 직면하게 되면 아무리 잘 세워진 계획이라도 흐트러지기 쉽다. 하지만 시진핑은 그런 상황이 오더라도 당황하지 않고 최대한 침착하고 진중하게 당을 이끌어 가고 군에 대한 리더십도 유지할 것으로 보인다.

사람들은 시진핑의 외교 정책을 긴밀히 주시할 것이다. 왜냐하면 근래 중국의 굴기屈起가 아시아든 서양이든 많은 나라를 놀라게 하고 있기 때문이다. 강대한 중국은 해외에 진출한 중국기업의 투자 확대 등을 통해서 외국에도 많은 이익을 가져다준다. 그러나 중국의 이웃 나라들은 잠에서 깬 거인의 외교정책이 점점 강압적이라는 것을 감지하기 시작했다. 미국 역시 아시아 태평양 지역에서 유지하여온 군사력 우위에 중국이 강하게 도전하고 있다는 것을 감지하고 있다.

가장 중요한 것은 주변국과의 평화로운 성장과 결코 패권국가가 되지 않겠다는 중국의 반복된 약속에 대한 신뢰의 문제이다. 주변국의 입장은 둘로 나뉜다. 하나는 중국이 조용하게 힘을 기르고 영향력을 키워나가되 '두목' 같은 행세를 하지 않을 것이라는 입장과, 결국에는 몸집을 키워 모든 국가를 위협할 것이라는 입장이다. 내 생각에 그들은 전자를 택할 것으로 보지만 동시에 그들의 몸집도 키워 나갈 것이다. 과거 덩샤오핑은 중국이 점진적으로 강해지면서도 저자세를 유지하는 것이 현명하다고 확신했다. 그는 다른 사람들이 경계심을 갖지 않도록 조용히 힘을 길러 때를 기다리는 도광양회韜光養晦의 전략을 굳게 믿었다. 중국은 세계 다른 나라들을 따라잡기 위해서는 적어도 30~40년의 평화 시기가 필요하다는 것을 알고 있다. 그들은 기존의 강대국을 자극하지 않고 모든 국가와 우호적 관계를 유지하면서 현재의 궤도대로 나아간다면 국력이 점점 강해질 것이라는 결론을 내린 것이다. 외국과 평화적인 관계를 유지함으로써 국내문제에 대처할 여유를 가지면서 경제성장을 지속해갈 수 있다고 보는 것이다.

중국은 또한 일본과 독일이 택한 길을 피해야 한다는 것을 염두에 두고 있다. 독일과 일본의 부상은 각각 유럽과 아시아에서의 패권과 자원 경쟁을 초래하였고, 결국 20세기에 두 개의 끔찍한 전쟁을 치러야 했으며, 그 결과 독일과 일본의 부상은 중도에 끝나고 말았다. 만약 중국이 전쟁에 관여한다면, 중국은 내부에서의 혼란과 충돌이 일어나고 오랫동안 다시 하락의 길을 가야 하는 위험을 감내해야 할 것이다. 따라서 중국이 내린 합리적인 셈법은 분명해 보인다. "얼마나 오래 기다려온 선진국 추월의 기회인데, 쓸데없이 서둘러서 재기의 모멘텀을 위기에 빠뜨리겠는가?"

그렇다고 중국이 외국과의 분쟁에서 매번 양보할 것이라는 의미는 아니다. 이제 힘의 균형이 바뀌면서, 즉 중국의 힘이 커지면서, 중국은 남의 눈치 보지 않고 좋다 싫다를 보다 분명하게 밝힐 것이다. 양제츠는 중국 외교부 부장[6]으로서 중국의 핵심 이익core interests에 대해서는 자국의 권리를 단호히 지킬 것이라는 입장을 분명히 했다. 중국 인접국들은 중국의 이러한 태도 변화를 감

6 2007년 4월부터 2013년 3월까지 재임하였다.

지해 왔다. 2008년에 베트남은 남중국해의 분쟁 해역에서 미국의 석유가스회사 엑손모빌Exxon Mobil에게 석유시추 권리를 제공하였다. 그러나 중국 해군은 엑손모빌의 철수를 요구했고, 철수하지 않으면 엑손모빌의 중국 본토 사업이 위태로워질 것이라는 점을 분명히 했다. 결국 엑손모빌은 사업을 포기할 수밖에 없었다. 미 해군이 그들 편에서 시추 권리를 보호해주지 않았기 때문이다.

일본은 2010년에 중국과 분쟁중인 센카쿠 섬중국명 댜오위다오에서 일본 경비정과 충돌한 중국 트롤 어선의 선장을 구금하였다. 일본은 처음에 일본법에 따라 선장을 기소하려고 했지만 중국의 강한 압박에 결국 굴복하고 선장을 풀어주기로 하였다. 이 사건은 우리에게 중국의 힘이 얼마나 강해졌는지를 보여준다. 중국은 일본의 침략 앞에서 함락 직전의 위기에 몰렸던 제2차 세계 대전 당시의 중국이 아니다. 이제 일본 열 배 크기의 대국이다. 일본이 굴복했다기보다는 변화한 현실을 받아들인 것뿐이다. 일본은 그들이 상대하는 중국이 내부 혼란에 의해 통치력이 상실된 중국이 아니라, 하나의 통일된 중앙 국가권력이 일사 분란한 조직체계를 갖추고 단호한 행동을 보여줄 수 있는 힘을 가진 중국이라는 것을 알았던 것이다.

지난 몇 년 동안 우리는 중국이 더 이상 수동적이지만은 않다는 것을 명확히 보았다. 중국은 이제 그들의 요구를 관철시키기 위해 적극적이고 앞으로 계속 그럴 것이다. 중국은 인접국 중에서 가장 거대한 국가라는 것을 알고 있고, 힘이 커지면서 더욱 주변 국가로부터 그들 권익을 보장받으려 하고 있다. 그래서 중국과 균형을 맞출 수 있도록 아태 지역에서 미국이 상당한 정도의 존재감을 유지하는 것이 아세안을 포함한 아시아 국가들을 위한 일인 것이다. 중국에 맞설 수 있는 미국의 균형추 역할이 없다면, 아시아의 작은 국가들에게는 자국의 이익을 지킬 대안의 여지가 없어진다. 한 그루가 아니라 두 그루의 나무가 있을 때, 어떤 나무의 그림자 밑으로 들어갈 지 선택의 여지가 있게 된다. 미국으로서도 태평양에서 1인자의 지위를 잃는다면, 전 세계에서의 1인자 자리에도 타격이 불가피할 수 있기 때문에, 태평양은 미국에게도 매우 중요하다.

태평양 해역에서 군사적 우위를 차지하려는 중국과 미국 사이의 경쟁은 이미 진행되고 있고 이것은 21세기 후반까지 계속될 것이다. 그 때가 되면 미중관계는 냉전시대의 미소관계와는 차원이 다른 세계에서 가장 중요한 대칭적 양자兩者 관계가 될 것이다. 2001년 9.11테러 이후 미국이 이라크와 아프가니스탄의 전쟁 때문에 다른 곳에 신경 쓸 겨를이 없었던 시기에 중국은 아세안 국가들과 유대를 강화하고 자유무역협정FTA을 체결하면서 이 지역에서 조용히 자국의 이익을 키워나갈 수 있었다. 10여 년 전 주룽지朱鎔基 당시 총리[7]에 의해 중-아세안 자유무역협정이 제시되었을 때, 아세안 국가들은 놀랐다. 왜냐하면 우리는 중국이 쌍방적이고 지역적인 자유무역협정을 통해 중국 경제를 더 개방하는 것에 주저한다고 보았기 때문이다. 하지만 중국이 아세안 국가들과 강력한 경제적 유대 관계를 맺음으로써 중국의 성장이 그들에게 위협이 아닌 기회라는 점을 인식시키는 것이 중국의 전략적 행동이었던 것이다. 그 연장선상에서 나는 미국 무역대표에게 만약 10~20년 안에 미-아세안 FTA가 체결되지 않을 경우 아세안 경제는 중국 시장에 점점 더 통합될 것이고 미국은 이 지역에서 2인자로 밀릴 것이라고 말했다.

7 1998년 3월부터 2003년 3월까지 재임하였다.

군사적으로는 아직도 미국이 중국보다 훨씬 앞서 있다. 중국의 국방 예산은 매년 두 자릿수 증가를 보이고 있지만 아직 미국 국방예산의 6분의 1 수준이고, 군사기술에 쏟는 미국의 엄청난 국방예산을 고려하면 실질적인 군사력 차이는 더 크다고 할 수 있다. 중국도 종국에는 미국과 맞먹는 막강한 군사력을 가진 국가가 되고 싶어 할 것이다. 하지만 그러기까지에는 앞으로 수십 년은 더 걸릴 것이다.

중국은 미국의 군사력을 따라잡기 위해 모든 수단을 강구할 것이다. 중국은 이미 유인우주선을 발사하고 미국이 격추할 수 없는 GPS 시스템을 개발하는 등 미국의 최첨단 기술개발에 맞서기 위한 노력을 하고 있다. 미국의 GPS 시스템에 의존하는 한 미국에 압도당할 수밖에 없다는 것을 알고 있다. 중국이 우주 공간에 있는 자국 위성을 격추하고 또 자국의 탄도 미사일을 요격하는 능력을 보여주었을 때, 그것은 중국이 미국에게 "우리를 겁주지 마! 우리도 태평양 상공에서 너희들 미사일을 격추시킬 수 있어"라는 신호를 보내고 있었던 것이다. 그것은 단순히 하늘을 날아가는 새를 맞추는 새총 얘기가 아니라, 비유하자면 하늘을 나는 바늘을 바늘로 쏴 떨어뜨리는 것이기 때문에, 중국의 엄청난 군사적 능력을 과시한 것이었다.

중국은 가까운 미래에 미국이 자국의 동부 해안에 대한 감시 정찰을 하지 못하도록 해안 수호에 최선의 노력을 다 할 것이다. 바로 지금 이 순간에도 미국은 중국 동부 해안 12마일까지 접근해 정찰할 수 있는데, 한 번 그 반대를 상상해보자. 만약 중국 항공모함이 미국 해안에 가까이 접근해온다면 미국은 절대 가만히 있지 않을 것이다. 그러니 중국의 입장도 이해할 수 있을 것이다. 다만 중국이 미국을 자국의 해안가에서 더 멀리 밀어내려면, 미사일로 미국의 항공모함을 가라앉히거나 항공기를 격추시킬 수 있다는 암묵적인 협박이 가능할 만큼 장거리 미사일 기술을 개선시킬 필요가 있지만 지금 시점에서 중국은 그렇지 못하다. 중국이 그렇게 할 수 있는 날, 미국은 더 이상 격추될지도 모르는 위험을 무릅쓰고 중국의 영해에 접근하지 못할 것이다. 중국이 "여기는 우리 경제수역인데 왜 가까이 오는 거야! 우리는 너희 태평양 해안에 가지 않는데 너희들만 우리 해안에 올 수 있다는 권리를 이제 인정 못하겠어. 더 이상 가까이 오지 마!"라고 주장할 때, 미국이 과연 그렇게 못하겠다고 버틸 수 있을까? 결국엔 '힘이 권리'가 될 것이다.

그렇기 때문에 결국 20~30년 이내에 미국과 중국 사이에는 힘의 균형이 이루어질 것이다. 1단계로 중국은 미국을 중국 영해 12마일 밖으로 밀어낼 것이고, 2단계로 200마일 배타적 경제수역 밖으로 밀어낼 것이다. 언젠가 중국이 그렇게 할 수 있게 되면, 아시아 태평양 지역에서는 중국이 가장 영향력이 센 국가가 될 것이다.

어떤 학자들은 역사적 전례에 비추어, 새로운 강대국이 부상하고 기존의 강대국이 자신의 우월적 지위에 위협을 느끼게 되면 둘 사이에 군사적 충돌 가능성이 매우 높다고 예측한다. 중국과 미국의 경우 나는 이 예측에 동의하지 않는다. 두 나라 모두 핵무기를 보유하고 있기 때문에 전장에서의 힘 대결은 매우 비참한 결과를 가져올 것이고, 그래서 군사적 충돌이 누구에게도 도움이 되지 않는다는 것을 알고 있기 때문이다. 더욱이 과거 미소 관계와는 다르게 중국은 현재 자유 시장을 전면적으로 받아들이고 있기 때문에 양국간에 공존할 수 없는 극단적인 이념적 충돌이 존재하지 않는다. 또 중국은 미국의 시장, 투자, 기술, 대학에 접근하고 도움을 얻기 위해서라도 미국과 지속적인 우호관계가 필요하다. 미국으로서도 중국을 장기적인 적으로 만들 필요가 전혀 없는 것이다.

양국간에 가장 큰 위기를 불러올 수 있는 뇌관은 대만이다. 그러나 나는 미국이 대만의 독립을 위해 중국과 전쟁을 벌일 것이라고는 보지 않는다. 미국에 득 될 것이 없기 때문이다. 그러나 만약 미국이 대만 때문에 중국과 싸우게 되고, 첫 판에서 이기게 될지라도 이후 중국이 계속 전쟁을 불사한다면 이를 감당할 수 있을까? 다시 말해, 중국이 대만의 독립을 막기 위해 기꺼이 감내할 희생 그 이상을 미국이 희생할 각오가 되어 있을까? 중국은 대만을 잃는다는 것은, 그 어떤 지도자도 자리를 유지하기 힘들 만큼 매우 심각한 문제이기 때문에 만에 하나 첫판에 지더라도 중국은 미국을 이길 때까지 계속 전쟁을 불사할 것이다. 그렇기 때문에 미국은 대만을 놓고 중국과 싸울 가치가 없는 것이다. 대만이 이런 현실을 아직 깨닫지 못하고 있다면 시간이 지나면서 이를 알게 될 것이다. 국민당 마잉주馬英九 총통8은 이런 사실을 반쯤은 인정하고 통일, 독립, 무력은 불가한다는 3불 정책을 전면에 내세웠다. 여기서 주목할 결정적인 대목은 '독립은 없다'는 것이다. 대만이 독립을 선언하는 순간 중국은 무력으로 대만을 본토에 편입시키리라는 것을 알기 때문이다.

대만과 본토의 재통합은 시간문제이고, 어떤 나라도 막을 수 없다. 대만의 국제적 운명은 사실, 1943년 카이로 회담에서 루즈벨트, 처칠, 장제스蔣介石 간에 대만의 중국 반환을 합의하면서 결론 난 것이다. 이후 리덩후이李登輝 총통9이 집권하면서 대만의 자

---

8 2008년부터 2016년까지 대만 총통을 역임하였다.

주성을 강조하는 대만분리운동이 시작되었지만 궁극적인 재통일의 결과를 바꾸진 못할 것이다. 그런 분리운동으로 재통일이 실제 이루어지면 대만에 더 큰 고통이 된다. 결국에는 경제가 문제 해결의 열쇠가 될 것이다. 점진적이고 중단할 수 없는 경제통합은 중국과 대만을 동반자로 만들 것이고, 이를 통해 중국은 굳이 무력을 사용할 필요가 없다는 것을 알게 될 것이다. 이미, 양국의 경제 관계는 마잉주 국민당 총통에 의해 확대되고 있고, 4년간 계속 커갈 것이다. 국민당 정부 8년의 집권이 끝나고 민진당민주진보당이 집권하여 정책노선을 과거로 되돌리면,[10] 대만의 농민과 기업가들이 어려운 상황에 처할 것이고 민진당은 다시 차기 아니면 차차기 선거에서 패하게 될 것이다. 결국 양국의 상호의존도가 커지면서 대만의 독립은 불가능하게 될 것이다.

9 최초의 대만 내성인(內省人) 출신 총통으로 1988년부터 2000년까지 재임하였다.
10 2016년 6월 선거에서 민진당 차이잉원(蔡英文)이 총통에 당선되었다.

중국이 얼마나 급속하게 성장해 왔는지 놀랍지 않으세요? 1976년 처음 중국을 방문했을 때 이런 변화를 예견하셨습니까?

아니요. 예견할 수 없었습니다. 마오쩌둥 주석 체제가 얼마나 오래 갈지 몰랐고요. 덩샤오핑이 1978년 싱가포르에 왔어요. 그는 중국으로 돌아가서 정책을 바꾸었지요. 문호를 개방하고 투자를 불러들이기로요. 세계에 중국의 모습을 드러냈습니다. 그리고 중국 사람들도 세계로 나갔고요. 이제 그들은 아이폰을 사용하고 있습니다. 비록 일부 웹사이트는 차단시키고 있지만요. 실제로 쓰촨성(四川省) 지진이 났을 때 아이폰 소유자가 친구에게 사실을 처음 알렸습니다. 아이폰이 아니었더라면, 정부가 언제 지진 사태를 국민에게 알릴지 시기를 정해서 발표했을 겁니다. 이제 중국도 기술이 국정운영 방식과 상황을 관리하는 방식을 바꾸어 놓고 있습니다.

시중쉰(習仲勳)

국무원 부총리, 전국인민대표회의 상임위원회 부위원장 등 역임.

쓰촨성 지진

2008년 5월 22일 발생한 리히터 규모 7.9의 대지진.

2007년에 시진핑을 처음 만나셨는데요. 그 때 인상이 어떠했는지요?

매우 뛰어난 지도자라는 인상을 받았지요. 그 자리에 오르기까지 겪은 많은 역경을 이겨낸 강인함, 부친 시중쉰(習仲勳)은 한때 하방(下放) 생활을 하였는데, 시진핑도 15살 때부터 샨시성에서 7년간 하방 운동에 참여했어요. 그곳에서 묵묵히 어려움을 이겨내고 나중에 푸젠성(福建省)에서 다시 17년을 근무하며 능력을 발휘하였습니다. 상하이 당 서기가 부패사건에 연루되자 당 지도부는 그를 상하이로 보냈고 그곳에서도 탁월한 성과를 보이자 다시 북경에 진입한 인물입니다. 시진핑은 운도 따랐지만 어떤 어려움도 헤쳐 나가는 열정과 에너지를 가진 지도자이지요.

시진핑은 중국이 지난 2세기 동안 가장 강력해진 이때에 최고 지도자에 올랐는데요. 그의 대외정책이 점점 더 강해질까요?

중국의 힘이 강해졌다고 해서 기분이 들떠 권력을 휘두르고 할 시진핑이 아니라고 봐요. 그는 그런 국가운영이 중국에 이익이 되지 않는다는 것을 아는 매우 사려깊은 사람입니다. 제 생각으로 시진핑은 주변국이 경계심을 갖지 않도록 조용히 힘을 키워나가는 덩샤오핑의 도광양회 전략을 이어갈 것으로 봅니다.

시진핑을 포함해서 90년대 이후 등장한 지도자들의 경우 70~80년대의 과거 지도자들과 어떤 차이점이 있다고 보시는지요? 성격적 특성 말고, 중국에서 일어난 상황적 변화 때문에 나타난 차이점 같은 것 말이죠.

무엇보다도 최근의 지도자들이 직면한 문제는 과거와 아주 성격이 다르지요. 과거에는 가난을 해결하고 사회기반시설을 구축하는 것이 중요했지요. 지금은 홍콩 수준으로 개발된 많은 동부 연안 도시들이 있어요. 아직도 반 이상의 인구가 개발이 덜 된 농촌 지역에 살고 있지만 말입니다.

근래 등장한 지도자들의 사고는 어떠한가요? 회고록에 보면 초창기 지도자들은 이념을 고집하고 매우 경직적이었다고 말하고 있는데요.

유연해지고 있지요. 과거에는 매우 통제된 사회였어요. 자기 생각을 말했다 잘못하면 문제가 되던 시기였어요. 지금은 상당히 자유롭게 자기 얘기를 합니다.

중국 지도자들은 총리와의 미팅에서 여러 가지 문제에 대해 조언을 구했던 것으로 압니다. 지금(2013년) 지도자들이 고민하는 문제는 무엇이고 어떤 점에 관심을 가지고 있던가요? 이전의 지도자들과의 다른 점이 있다면?

시진핑에게 말했지요. 몇 년 지나면 당신이 싱가포르를 배우기 위해 올 일이 없을 거고, 우리가 중국을 배우러 가게 될 거라고요. 물론 그는 그렇지 않다고 말했지요. 싱가포르의 국정운영 시스템에 관심을 보였습니다. 영국에서 전수한 그런 시스템을 중국은 갖추지 못했다는 것을 의미하지요. 싱가포르는 지도자가 실패하지 않도록 뒷받침해주는 시스템을 만들어 놓았습니다. 비록 그 역사가 오래된 것은 아니지만요.

국내 문제 이외에 지역 문제나 미국에 관해서 총리의 견해를 듣고 싶어 하던가요?

아니요. 이제 중국은 미국을 직접 상대하고 있기 때문에 더 이상 나의 견해가 필요치 않지요. 오히려 그들에게는 인근 지역에 대한 우리의 견해, 그리고 세력을 확대해 가고 있는 중국에 대해 주변국이 두려움을 갖지 않도록 싱가포르가 해 줄 수 있는 역할에 대해 관심을 갖지요.

중국의 대응방식이나 중국의 국력신장을 볼 때, 궁극에는 상대하기가 더욱 힘들어지고 우월적인 지위에서 국익을 굽히지 않는 중국과 거래해야 한다는 사실에 대한 우려는 없는지요?

중국은 우리 인접국 중에서 가장 힘센 국가임을 우선 받아들여야 합니다. 태평양에서는 미국이 중국에 대항하여 군사력을 계속 유지할 것이기 때문에 최고가 되지 못할 겁니다. 하지만 머지않아 자국 동부 연안으로부터 미국을 밀어내게 될 겁니다. 앞으로 전개될 그런 현실을 받아들여야지요.

우리 싱가포르와 같은 작은 나라에는 불편한 상황이 되지 않을까요?

다른 나라에 비해 더 나빠진 않겠지요. 하여튼 조만간 그런 상황이 올겁니다. 5년이 될 수도 있고 20년, 30년 후가 될 수도 있어요. 하지만 태평양 서부에서 중국은 지배적인 군사력을 가지게 될 겁니다.

싱가포르로서는 미래의 방향을 설정하는 데 아주 곤란한 상황이 되겠네요.

꼭 그렇게만 볼 것은 아니네요. 베트남이 훨씬 난처한 상황이지요. 베트남은 석유와 가스가 매장되어 있는 남중국해 영유권을 놓고 대립하고 있지요. 우리는 중국과 그런 이익충돌이 없어요.

오바마 미국 대통령은 이 지역에 대한 아시아 회귀정책을 약속했는데요. 힐러리 클린턴이 항공모함에서 연설도 했고요. 미국의 이 지역에 대한 변함없는 진정성 있는 약속으로 보아도 될까요?

그렇지 않습니다. 변함없는 약속이란 없어요. 현실을 감안한 의지의 표명이지요. 힘의 균형은 바뀌기 때문에 미국이 무기한 지속해서 이 지역을 지킨다는 의미는 아니지요. 미국은 8천, 9천 마일 떨어진 태평양 건너편에 있습니다. 본토 또는 일본 기지에서 발진하여 무력을 행사해야 하는 미국은 배타적 경제수역과 영해 건너편 인근에서 무력을 동원할 수 있는 중국에 비해 불리합니다.

중국의 계산은 시간 끌기 전술이라고 보아도 되겠네요.

그렇습니다.

미국이 무력을 사용할 것인지에 영향을 미치는 요인은 무엇이 되겠습니까?

미국 자체의 요인으로 경제력, 국방예산, 그리고 태평양에 대한 정책우선순위가 되겠지요. 외부 요인으로는 중국의 힘이 얼마나 빨리 커지느냐고요.

그 두 요인을 평가할 때…

20~30년 내로 힘의 균형이 이루어질 것으로 봅니다.

20~30년 후 미중 간에 힘의 균형이 이루어지면…

우리는 그 상황에 적응해야 합니다. 두 국가와 함께 살아가야 합니다. 중국은 태평양 지역에서 미국에 뒤지지 않는 규모와 힘을 가진 이웃 국가가 될 것입니다. 미국은 수천 마일 떨어진 곳에서 군사력을 출동시켜야 하는 반면, 중국은 바로 몇 백 마일 가까이에서 기동할 수 있어요. 물론 미국의 존재는 계속되겠지요. 사라지지 않을 겁니다. 태평양 지역에 대한 영향력을 포기하지 않을 겁니다. 일본, 한국, 베트남, 필리핀과의 동맹관계를 유지할 겁니다. 점진적이지만 힘의 축이 이동하는 것을 피할 수는 없어요. 그렇다고 미국이 이 지역에서 떠날 정도는 아니라고 봅니다.

지난 몇 년간 남중국해에서 펼쳐진 분쟁을 보면서 중국의 대응을 어떻게 보셨습니까?

중국은 핵심이익이라 할 수 있는 남중국해 해양 영유권과 군도에 대한 주권을 내세우지요. 해저 석유와 가스가 있을 거라는 기대가 있지요. 중국은 매우 강경한

중국 공산당 집권 이전인 1947년 중국 정부는 U자 형태의 끊어진 선 11개(11단선)를 그어 놓고, 선 안쪽의 모든 바다가 중국의 관할권이라고 선언했다. 1949년 중국 공산당이 집권하면서, 북베트남과의 우호적 관계를 고려하여 두 개의 선을 삭제하여 9단선이 되었다. 9단선 안에는 남중국해의 90% 정도가 포함되며, 영유권 분쟁이 일어나고 있는 스프래틀리 제도(중국명 난사군도〈南沙群島〉, 필리핀명 칼라얀 군도, 베트남명 쯔엉사군도), 파라셀 군도(중국명 시사군도〈西沙群島〉 · 베트남명 호앙사군도) 등이 포함되어 있다.

× 대규모 천연가스 매장지
○ 영유권 분쟁지역
… 남중국해 연안국 배타적경제수역(200해리)
… 중국이 주장하는 자국 영해

태도를 보일 겁니다. 결국 유엔 국제해양법에 의해 분쟁이 잘 해결될 수도 있다고 봅니다. 당사국들에 명분을 주는 출구이니까요. 국제 상설 중재재판소에서 하나하나의 섬에 대한 관할국 판결이 이루어져야겠지요. 중국은 이 문제를 동남아시아 10개국 연합체인 아세안(ASEAN)과의 집단 협상이 아니라, 당사국 간 상호협상을 통해 직접 해결하겠지요.

국제 상설 중재재판소 결정

네덜란드 헤이그 소재 국제상설중재재판소(Permanent Court of Arbitration)는 2016년 7월 12일 필리핀이 제소한 남중국해 분쟁에 관해서 중국의 9단선이 적법하지 않다는 만장일치 결정을 내렸다.

아세안 국가들은 집단 협상을 원하지 않나요?

아세안 국가들은 2002년 중국과 체결한 남중국해 당사국 행동선언 그리고 남중국해 행동강령(the Code of Conduct on the South China Sea)의 초고에 나와 있는 기본 틀 안에서 집단적으로 해결되기를 원하지요.

남중국해 당사국 행동선언

남중국해 당사국 행동선언(the Declaration on the Conduct of Parties in the South China Sea)은 남중국해 관련 분쟁은 당사국 간 상호 협의를 통해 직접 해결하도록 규정하고 있다(제4조).

그래도 아세안 국가들은 각자 행동은 하지 않을 것 같은데요? 궁극적으로 당사국간 분쟁해결일까요, 집단 분쟁해결일까요?

당사국 간 해결로 봅니다. 인도네시아, 말레이시아, 싱가포르 어느 나라도 싸움판에 끼어들 이유가 없지요.

미국 입장에서는 어떤가요?

미국은 이미 분쟁에 끼어들었지요. 외교적 차원이지만. 군사적 개입은 별개의 문제입니다. 저는 회의적이라고 봅니다. 그러기에는 미국은 너무 멀리 있고 이익도 없어요. 베트남과 필리핀의 이익을 위해서 중국과 무력충돌할 이유가 없습니다.

앞으로 미국에 매파(강경파) 정부가 들어섰을 때 중국과의 대결 가능성은 없나요?

없습니다. 매파 대통령이 들어서더라도 군 지휘관들이 많습니다. 그들은 무력을 행사하는 데 얼마나 거리가 멀고 비용이 많이 드는지, 그리고 추가적인 국방비 지출이 얼마나 되는지 설득할 겁니다.

미중 간에 대만은 또 하나의 잠재적 화약고라 할 수 있는데요. 지금은 중국-대만의 양안관계는 경제통합이 진전되는 등 상황이 좋은 편인데요. 공산당-국민당 간의 상호교류가 양안관계를 더욱 가깝게 만들고 있어 보입니다. 하지만 언제 통일할 것인지에 대한 로드맵은 기약 없이 거의 무기한으로 미루어지고 있는데요.

중국의 입장에서 보면 중요한 문제가 아닙니다. 언제까지라도 기다릴 수 있으니까요. 시간은 중국편입니다. 그 사이 대만의 경제성장은 중국 의존도가 커지고 있고요. 이런 식으로 오래 가면 갈수록 대만이 정책을 바꾸거나 되돌리기에 점점 더 희생이 따를 겁니다.

하지만 여론조사를 보면 대만은 통일보다는 독립을 원하는 사람이 많은 것으로 나옵니다.

그것은 중요하지 않아요. 기자분이 대만 사람이라면, 지금 이대로, 독립, 본토와의 통일 중에서 무엇이라고 답하시겠습니까? 그런 의견이 대만의 미래를 결정할까요? 대만의 미래는 대만 사람들의 기원에 의해 결정되지 않습니다. 중국-대만 간 힘의 균형 그리고 미국의 개입 의지라는 현실에 의해 결정됩니다. 여론조사로 찬반을 물어 다수가 통일을 반대한다고 해서 통일은 물 건너가는 그런 문제가 아닙니다.

김정일 사망 후 아시아의 지정학적 상황이 변하고 있다고 보십니까?

그렇게 보지 않습니다. 북한이 남한에 흡수통일 되는 것은 중국의 이익에 반합니다. 그것은 남한과 미국 군대가 압록강까지 올라오는 것이고 중국이 보기에 그것은 중국의 국익을 위한 것이 아닐 겁니다. 중국은 한반도에서 지금 상태가 지속되는 것을 확고히 하기 위해 최선을 다할 것으로 봅니다.

중국의 북한에 대한 영향력은 얼마나 되나요?

북한의 생존은 중국에 대단히 많이 의존하고 있지요. 북한은 경제운영 방식 때문에 자주 기근을 겪었고 그럴 때마다 중국이 식량과 기타 원조를 제공했습니다.

지금 상태가 20~30년 계속 갈까요? 북한이 붕괴될 위험은 없나요?

그런 일은 없을 겁니다. 붕괴 이유가 뭔가요? 한때 거의 기아

직전까지 갔지요. 그때 중국이 식량을 제공하고 세계도 도움을 주었습니다.

덩샤오핑이 중국을 개방한 것처럼 북한으로 하여금 경제를 개방하도록 하는 것이 중국의 이익에도 부합할까요?

보십시오. 중국은 김정일을 상해로 데려가 권력을 잃지 않고도 경제를 일으킬 수 있다는 것을 보여주었어요. 하지만 아무것도 바뀌지 않았습니다. 김정일 후계체제에서 경제개혁이 이루어질 수 있다는 추측도 일부 있지만 젊은 김정은이 그런 개방노선을 취할 만큼 대범한 인물인지 말하기에는 아직 이르지요.

미국은 언젠가 아태 지역에서의 현 군사력 우위를 중국과 나누어야 할 것이라고 말했는데요. 그 상황이 올 때 싱가포르 같은 국가들이 어떻게 대처해야 할까요?

그때는 미국의 생각만큼 아니 그 이상으로 중국이 어떤 생각을 하는지에 귀를 기울여야지요. 일본과 한국은 안보 측면에서는 미국과 동맹관계를 유지하면서, 경제적으로는 중국에 광범위한 분야에 상당히 많은 투자를 이미 하고 있어요. 이런 상태가 얼마나 오래 갈까요? 중국 투자가 확대되고 대중관계가 더 중요해지는데, 어떻게 경제력을 동원해서 기업을 통제하고 팔을 비트는 중국을 미국과의 안보동맹으로 막아낼 수 있겠습니까?

중국을 대하는 것과 비교하여 미국을 대하는 방식이 매우 달라질 텐데요. 지금까지는 이 지역에서 미국이 지배력을 행사하고 있었기 때문에 미국을 상대했어야 했는데요.

글쎄, 미국은 어찌 보면 다소 점잖다 할까요. 힘으로 밀어붙이는 스타일이 아닙니다. 미국은 모두가 민주적이길 원하고 무리하게 강요하려 하지 않습니다. 반면 중국은 어느 나라가 민주적이냐 독재적이냐는 관심 없습니다. 중국의 원하는 것에 순응하기를 원할 뿐입니다. 미국과 완전히 다른 접근이지요. 중국은 자신의 정부 유형을 전파하거나 받아들이라고 하지 않습니다. 중국은 미국과 아주 다른 방식으로 자국의 역할을 인식하고 있지요.

향후 중국 해군에 물류기지나 다른 종류의 기지를 제공하는 일이 발생할까요?

그건 말할 수 없어요. 내 생애

에는 그런 일이 없을 겁니다. 1단계는 양국 해군의 물류기지를 유치하는 것이 되겠지요. 한쪽만 선택하는 일은 안 됩니다.

한쪽만 선택해서는 안 되는 시기가 언제쯤 될까요?

글쎄요. 미국의 경제 그리고 미국의 군사력 전개 능력에 따라 달라지겠지요.

총리께서는 키신저 전 장관 등 많은 미국 관료와 친분을 가지고 미국을 상대해 왔는데요. 중국에 대처하기 위하여 싱가포르 내각이 중국 지도자와 그런 인간관계를 형성할 수 있을까요?

현재 싱가포르는 중국과 친선관계를 유지하고 있어요. 중국이 싱가포르에서 아이디어를 얻기 위해서지요. 하지만 중국이 최고에 오르면 싱가포르를 필요로 하지 않게 되겠지요. 관계가 변할 겁니다. 다만 쑤저우(蘇州) 산업파크처럼 우리가 중국을 도와준 데 대한 보은(報恩)의 마음은 좀 지속될 거라고 봅니다. 호의의 유산을 뒤에 남겨 놓았지요.

총리께서 1976년 중국을 방문했을 때 화궈펑 총리를 만나셨습니다. 그때 화궈펑 총리가 중국에 편향된 시각으로 쓰여진 중국-인도 전쟁에 관한 책을 전달하려고 했는데, 총리께서는 인도인의 불만을 야기할 민감한 이슈임을 설명하고 거절하였습니다. 싱가포르에 많은 인도인이 살고 있고 그들의 견해는 다르다는 설명이었지요. 다시 그런 상황이 오더라도 똑같이 대응하시리라 믿어 의심치 않습니다만 지금 중국은 그 때보다 훨씬 강력해졌습니다. 젊은 싱가포르 장관이 그 상황을 맞았을 때도 역시 그 책을 거절하는 것이 맞을까요?

글쎄요. 책을 받을지 안 받을지는 장관의 성격에 따라 다르겠지요. 하지만 책을 받아온다 하더라도 책의 내용이 옳다는 신념을 가지고 책을 읽을 것으로 보진 않습니다. 한 쪽만의 이야기이니까요. 우리는 많은 정보를 가지고 중국-인도 전쟁에 대하여 다양한 측면의 진실을 이미 알고 있습니다.

하지만 이제 강력한 대국이 된 중국인데, 젊은 장관이 중국을 불쾌하게 만드는 위험을 감수할 만한 용기가 있을까요?

설사 그 책을 받는다고 해서 생각을 바꾸는 것은 아니지요. 나의 경우에 그 책의 대부분을 이미 읽었어요. 그렇다고 내 생각이 바뀌지 않는다는 것도 그들에게 말했고요. 하지만 싱가포르 장관들이 직면한 오늘의 중국은 과거와 다릅니다. 젊은 장관들은 중국 관료들과 어떤 방식으로 개인적인 친분관계를 맺고 유지할 것인지에 대해 결정해야만 합니다. 한 번 사이가 안 좋아지면 다음에는 만나지 못할 수 있다고 생각하는 것은 당연합니다.

뉴 차이나The New China
국민, 사회, 경제

1989년 가을, 후에 국무원 부총리까지 지낸 첸치천錢其琛의 아들 첸닝錢寧이 천안문 사태 직후 장학금을 받고 미시간 대학교에 유학을 가게 된다. 바로 직전까지 인민일보에서 일했고 흠잡을 데 없는 공산주의 혈통을 가진 30대의 첸닝은 몇 년 후 "미국 유학기"라는 책을 낸다. 책은 중국에서도 출판되었는데 그 내용은 상당히 반체제적 색깔을 띠고 있었다.

첸닝은 파티, 바비큐, 친교로 많은 시간을 보내는 미시간의 생활이 찜통 방에서 자아비판을 하고 정치공작을 하는 북경과 다르다는 것을 깨달았다. 남편을 따라 미국에 왔던 유학생 부인들은 중국에 돌아갔을 때 전혀 다른 중국 여성이더라는 얘기를 책의 한 부분에 기록하고 있다. 미국에서 다른 방식의 생활 가능성을 확인했던 것이다. 중국 사회의 변화 가능성에 대해서 이전에 가지고 있던 그의 선입견이 바뀌었음을 완곡하게 표현하고 있다. 이것이 바로 다양한 방식으로 바깥 세계와 교류하고 있는 현재의 뉴 차이나이다.

천천히 그렇지만 분명히 중국의 개방은 중국사회를 변화시키고 있다. 1976년 처음 중국을 방문했을 때만 해도 중국은 매우 폐쇄적이고 경직적인 사회였다. 길거리에서 보는 보통 사람들은 청색 아니면 검은색의 옷을 입어 구분이 안 될 정도로 비슷해 보였다. 휴일이 아닌데도 어린 학생들이 단체로 환영의 글씨가 쓰인 플래카드를 들고 공항에 나와 나를 환호해주었다. 속으론 이런 생각이 들었다. "학교에서 공부를 하고 있어야 하는 거 아냐! 학교에서 공항까지 왔다갔다 온 종일 시간을 낭비하는 이런 일이 왜 필요해!" 당시만 해도 체제가 경직적이었을 때였고, 외빈을 따뜻하게 환대한다는 인상과 함께, 체제의 일사불란함과 동원된 숫자만으로도 인상을 주고 싶어 했던 때였다.

중국에서 그런 시기는 지나갔다. 중국도 이제 그런 일이 손님에게 인상을 주지 않는다는 것을 안다. 청색과 검은색의 제복도 사라졌다. 길거리는 밝고 화려한 색깔의 옷을 입은 사람들로 바뀌었다. 지금 중국은 외국 명품 브랜드가 찾는 가장 돈 되는 시장이다. 2009년에 중국은 미국을 제치고 일본 다음의 세계 2위 사치품 구매국이 되었다. 중국의 선물문화 덕분에 최고가품 시계와 가죽 제품에 대한 수요가 특히 많다. 지난 몇 년 사이에 벤츠와 BMW의 판매량을 보면 개발국가에서는 대체로 정체 상태인데도 불구하고 중국에서는 두 배 이상의 신장세를 보였다. 중국의 중산층은 피부 미용, 고급 드레스, 그리고 안락한 삶을 찾아 나서고 있다. 억제하며 사는 것이 행복한 삶이 아니라는 결론을 내린 것이다.

첸닝처럼 오늘날 중국의 젊은이들은 글로벌 사회에 살고 있다. 중국에서 미국과 유럽, 그리고 미국과 유럽에서 중국으로 많은 사람들이 여행을 하고 있다. 비록 미시간에 유학갈 기회를 갖지 못하더라도, 인터넷, 영화, 책을 통해 몇십 년 전의 선배 세대들은 꿈으로나 그리던 세계를 눈으로 보고 경험하고 있다. 중국인의 시야가 넓어지고 있다. 세계 속에서 중국의 지위에 대한 국가관이나 자신의 위치에 대한 가치관도 바뀔 것이다. 중국 개방 이후에 태어나고 자란 신세대가 언젠가는 중국의 운명을 책임지게 될 것이다. 그들은 과거의 아픈 기억에 대한 부담을 갖지 않고 나라를 이끌어 갈 것이다. 그들이 역사책이 아니라 일상생활에서의 경험을 통해 아는 중국은 아편전쟁 이후 가장 강력하고 지금도 하루하루 더 강력해지고 있는 뉴 차이나이다.

이런 현실이 미래의 중국에 어떤 의미를 갖는 것일까? 30년 후에 중국은 지금보다 훨씬 더 위압적이고 민족주의 국가가 될까? 중국은 힘이 커졌다는 것을 실감하게 되면서 처음에는 민족주의 성향이 강화될 수도 있다. 하지만 그들이 할 수 있는 일에 한계가 있다는 것을 자각하면서 잠시 멈춰 되돌아보게 될 것이다. 힘으로 밀어붙이는 것만으로는 미국을 이 지역에서 떠나게 할 수 없다는 것을 알게 될 것이고, 그러면 좀 유연한 태도를 보일 것이다. 중국이 주변의 작은 국가들에 자기존재감을 드러낼수록, 그들은 보험 차원에서라도 미국 항공모함이 입출항할 수 있는 시설을 제공하는 등 미국과 더 가까워진다는 사실을 중국은 깨닫게 될 것이다.

몇 년 전 70대가 된 한 중국 지도자가 나에게 중국의 위상이 조용하게 높아지리라 믿는지 묻길래 다음과 같이 대답한 기억이 난다. "예, 하지만 한 가지 유념할 부분이 있습니다. 선생님은 대일전쟁, 국민당과의 내전, 공산당 대약진운동, 문화혁명, 4인방의 몰락, 그리고 개혁개방정책을 모두 경험한 세대입니다. 중국이 앞으로 나아가는 과정에 수많은 위험이 있을 텐데 큰 문제없이 지속·발전하기 위해서는 내치가 안정되고 대외관계에서 평화가 중요합니다. 그런데 중국은 젊은이들에게 옛 영광을 되찾은 조국에 대해 굉장한 자긍심과 애국심을 고취시키고 있습니다. 너무 그러다보니 일본에 대한 항의 시위가 시작되었을 때 그것이 폭력으로 바뀌는 사태도 있었어요. 2004년 제 아들이 싱가포르 총리로 대만을 방문했을 때는 중국의 인터넷 대화방에서 배은망덕한 반역자로 공격을 받기도 했지요. 불안한 겁니다." 중국 지도자는 젊은이들에게 그것을 확실히 이해시키겠다고 대답하였다.

나는 중국이 그렇게 할 것을 희망한다. 중국이 자기 힘만을 믿고 국제적으로 목소리를 높이는 것은 시기상조임을 아는 세대가 나타날 것이다. 그것은 아시아 지역에 불행이며 불안을 안겨다 줄 것이기 때문이다. 중국은 자국의 국가발전 관리에 국가의 모든 에너지를 집중해야 할 때이다.

장기적으로는 중국이 자신의 위치를 알고 단계적 발전전략을 취할 것이며 최첨단 기술과 제조업에서 선진국과 경쟁할 수 있을 것이다. 현 시점에서 중국은 최첨단 우주항공 분야와 군사 기술 분야에서 미국을 따라잡기 위해 노력하고 있다. 에너지 분야는 중국의 전략산업이고 세계적인 저력을 가지고 있다. 그 다음으로 소비재 분야를 조금씩 따라갈 수 있겠지만 현재로는 가장 뒤쳐진 분야이다. 중국 경제가 계속 성장할 수 있지만 위성항법시스템GPS이나 로켓 등을 미국에 의존하는 한 미국을 앞설 수는 없을 것이다. 우주항공 연구나 위성항법시스템은 경제성장의 원천은 아니지만 그로 인해 경제성장이 방해받는 일이 없도록 지켜줄 수는 있다.

어느 국가든 성장을 계속 이어가기는 쉽지 않다. 특별한 일이 발생하지 않는 한 중국은 앞으로 몇 십 년 간 경제성장을 이어갈 것이다. 하지만 향후 중국 정부가 상당한 열정과 시간, 그리고 자원을 투입해서 해결해야 할 심각한 내부 도전과제들이 많다. 그 어느 하나라도 제대로 통제하지 못하는 경우 극심한 경기침체와 사회혼란을 야기할 수 있다. 안정은 유지된다 하더라도 성장을 가로막는 요인이 있을 수 있다. 예를 들어 중국에서 왜 미국보다 먼저 아이폰을 만들어내지 못했는지 생각해보자. 역사적으로 볼 때 중국인은 모든 창조적 잠재력을 충분히 가지고 있다. 그러나 현재의 지적재산권과 기업구조는 그것을 발휘할 수 있는 인센티브를 제공하지 못하고 있다. 그래도 나는 중국지도자들이 이러한 내부의 문제를 현명하게 해결할 수 있는 충분한 의지와 역량을 가졌다고 낙관한다. 1978년 개혁개방 정책 이후 중국은 잘못된 정책을 바로 잡고 더 큰 문제가 발생하기 전에 사전 대비하는 능력이 있음을 보여주어 왔다.

한때는 인접한 도시들이 서로 사회기반시설을 중복 투자하는 사례들이 있었다. 선전深圳, 주하이珠海, 홍콩, 마카오는 서로 인접해 있지만 모든 도시가 개별 공항을 가지고 있다. 중국이 아직 정신을 차리기 이전에 일어난 일이다. 시장의 리더십을 도시의 지속성장 가능성이 아니라 얼마나 빨리 도시를 성장시켰는가로 평가하던 때가 있었다. 그러다 보니 장기적으로 가치를 창출하는 일을 한 것이 아니라 GDP 외형만 키우는 데 집중했던 것이다. 그 결과 환경을 무시하고, 장기계획을 소홀히 했던 것이고, 지금은 그것을 바로 잡아가고 있는 과정에 있다.

지금 진행되고 있는 심각한 문제는 중국 동부 연안도시와 서부 내륙도시 간, 그리고 어느 정도는 연안도시 간에 계속 확대되는 소득격차에 있다. 연안도시의 성장속도는 내륙도시보다 최소 3분의 1 이상 빠르고 처음 출발도 훨씬 앞섰다. 이들 연안도시는 더 많은 투자를 유치하고 더 좋은 일자리를 창출하고 더 나은 삶의 질을 제공하고 있다. 도시 간의 격차는 더욱 벌어지고 있는 것이다.

물론 중국과 같이 큰 나라는 성장 과정에서 어느 정도 불균형을 피할 수 없다. 서부 내륙 도시가 동부 연안도시 또는 강을 낀 성省 수준으로 발전하고 번창할 수 있다고 믿지 않는다. 미국을 보면, 시카고를 제외하고 동부와 서부 지역이 내륙 지역보다 인구도 많고 더 잘 산다. 시카고는 그래도 세인트 로렌스 강과 5대호를 접하고 있어 선박이 입항할 수 있다. 중국 서부도시가 바다에 접한 지리적 이점을 가진 도시를 완전히 이겨낼 수는 없다.

더구나 몇몇 서부의 성들은 바다와 멀리 떨어져 있을 뿐만 아니라 험악한 기후를 가진 반사막지대이다. 성공을 원하는 똑똑한 학생들은 대학 공부하러 연안도시나 북경에 가는 것을 목표로 한다. 한편 유능한 교수나 교사도 내륙 지역을 피하기 때문에 결국 악순환이 이어지게 된다. 후진타오 국가주석은 "조화사회"를 강조하면서 연안과 내륙의 균형발전을 추구하였다. 그는 기업인들에게 특별한 투자조건을 제시하면서 서부 지역을 개발하고 인프라 건설에 힘썼다. 이 정책은 지금도 진행 중이다. 이런 노력을 계속하면 내륙에 있는 성의 소득수준을 연안의 성에 비해 60~70% 수준까지 끌어올릴 수도 있을 것이다. 소득격차에 대한 불만이 폭발 상태가 되지 않도록 확실히 관리하는 것이 커다란 도전이 될 것이다. 내륙 지역의 쓰촨성 청두成都나 윈난성雲南省 사람들도 이제 TV로 북경의 발전된 모습을 볼 수 있다. 세계적인 건축가에 의해 잘 설계된 웅장한 올림픽 경기장들을 보면서, 이들은 이런 말을 한다. "그래서 나에게 돌아오는 이익이 뭔데?" "우리 차례는 언제 돌아오는데?"

소득격차는 다른 문제를 야기한다. 못사는 지역의 사람들은 더 잘사는 지역으로 이주하고 싶어 한다. 농촌-도시 이주가 매일 대규모로 발생하고 있다. 중국에는 거주신고를 의무화한 호구제도가 있다. 일본의 호적제도와 유사한 것으로, 허가 없이 한 지역에서 다른 지역으로 거주지를 옮길 수 없다. 허가 없이 다른 지역으로 이주하는 경우 해당 지역에서 제공하는 의료, 주택, 교육 등의 서비스를 제공받을 수 없다. 그럼에도 불구하고 농촌 지역 노동자들의 도시 이주는 계속되고 있고, 이들은 자신과 자식들의 기본 복지서비스 혜택도 누리지 못한 채 도시 외곽에서 남들이 피하는 더럽고 힘든 일을 하며 살고 있다. 당국은 이 정책이 취약하다는 것을 알지만, 이주의 자유를 허용하게 되면 이주민이 도시로 밀려들 것을 우려한다. 중국은 지금 그 해법을 찾고 있다. 중앙정부는 지방정부가 어느 정도 책임을 가지고 이 문제해결에 나서줄 것을 요구하고 있다. 지방도시 역시 노동자 없이는 성장할 수 없기 때문이다. 당국은 중국 내륙에 인구 4천만 명 이상이 거주할 수 있는 6개의 집적도시를 설계하고 있다는 얘기도 들린다. 농촌에서 연안도시가 아니라 이들 내륙도시로 인구 유입을 유도하고 있는 것이다. 하지만 이것은 정부에 의해 통제된 방식으로 추진될 수밖에 없다. 왜냐하면 이들 도시는 이주자들에게 연안도시가 제공하는 기회를 제공하지 못할 것이기 때문이다.

또한 중국 경제에서 저임금의 노동력으로 힘쓰지 않고 성장할 수 있는 요인들이 사라져가고 있다. 다음 몇 세대에 걸쳐 지속적인 성장을 하기 위해서는 이제 새로운 종합 경제전략이 필요할 것이다. 저렴한 노동력의 도움으로 중국은 당분간 고성장을 계속 누릴 것이다. 서부 지역의 충분한 노동력이 뒷받침되어 앞으로 15년, 20년은 7~9%의 성장을 이어갈 것이다. 그 이후의 성장률은 생산성, 즉 시간당 생산량을 높일 수 있도록 어떻게 사람들을 교육시키느냐, 대학이나 기술전문학원에서 어떻게 새로운 기술과 작업도구를 쓸 수 있는 노동력을 양성하느냐에 달려있다.

중국이 직면한 더 긴급한 과제는 효율성이 떨어지는 정부 소유의 공기업을 어떻게 처리할 것인가이다. 여기에는 개인의 동기유발이라는 근본적인 문제가 제기된다. 공기업은 임원들이 민간기업인처럼 열심히 일해주기를 바라지만 소용없는 일이다. 주식의 20%를 소유하지 않는 한 그리고 주식 폭락으로 망할 수 있다는 두려움을 가지고 살지 않는 한, 새벽 일찍 일어나 회사 일을 걱정하고 대책을 세울 필요성이 없기 때문이다. 공기업은 사업을 잘 하든 못하든 임직원의 봉급은 인상된다. 하지만 회사의 실적에 개인의 전 재산, 모든 생계, 모든 소유주식이 연관되어 있을 때, 하루 24시간 회사 일을 걱정하기 마련이다.

중국이 민영화의 움직임을 보이고 있는가? 임원들에게 상업적으로 회사를 운영하라는 이윤 개념은 주입시키고 있지만 오너회사 주인처럼 행동하게 만들 유인구조가 없다. 중국이 경제성장의 심각한 둔화를 경험하지 않는 한 – 그럴 둔화 가능성도 완전히 배제할 수는 없지만 – 나는 공기업 민영화를 단호하게 추진할 것이라는 확신을 갖지 못한다.

마지막으로 중국은 수출 주도에서 미국처럼 내수 중심의 경제로 전환할 필요가 있다. 이것이 가능하기 위해서는 중산층과 하위 중산층의 인식 전환이 필요하다. 이들은 오랫동안 가난하게 살아왔기 때문에 돈을 모으면 자동적으로 은행이나 장롱에 쌓아두고, 미래에 대한 확신이 섰을 때만 돈을 쓰는 경향이 있다. 미국 사람들은 미래에 대한 확신이 있든 없든 소비를 한다. 미국 사람들은 미래에는 더 잘 살 거라는 기본적인 확신이 있다. 미국 경제가 국내 소비에 의해 성장하는 이유이다. 궁극적으로는 중국도 그 길을 가야 한다. 하지만 어떻게 그런 전환을 이루어낼 것인가?

가난한 사람은 부자가 되어도 아직 가난한 사람처럼 행동한다. 너무 오래 가난하게 살았고 그래서 다시 가난해질지 모른다는 두려움에 부를 더 축적하고 저축을 더 하려고 한다. 이들은 현재의 부를 계속 지킬 수 있다는 확신, 돈 때문에 방해받으며 사는 것은 바보라는 확신이 들어야 비로소 돈을 쓰기 시작할 것이다. 경제성장이 지속되는 단계를 경험해야 한다. 그들은 아직 사치스럽게 시간을 보내지 못한다. 10~20년 안에 반드시 바뀌어야 할 인식이다.

하지만 부는 보다 공평하게 배분되어야 한다. 아직까지 소비는 주로 동부 연안 지역에서 이루어지고 많은 인구가 사는 농촌이나 내륙에 사는 사람들에게서는 소비지출이 약하다. 소득격차가 이러한 내수를 제한하는 하나의 요인이 되고 있다. 성장의 과실, 부를 어떻게 재분배할 것인가? 모든 사람의 살림이 나아지도록 해야만 하는 것, 그것이 뉴 차이나의 도전이 될 것이다.

1970년대 후반 이래 중국의 급속한 변화와 성장을 목격하고 있는데요. 중국 경제의 이러한 믿기 힘들 정도의 대변혁을 무엇으로 설명할 수 있을지 고견을 부탁드립니다.

우선 덩샤오핑의 노선 전환을 얘기해야겠지요. 그 이전의 중국은 세상과 격리된 폐쇄사회였어요. 덩샤오핑은 싱가포르에 와서 산업시설이 들어설 배후지도 없으면서 외국과의 무역과 투자만으로 번영이 가능하다는 것을 직접 확인하였습니다. 덩샤오핑은 특별경제구역을 외국에 개방하였고 성공했지요. 그래서 경제구역을 더 개방하고 성장을 계속할 수 있었어요. 마침내 중국은 2001년 WTO에 가입하면서 나라 전체가 전 세계 자유무역시장 안으로 편입되었습니다. 값싸고 질 좋은 노동력과 전문인력이 있는 한 중국시장은 아주 매력적이고 저가 수출의 생산기지로 남을 겁니다. 여기에 국내 소비까지 늘어나면서 성장을 뒷받침하는 겁니다.

어떤 의미에서 중국이 한국, 홍콩, 싱가포르 등 아시아 4용의 성공 스토리를 재현하고 있다고 보아야겠네요?

그 정도가 아닙니다. 규모가 워낙 방대하고 차이가 나지요. 4용을 합해도 중국의 한 개 성에 불과합니다. 중국은 이들 국가와 비교할 수 없을 정도로 크기 때문에 중국 경제의 개방은 전 세계에 그리고 향후 20년, 30년, 40년에 걸쳐 영향을 미치게 될 겁니다. 보십시오. 유로화가 위기에 처했을 때 원자바오(溫家寶) 총리가 유럽을 방문하고 메르켈 독일 총리가 답방 형태로 북경에 옵니다. 중국은 3.2조 달러 규모의 외환보유국이었습니다. 경제의 균형관계가 그렇게 바뀌었어요. 중국이 외환보유액을 마구 쓰리라 생각하지 않습니다. 거저 주는 것이 아니라 싼값으로 유로 본드에 투자한 것일 수 있습니다. 유럽의 붕괴를 막는 것이 중국의 이익에 부합하는 것이죠. 그렇지 않으면 유럽 수출에 타격이 옵니다.

원자바오 총리
2003년부터 2013년까지 재임.

중국에서 이런 매우 빠른 경제 성장의 결과 새롭게 등장하는 문제는 무엇이라고 보나요?

중국의 취약점이 두 군데 있다고 봅니다. 하나는 국정운영의 시스템 문제이고, 다른 하나는 법치가 아니라 인치의 문제입니다. 지도자 한 사람이 바뀌면 지도부의 여러 자리가 모두 바뀝니다. 불안정한 요인이지요.

이들 약점을 고쳐나갈 수 있을까요?

쉽지 않아요. 중국 문화의 한 부분이니까요. 그리고 국가의 통제력을 잃을 수도 있는 서양 시스템을 도입할 이유가 공산당에 있을까요? 모르겠어요. 현재의 시스템을 바꿀 인센티브가 없다고 봅니다.

그렇다면 무엇에 의해 중국의 변화가 가능하겠습니까? 한 15년, 20년 내에…

글쎄요. 일종의 위기. 하지만 어떤 위기가 오더라도 서구의 법치주의에 의한 국정운영을 받아들이지 않을 겁니다. 중국 방식의 문제해결 시스템을 작동시킬 겁니다.

법치가 정착되지 않았다는 것이 **지적재산권**의 보호와 같은 혁신 문화를 만들어가는 데 장애가 될 수 있다고 보십니까?

글쎄요. 중국은 자국의 지적재산권을 보호할 필요가 있을 만큼 조건이 성숙되었을 때에 비로소 법의 중요성을 주목하고 뭔가 고치려 하겠지요. 아직 그 단계에 이르지 않았습니다. 특허 등록이나 혁신의 의욕을 꺾는 거지요. 창의적인 사업을 해보겠다는 기업가적 도전이 충분히 축적되어야 중국의 태도가 서서히 바뀌겠지요.

하지만 중국이 글로벌 경제에 더욱 편입되고 중국에서 사업을 해보려는 외국회사가 많아지면, 중국도 계약이나 **지적재산권**을 법으로 보장해줘야 한다는 압박을 받지 않을까요?

그래서 분쟁을 중재할 법적 장치가 필요한 분야가 많이 생길 수 있지요. 하지만 일부 분야로 제한시키고, 중국사회 전체로 확대하지 않을 것으로 봅니다. 우칸 사태와 같은 소요를 중재에 의해 해결할 리 없어요. 내 생각에 힘으로 해결할 겁니다. 법치주의에 대한 인자(因子)가 없는 상태에서 그 싹이 나기 어렵지요. 서구식 제도를 연구해서 중국 제도를 개선하는 데 접목시키는 방식이 아닙니다. 중국은 문제가 발생하고 전개되

지적재산권

중국은 2013년 전국인민대표대회 상무위원회 제4차 회의에서 상표법 개정안을 통과시키는 등 지적재산권 보호를 확대해오고 있으나, 미국은 중국을 2016년에도 지적재산권 침해 우선감시대상국에 포함시키고 있는 상태이다.

는 상황에 따라 그들 제도를 조금씩 고쳐나가겠지요.

하지만 중국이 서양을 배척만 했던 것은 아닌데요. 예를 들어 마르크스 사상도 서양에서 받아들였고요.

아니지요. 그건 다른 문제입니다. 중국이 어느 모로 보나 마르크스 사상을 신봉했다고 보지 않아요. 그 때는 중국이 구 소련을 따를 때였습니다. 사상적 충성을 보인 것뿐입니다. 마찬가지로 중국이 인민민주주의를 얘기할 때 미국이나, 영국이나, 우리 싱가포르의 민주주의를 말하는 것이 아닙니다. 민주주의의 기본원리, 민주주의를 판단하는 시금석은 국민투표로 정부를 바꿀 수 있는가에 있습니다. 중국은 싱가포르가 어떻게 계속 집권하고 있는지를 연구해왔습니다. 우리는 선거를 합니다. 선거 결과 어느 지역구에서 의석을 잃으면 그 다음 선거에서 의석을 되찾기 위해 노력합니다. 결과는 반대로 의석을 더 잃을 수도 있지요. 중요한 것은 선거로 정부를 바꿀 수 있다는 것입니다. 영국의 정치학자 해롤트 래스키(Harold Laski, 1893–1950)는 일찍이 변화의 본질을 이렇게 요약했습니다: 합의에 의한 혁명이냐 폭력에 의한 혁명이냐? 중국은 선거에 의한 혁명, 선거를 통한 문제해결의 방식을 받아들이지 않을 겁니다.

중국의 호구제도는 폐지되어야 한다는 주장이 있을 정도로 호구제도에 대한 논쟁이 한때 격렬했는데요. 하루아침에 변할 수는 없겠지만 점진적으로 도시 이주를 허용하는 정책의 변화가 가능할까요?

그럴 지도 모르지요. 하지만 해당 도시 당국이 이주민을 받아들이는 데 따른 부담을 지도록 하겠지요. 그런데 중앙 정부의 지원이 늘어나지 않는다면, 개별 도시가 어떻게 그 비용을 감당할까요?

최근 세계은행은 중국이 경제의 근본을 바꾸지 않는다면 경착륙의 위험이 있다고 경고하였는데요. 특히 공기업의 민영화를 가장 강조했습니다.

공기업은 경제성이 떨어집니다. 공기업 임직원의 동기부여는 사기업과 같지 않아요. 그들은 "효율을 더 높이려면 더 열심히 일하라"는 지시에 따라 움직이지요. 하지만 효율이 올라가든 떨어지든 봉급의 차이가 없어요. 재산에 대한 소유, 주인의식이 있어야 변화가 가능합니다. 전 재산이 걸려있다면 하루 24시간 신경 써서 일할 겁니다. 공기업에서 그것이 가능할까요? 러시아에서는 민영화를 했어요. 신흥재벌들이 러시아 경제의 상당히 큰 몫을 담당했어요. 민영화 이후 몇몇 재벌은 회사를 효율적으로 경영했지요. 그들 소유이니까요.

중국에서도 가능할까요?

글쎄요. 누구에게 판매할지 민영화의 공정성을 담보하기가 어렵지요.

중국의 관계(꽌시)문화와 정실주의를 생각하면 오히려 민영화가 쉽지 않을까요?

그런 방식으로 기업을 넘긴다고요? 권력자들 간의 쟁탈전이 벌어지는 등 심각한 싸움이 날 겁니다. 구 소련의 경우 국가가 붕괴했어요. 과거 체제가 무너지고 혼란스러운 상태에서 그 모든 문제가 일어났던 겁니다.

공기업의 비효율이 중국 경제를 둔화시키는 요인으로 확인된다면, 중국이 변할 충분한 이유가 될까요?

장담할 수 없습니다. 경기둔화가 심각하다 하더라도, 바로 민영화하기보다는 우선 임직원의 동기를 유발시킬 수 있는 방법이나 이윤 마인드를 가진 임원으로 교체해서 보상을 주는 방식을 생각해야 할 겁니다. 친구나 당 동지에게 기업을 넘긴다고 해서 그들이 회사를 경영할 충분한 자질이 있다고 어떻게 장담하겠어요. 중소기업부터 시작해서 기업을 잘 키운 기업가들이 나타난다면 이들이 나중에 국가소유 공기업을 인수하는 것은 가능할 수 있습니다. 자기 소유의 회사를 직접 경영한 기업가니까요. 그들은 시장의 원리를 이해하고 사업을 해본 실제 경험이 있다고 보니까요.

그렇다면 성공하는 중소기업이 많이 생기면 가능할까요?

그 경우에도 공기업 인수에 필요한 정부의 자금지원 문제가 남지요. 현재는 자금이 공기업에 투입되고 있어요. 인수가 가능해지려면 정부가 중소기업에 자금지원을 하고 이들 기업들이 컨소시엄을 만들어서 공기업을 인수할 수 있도록 하는 거지요. 그게 한 가지 방법입니다.

이런 방식으로 중국의 경제와 정

치가 돌아가다 보니 결국 고가품을 만들어내는 창조와 혁신이 미국에서는 가능하지만 중국에서는 한계가 있는 것 아닐까요?

물론입니다. 아이패드나 아이폰을 만들어내지 못하는 이유가 거기에 있지요. 중국은 소유권의 개념이 미흡합니다. 스티브 잡스에게는 이것들이 자기 것이었으니까요. 발명을 하고 특허등록을 하고 억만 장자가 된 것이지요.

중국의 발전에 장애물 아닌가요? 미국과의 경쟁력에 영향을 주겠네요.

지금까지 내내 문제가 된 것이지요. 아이폰, 아이패드, 인터넷 등 중국은 왜 이런 것을 미국보다 먼저 만들지 못했을까요? 중국 사람이 머리가 나빠서일까요? 아니요, 무언가 제도적으로 갖추지 못한 것이 있어서입니다.

예를 들어, 지금 미국 명문 대학에서 공부하는 똑똑한 유학생들이 중국에 돌아온다면 … 가능할까요?

시스템(제도)까지 바꾼다?

적어도 기술 분야에서 만큼은요.

유학생들이 귀국하면 먼저 중간 계급의 적당한 곳에 자리를 잡겠지요. 그곳에서 최고 자리에 오를 때쯤 되면 그들도 이미 기존 시스템에 흡수되어서 그들 상사가 하던 방식으로 행동할 겁니다. 그게 문제지요. 오히려 중간 간부들이 미국에 가서 경험하고 돌아와 조직을 맡아 과거와 다른 시스템으로 관리한다면 가능할 수 있습니다. 시스템개혁은 자리를 내놓는 것인데 누가 그렇게 하겠어요. 정상적으로 작동할 수 없어요.

그런 비효율적인 시스템으로 고도성장을 이어갈 수 있을까요? 결국 세계은행이 말한 대로 중국 경제의 둔화로 이어질까요?

둔화될 수밖에 없겠지요. 현재의 싼 노동력이 고갈되면 성장률이 떨어질 겁니다.

15년 내지 20년 안에 중국 위안화가 완전 태환지폐가 될 것으로 보십니까?

중국은 그것을 목표로 할 수 있어요. 하지만 태환성(교환성)이 공정한 환율을 의미하진 않습니다. 교환은 할 수 있지만 수출을 늘리기 위해 위안화를 절하할 수 있어요. 절상이 되도록 놓아두겠지만 점진적으로 이루어지도록 관리할 겁니다. 중국은 언제나 저가 수출 경쟁력을 원할 테니까요. 중국은 내수 중심의 미국경제와는 달리 수출주도 경제입니다. 중국도 내수 중심 경제로 전환할 수밖에 없겠지요. 그러기 위해서는 중간 또는 중하위 소득계층의 고정관념이 바뀌어야 합니다. 저축이 아니라 소비를 장려해야만 합니다. 국내 소비만이 중국의 지속성장을 담보할 수 있는 최종 수단이라고 나는 확신합니다. 그런데 지금 내륙지역에서는 소비력이 없기 때문에 내수확대 정책이 성공하려면 성장의 과실이 재분배되어 모든 사람의 살림이 나아져야 가능합니다.

선생님이 말씀해주신 시나리오가 옳다면, 중국은 사회 시스템을 상당히 바꾸어야 한다는 얘기인데요. 경제적 필요성이 결국 사회변화를 촉진시키게 될까요?

그렇게 말할 수도 있겠네요. 중국 사람의 시각으로 바꾸어 말하지요. 그렇게 사회를 바꾸지 않으면 중국 경제가 멈출 수 있다, 즉 경제가 멈추는 것을 원치 않기 때문에 사회를 변화시킬 것이다.

캐나다
미국
멕시코

chapter
02

미국 AMERICA

문제가 있지만 아직은 세계 최강

힘의 균형축이 이동하고 있다. 미국은 아시아 태평양 지역에서 과거 어느 때보다도 영향력을 행사하는 데 힘이 든다는 것을 느낄 것이다. 가장 큰 원인은 이 지역까지의 접근성이다. 바로 이 점에서 중국은 우위를 점하고 있고, 아시아에서 미국보다 훨씬 쉽게 군사 기동력을 발휘할 수 있다. 미국은 8천 마일 밖에서부터 움직여야 하기 때문에 기본 전제가 완전히 다르다. 노력의 정도, 군수물자 이동, 비용 측면에서 상당히 큰 차이가 존재한다. 13억 명 중국 인구만으로도 3억 1,400만 명 인구를 가진 미국에게는 큰 부담이 될 것이다. 하지만 미국은 아직 기술우위를 가지고 있기 때문에 힘의 이동이 신속히 이루어지지는 않을 것이다. 중국은 항공모함을 건조할 수 있지만 5천 명 장병이 승선한 미국의 핵추진 항공모함 기술은 단기간에 따라 잡을 수 없을 것이다. 하지만 원거리의 불리한 조건은 미국에게 결정적인 단점이기 때문에, 미국은 앞으로 이 지역에서 취할 전략과 정책을 적절히 조정할 수밖에 없을 것이다.

오바마 행정부는 2011년 아태지역에 대한 중요성을 재강조한 태평양 회귀 정책Pacific Pivot을 발표하였다.[1] 당시 힐러리 국무장관은 "외교정책*Foreign Policy*" 저널에 새로운 외교정책의 기본 구상을 다음과 같이 밝혔다. "미국은 아시아의 개방된 시장에서 전례없는 투자와 교역의 기회 그리고 첨단기술에 대한 접근 기회를 갖게 되었다. 남중국해에서의 자유로운 항해 보장과 북한의 핵확산 시도에 대한 대응 그리고 이 지역에서의 군사활동에 대한 투명성 확보 등, 전략적으로 아태 지역에서 평화와 안보를 유지하는 것은 글로벌 차원의 바람직한 발전을 위해 그 중대성이 점증하고 있다." 2012년 4월 호주 다윈Darwin에 미국 해병대 400명이 배치된 것은 미국의 아시아 재균형 정책의 일환이며 아태지역에서 미국의 강화된 존재감을 보여준 것이었다.

많은 아시아 국가들은 이러한 미국의 태평양 회귀정책을 환영했다. 미국의 주둔은 그동안 이 지역의 안정을 위해 중요한 역할을 수행하여 왔다. 계속 주둔한다면 기존의 안정과 안보를 유지하는 데 도움이 될 것이다. 중국의 규모를 보면 미국만이 일본 및 한국과의 동맹 그리고 아세안 국가와의 협력을 통해 중국과 힘의 균형을 이룰 수 있기 때문이다.

하지만 미국이 의지 표명을 실질적인 행동으로 옮기는 약속을 앞으로 계속 이어갈지는 두고 볼 일이다. 의지와 실행은 별개

1 트럼프 행정부도 아시아 중시 전략을 계승할 것으로 보인다. 출범 초기 발언 내용을 보면 오바마 행정부보다 중국이나 북한에 대해 더욱 강경한 입장을 취할 것으로 보인다.

의 문제이다. 미국은 현재 호주, 일본, 한국, 그리고 괌에 군대를 주둔시키고 있다. 필리핀은 1992년 미군 철수가 가져올 장기효과를 잊고 수비크 만Subic Bay에서 철수시키는 현명치 못한 결정을 하였다. 지금은 "제발 와 달라"고 사정하고 있다.[2] 미국은 중국 해군과 균형을 맞출 수 있을 정도의 군사적 배치가 되어있다고 믿고 있다. 더구나 이 지역의 수심이 낮기 때문에 중국 잠수함을 포함한 선박의 이동을 모두 추적할 수 있다. 하지만 그런 우위를 언제까지 지속할 수 있을까? 100년? 아니 50년? 가능성이 낮다. 20년? 어쩌면. 마지막으로 지금의 균형상태는 향후 몇 십년간의 미국 경제상황에 따라 달라지는 변수이다. 군함과 항공모함을 건조하고 군사기지를 건설하는 등 군사력을 유지하고 강화시키기 위해서는 강력한 경제가 뒷받침되어야 한다.

미국과 중국이 태평양에서의 군사 우위를 놓고 대결하면 힘이 상대적으로 약한 아시아 국가들은 눈치껏 상황에 적응해야만 할 것이다. 그리스 아테네의 역사가 투키디데스Thucydides가 한 유명한 말이 있다. "강자는 자기가 할 수 있는 일을 하면 되지만 약자는 강요된 일을 인내해야 한다." 아시아의 약소국들은 이런 불편한 처지를 부정할지 모르지만, 아태지역에서의 미국 영향력이 줄어들고 있다는 현실에 눈을 뜬다면 이들 국가 역시 대외전략을 수정하게 될 것이다. 경제력과 군사력이 강해지는 중국에 대한 호불호에 더 관심을 집중해야 할 것이다. 하지만 어느 나라도 중국에 의해 완전히 지배되는 일은 없을 거라는 것 역시 중요하다. 결론적으로 중국이 미국을 서태평양에서 완전히 밀어낼 수 있다

---

2 필리핀은 남중국해 도서 문제로 미국과 접근하는 듯 보였으나, 2016년 6월 두테르테 대통령 취임 이후 다시 미국과 거리를 두고 중국에 접근하는 것으로 보인다.

고 보진 않는다.

베트남은 중국의 힘이 팽창하면서 가장 불행한 국가의 하나가 되었다. 덩샤오핑은 베트남이 1978년 캄보디아를 침공한 것에 대한 보복으로 1979년 베트남을 공격하였다. 그는 몇 군데의 작은 도시와 마을을 파괴한 뒤 철수하였는데 "하노이까지 공격해서 점령할 수 있다"는 강력한 경고를 베트남에 보낸 것이다. 그것은 베트남 사람들이 잊지 않을 교훈이다. 베트남 정부는 미국과의 장기적인 안보관계를 구축하는 전략을 이미 논의하고 있을 수 있다.

나 또한 이러한 힘의 이동을 유감으로 생각한다. 미국은 기본적으로 유순한 힘의 소유자이기 때문이다. 미국은 공격적이지 않고 새 영토를 점령하려고 하지 않는다. 베트남전을 치렀지만 베트남을 점령하려고 한 것이 아니었고, 한국에서 전쟁을 치렀지만 남한과 북한을 점령하려고 한 것이 아니었다. 미국은 두 전쟁 모두 공산주의를 막아내기 위해 싸웠다. 공산주의 국가가 늘어나는 것을 막고자 하였다. 미국의 개입이 없었다면 그리고 베트남에서 그렇게 오래 버텨주지 않았다면, 다른 동남아시아 국가에서의 공산주의에 대한 저항 의지는 소멸되었을 것이고, 동남아시아는 도미노처럼 공산주의 국가로 넘어갔을 수 있다. 닉슨 대통령은 월남남베트남이 군사력을 증강하고 자체 전투능력을 갖출 수 있도록 시간을 벌어주었다. 월남은 성공하지 못하였지만 추가적으로 시간을 확보함으로써 동남아시아 국가들이 힘을 합치고 아세안으로 발전할 수 있는 기반을 놓을 수 있도록 기여하였다.

싱가포르는 이 지역 태평양에 군사력을 배치하고 있는 미국을 상당히 우호적으로 생각한다. 중국의 경우 앞으로 얼마나 성급하고 완고할지 예측하기가 어렵다. 2009년에 내가 싱가포르는 중국과 균형balance을 이루어야 한다는 발언을 하자, 중국에서는 이것을 징집conscribe하자는 것으로 번역해서 어떻게 중국계인 내가 감히 그런 말을 할 수 있느냐며 중국 네티즌들이 인터넷에서 대소동을 벌이기도 하였다. 그들은 쉽게 감정을 폭발시킨다. 내가 결코 징집이라는 말을 쓴 적이 없다고 해명해도 그들은 진정되지 않았다. 절제되지 않은 거친 힘을 드러낸 것이다.

급변하는 환경에 싱가포르의 기본 전략은 비록 싱가포르 경제가 중국의 괄목할 만한 성장에 맞물려 있긴 하지만 다른 국가, 특히 미국과의 관계를 끊어서는 안 된다는 것이다. 미국으로서도 싱가포르는 중요한 존재이다. 우리는 이 지역 다도해의 전략적 요충지에 위치하고 있기 때문에 미국이 아태 지역에서의 영향력을 계속 행사하려는 한 우리를 무시할 수 없을 것이다. 비록 우리가 중국과의 관계를 키워간다 하더라도 미국은 싱가포르와의 경제, 사회, 문화, 안보 차원의 강한 유대를 중단할 수 없을 것이다. 중국 또한 아세안 국가에 대한 압박을 가하면 가할수록 아세안 국가들은 미국에 더 가까이 갈 것이란 것을 안다. 만약 중국이 미국과 똑같이 싱가포르에 중국 군함의 배치를 요구한다면 싱가포르는 이를 환영할 것이다. 하지만 싱가포르는 한 쪽은 취하고 한 쪽은 버리는 선택을 하지 않을 것이다. 이것이 앞으로 오랫동안 싱가포르가 유지해야 할 정책 노선이다.

또 하나 싱가포르가 전 세계 국가와의 관계를 유지하는 방법은 언어이다. 영국의 지배를 받았지만 영국이 떠날 때 영어를 우리에게 남겨놓았다는 점에서 우리는 행운이었다. 베트남처럼 프랑스의 지배를 받았다면, 세계와 소통하기 위한 영어를 배우기에 앞서 그동안 익숙해진 불어를 먼저 지우는 노력을 했어야 할 것이다. 분명히 어렵고 고통이 따르는 적응이었을 것이다. 1965년 싱가포르가 독립되자 중국 상공회의소 임원들이 찾아와 중국어를 국가 공용어로 채택하도록 압력을 행사하였다. 나는 이렇게 말했다. “우선 나하고 먼저 싸워야 할 거요.” 독립 50년의 역사는 영어를 말할 수 있고 영어로 다른 나라와 소통할 수 있다는 것이 싱가포르의 성공 스토리에 가장 중요한 요인 중의 하나임을 증명해주고 있다. 대영제국은 영어를 전 세계로 퍼뜨렸는데, 미국이 뒤를 이어 상대적으로 쉽게 세계의 지배력을 행사하게 된 것도 영어의 덕분이라 할 수 있다. 전 세계에 영어를 말하고 이해할 수 있는 인구가 그렇게 많았다는 것이 미국으로서는 굉장한 이점이었다.

중국의 굴기가 계속되면서, 우리 학생들이 중국에서 일하고 사업하기를 원했다면 그들에게 더 나은 기회를 제공하기 위해서라도 학교에서의 중국어 교육을 확대시켰을 수 있다. 하지만 중국의 GDP가 미국을 앞서더라도 현재 우리가 향유하고 있는 정도의 삶의 수준을 제공할 수 없기 때문에, 중국어는 제2언어로 남을 것이다. 중국이 싱가포르 GDP에 기여하는 정도는 20%에 미치지 못한다. 싱가포르 경제를 받쳐주고 성장시켜주는 그 나머지는 미국을 비롯해서 영국, 독일, 프랑스, 네덜란드, 호주 등 많은 국가 덕분이다. 이들 국가는 사업할 때 중국어가 아니라 영어를 사용한다. 중국인조차 유치원에서 대학까지 영어를 광적으로 배우는 상황에서, 앞으로 언제가 되던 중국어를 공용어로 채택하는 일은 어리석은 결정이 될 것이다.

미국의 힘: 역동성

미국이 아직 쇠퇴의 길로 들어선 것은 아니다. 미국의 권위는 심각한 재정위기를 겪고 또한 이라크와 아프가니스탄에 대규모 병력을 장기간 주둔시키면서 추락의 시련을 겪고 있다. 하지만 통찰력을 가진 역사가라면 겉으로는 약하고 힘이 빠진 것처럼 보이지만 과거에 이보다 훨씬 험한 상황도 극복하고 일어선 나라임을 기억할 것이다. 대공황, 월남전, 일본과 독일의 신속한 전후 부흥 등등, 이 시대의 우리는 아직 미국이 직면했던 큰 시련과 도전을 머릿속에 기억하고 있다. 어려움이 있을 때마다 미국은 의지와 열정을 앞세워 과거의 지위를 되찾곤 했다. 그렇게 세계 우위를 유지해 왔다. 이번에도 그렇게 될 것이다.

미국의 성공은 효율성을 넘어 세상을 놀라게 하는 끊임없는 혁신으로 뒷받침되는 역동적인 경제에 기인한다. 즉, 미국은 전 세계 사람들에게 도움이 되고 바람직한 – 이전과는 완전히 다른 – 새로운 제품과 서비스를 만들어 내는 비범한 능력을 가지고 있다. 아이폰, 아이패드, 마이크로소프트, 인터넷 등은 다른 곳이 아닌 미국에서 창조된 제품들이다. 미국과 비교하여 중국도 많은 재능을 가진 인재들이 있지만 이런 제품을 먼저 만들어내지 못하는 이유는 어디에 있는가? 분명히 중국은 미국이 가진 혁신의 점화력이 부족하다. 미국에서는 판도를 뒤바꿔놓는 혁신이 종종 일어나 미국이 다시 세계경제의 선봉에 설 것이라는 기대를 갖게 한다.

비록 미국 쇠퇴론의 주장이 맞고 미국은 실제로 내리막길에 들어섰다 하더라도, 미국은 대국이기 때문에 쇠퇴하는 데에도 긴 시간이 걸린다는 것을 기억할 필요가 있다. 싱가포르가 미국처럼 큰 나라라면 잘못된 정책의 부작용도 천천히 나타나기 때문에, 정책결정을 잘못하면 어쩌나 하는 우려도 덜 할 것이다. 하지만 우리는 작은 나라이고 잘못된 길로 들어서면 단시간에 재앙을 초래한다. 반면 미국은 거대한 화물선과 같아서, 소형보트처럼 방향을 바꾸는 것이 쉽지 않다. 나는 쇠퇴론자의 주장이 잘못되었다고 본다. 미국호는 침몰하지 않을 것이다. 중국에 비해 상대적으로 영향력이 떨어질 수 있다. 서태평양에서의 미국 역량이 영향을 받을 수 있는데 병력 규모나 총 GDP에서 중국에 밀릴 수 있다. 하지만 미국의 핵심 우위인 역동성은 잃지 않을 것이다. 미국은 중국보다 훨씬 더 창조적인 사회이다. 미국이 쇠퇴할 것인가를 놓고 내부 격론을 벌인다는 사실이 미국사회가 건강하다는 신호이다. 현실에 안주하지 않는다는 의미이기 때문이다.

내가 미국의 장기적 성공을 믿는 이유를 요약한다면, 첫째가 미국사회의 "매력"이다. 미국은 중국의 과거 어느 전성기에 비교하여도 더 매력적인 사회이다. 매년 수천 명의 유능하고 꿈에 부푼 이민자들을 받아들이고 이들이 여러 분야에 정착하고 성공을 거두고 있다. 이들 이민자들은 혁신적이고 도전정신이 강한 사람들이다. 그렇지 않았다면 조국을 떠나지 못했을 것이다. 이민자들은 끊임없이 새로운 아이디어를 제공하는 원천이고 미국사회에 자극을 불러일으킨다. 그런 신바람을 중국에서는 찾지 못할 것이다. 그것이 없었다면 미국은 지금의 성공을 이루지 못했을 것이다. 수 세기 동안 유럽에서 유능한 인재를 끌어들였고, 오늘날은 인도, 중국, 한국, 일본, 그리고 동남아시아의 인재를 끌어들이고 있다. 미국은 이들 이민자들이 미국사회에 융화하도록 돕고 아메리칸 드림을 실현시킬 수 있는 기회를 동등하게 제공하기 때문에, 재능을 가진 고급인력이 계속 유입되고 이들이 결국 신기술, 신제품, 신사업방식을 개발하는 데 기여하는 구조를 가지고 있다.

중국을 포함한 모든 국가들은 결국 유능한 인재를 자국에 유치하기 위해서 어떤 형태로든 미국 모델을 채택해야 할 것이다. 회사를 일구어낼 탁월한 인재를 찾아 나서야만 할 것이다. 최고의 인재유치, 그것이 국가간 최후의 혈투가 될 것이다. 강대국 간의 무력 대결은 양국의 파멸을 초래한다는 것을 서로 알기 때문에 이제 그럴 가능성이 거의 없는 시대이다. 하지만 경제와 기술의 경쟁은 지속될 것이고, 이들 경쟁에서 인재유치는 핵심요소이다.

미국은 사람을 끌어당겨 정착하게 만드는 매력을 가진 사회이다. 미국은 아시아에서 최고의 인재를 받아 들여왔다. 일례로 전 시티뱅크 최고경영자 비크람 팬디트Vikram Pandit[3] 등 미국의 금융권과 대학에서 일하는 인도인의 숫자를 보라. 일부 싱가포르 학생들도 미국에서 공부를 마치고 그냥 미국에 정착하는 것을 선택하고 있다. 내가 국가장학금으로 학생을 유학 보낼 때 미국 대신 영국을 선호하는 이유가 여기에 있다. 공부를 마치더라도 영국에서는 환영받지 못하기 때문에 그곳에 머물지 않고 귀국을 선택한다. 그리고 영국의 경제는 미국보다 역동성이 떨어지고 취업할 기회도 더 적다.

중국이 인재를 유치하는 데 늘 어려움을 겪는 하나의 이유가 언어이다. 중국어는 영어에 비해 배우기가 훨씬 어렵다. 특히 중국어 말하기는 아주 어릴 때부터 배우지 않으면 매우 어렵다. 단음절에 모든 단어가 4성 또는 5성을 가지고 있다. 더구나 중국어를 모르면 소통할 수가 없다. 엄청난 장애이다. 내 경험을 말하는 것이다. 나는 50년을 중국어와 씨름하고 있다. 중국어를 말할 수도 있고 로마자 표기법에 따라 쓸 수도 있지만 관용 중국어를 이해하지 못한다. 노력이 부족해서가 아니다. 중국의 지배력이 앞으로 커진다 하더라도 중국어는 지극히 배우기 어려운 언어라는 사실은 변하지 않을 것이다. 중국인 그리고 유럽과 미국의 중국 전

---

3 2007년 12월부터 2012년 10월까지 재임하였다.

문가를 제외하고 얼마나 많은 사람이 중국에 갔다가, 그곳에 체류해 사업을 현재까지 하고 있는가? 중국은 전 세계에 공자연구소를 세워 중국어를 대중화하기 위해 노력하고 있지만 그 성과는 잘 해야 몇 군데에 지나지 않는다. 사람들은 아직도 공자연구소가 아닌 영국 영사관에 가고 미국 의류매장을 찾는다. 미국 정부는 그런 노력조차 하지 않는다. 한때 미국도 해외에 공보관을 두었지만 그 필요성이 없자 이조차 폐쇄해버렸다. 국가를 홍보할 수 있는 기능은 이미 책, 텔레비전 쇼, 영화 등으로 넘쳐나고 있다. 소프트 파워 측면에서 중국은 미국을 이기지 못할 것이다.

둘째는 최고가 되기 위한 다양한 형태의 "경쟁"이다. 미국 전역에는 세계적 경쟁력을 가진 많은 명문 연구기관들이 있다. 동부 지역 보스턴, 뉴욕, 워싱턴, 서부 지역 버클리, 샌프란시스코, 그리고 중부 지역 시카고, 텍사스 어디를 가든 다양한 연구소가 있고, 이들 연구소는 누구의 지시도 받지 않고 서로 도전하고 경쟁하고 있다. 텍사스에서 풍부한 석유자원으로 부를 얻은 사람이 많아지자 제임스 베이커James Baker 전 국무장관은 휴스턴의 라이스대학에 보스턴이나 뉴욕과 경쟁할 수 있는 공공정책연구소를 설립하였다. 전 싱가포르 대사와 중국 대사를 역임했고 나의 친구이기도 한 존 헌츠맨Jon Huntsman도 또 다른 사례이다. 가족이 전립선암 때문에 고생을 했는데 그는 부친으로부터 상속받은 유산을 가지고 최고의 과학자를 유치해서 전립선암을 연구할 수 있도록 고향인 유타주에 헌츠맨 암연구소를 설립하였다.

모든 연구소는 다른 연구소만큼 우수하다는 자부심을 가지고 있다. 연구소가 필요로 하는 전부는 돈과 인재인데 그것이 뒷받침된다. 어느 누구도 워싱턴이나 뉴욕에 고개 숙여야 한다는 압박을 받지 않는다. 돈이 있으면 다른 연구소를 시작하면 된다. 이런 풍토가 사회에 다양성을 낳고 긴 생명력을 가진 새로운 아이디어와 신제품을 만들어내는 경쟁심을 불러일으킨다. 중국은 이와는 완전히 다른 접근을 하고 있다. 중국에서는 권력이 중앙에 집중되어야 번성할 수 있다고 믿는다. 중국 사람들은 누구나 하나의 중심에 따라야 한다는 의식이 머리에 입력되어 있다. 즉, 모든 사람이 같은 북소리에 맞춰 똑같이 행진할 것을 기대한다. 다양성과 경쟁에서는 영국이나 프랑스도 미국을 따라가지 못한다. 프랑스에서 똑똑한 젊은이들은 결국 명문대학 그랑제콜Grandes Écoles[4]을 간다. 영국에서는 옥스퍼드 대학과 캠브리지 대학이다. 이들 나라는 상대적으로 작고 인구밀도가 높아 좀 더 획일적이라 할 수 있다.

1970년대 후반부터 1980년대까지 미국은 부활한 경제강국 일본과 독일에 세계 최고의 산업 경쟁력을 빼앗겼다. 일본과 독일은 전자, 철강, 석유, 자동차 산업에서 선두로 앞서 나갔다. 이들 산업은 노동조합에 가입되어 있는 많은 노동자들이 일하는 곳이다. 일부 유럽국가에서 노동조합은 심각한 단기 손실이 우려되는 파업을 강행하겠다고 위협하면서 노동개혁에 저항하였다. 하지만 미국에서는 그 반대 현상이 일어났다. 미국회사들은 어렵지만 필요한 개혁을 하였다. 구조조정을 하고 노동자를 해고하고 IT 기술을 활용해서 생산성을 높였다. 미국 경제는 다시 활력을 되찾았다. 새로운 환경에서 마이크로소프트, 시스코, 오라클 등 창업기업이 나타났고, 이들은 일반 기업의 IT 시스템을 최적화할 수 있도록 지원하였다. 고통스러운 구조조정의 시기를 거친 뒤 기업들은 다시 새로운 일자리, 월급을 더 주는 좋은 일자리를 만들어

4 프랑스 최고의 엘리트 고등교육기관.

낼 수 있었다. 그들은 중국, 인도, 동유럽 국가에서도 해낼 수 있는 구식 일자리에 매달리지 않았다.[5] 미래는 작은 부품이나 자동차 생산이 아니라 상상력, 예술성, 지식, 지적재산권과 같은 두뇌의 힘에 의해서 부가 창출된다는 것을 미국은 예견했던 것이다. 미국은 기사회생하였고 선진국 중에서 가장 빠르게 성장하는 경제로 복귀하였다. 기업가적인 미국의 역동성을 충분히 설명할 수 있는 부분이다.

미국의 역동성은 지금도 진행되고 있다. 미국은 군살을 더 빼고 경쟁력이 더 향상된 시스템을 가동시키고 있고 더 많은 특허를 출원하고 있다. 더 새롭고 더 좋은 무엇인가를 만들기 위해 항상 노력하고 있다. 물론 여기에는 상당한 대가를 치르기도 한다. 실업률이 요요처럼 출렁이고, 경기가 안 좋을 때에는 8~10%의 실업률이 일반적 현상이다. 그 결과 저소득층이 늘어나고 있다. 뉴욕에는 사치스럽고 현란한 가게들이 즐비한 반면, 등에 맨 헌 옷과 바닥에 깐 골판지 외에 아무것도 가진 것이 없는 노숙자들이 길 위에 누워있는 것을 쉽게 발견할 수 있다. 노벨경제학상 수상자 폴 크루그먼Paul Krugman을 포함해서 일부 학자는 미국 사회의 심각한 부의 불평등을 비난해 왔다.

이런 현상을 용인할 수 있을까? 내가 대답할 문제는 아니지만, 미국에는 이를 돕는 종교 및 자선 단체가 활동하고 있다. 일부는 실업자에게 식사를 제공하기도 한다. 하지만 양쪽이 다 만족할 수는 없다. 미국이 현재 가진 경쟁력을 원한다면 상당한 빈

5 그 결과 고급 인력의 임금은 상승했지만, 전통적인 제조업의 일자리가 줄어들었고 제조업 종사자들의 임금도 상대적으로 낮아졌다. 트럼프 대통령은 2016년 대선에서 이러한 산업구조의 변화로 불만이 높아진 백인 유권자들의 지지를 받아 대통령에 당선되었다.

부 격차와 하위계층의 증가는 피할 수 없다. 대신 제2차 세계대전 이후 유럽국가가 선택한 복지국가의 길을 원한다면 경제 활력이 떨어지는 것을 감수해야 할 것이다.

마지막으로, "자수성가한 사람을 인정"해주는 문화이다. 미국에서 성공한 기업인은 부러움의 대상이 되고, 사회적 지위를 부여받고, 합당한 인정을 받는다. 비록 실패하더라도 그것을 최후의 성공에 이르기까지 중간에 반드시 겪어야 하는 자연스러운 과정으로 인정해준다. 이런 문화가 상대적으로 사회가 안정되어 있고 각자 자신의 직분職分을 받아들이는 영국과 다른 점이다. 이 점에서 영국은 훨씬 유럽인에 가깝다. 영국 사람은 한때 증기기관, 섬유제조기, 전기모터 등 위대한 발명품을 만들어냈다. 과학 분야에서 많은 노벨상 수상자를 배출하기도 하였다. 하지만 영국은 상업적으로 성공한 기업인을 배출하는 데에는 그리 성공적이지 못하였다. 이유는 무엇일까? 200년 이상의 제국 체제에서 오래된 부유층과 지주계층이 매우 존경받는 사회가 형성되었기 때문이다. 신흥부자는 무시당했던 것이다. 젊은이들은 육체노동자보다 법조인, 의사, 전문가처럼 머리를 쓰고 지적 능력을 인정받는 직업인이 되기를 갈망했다. 반면 미국은 계층의 장벽이 없이 개척정신으로 계속 영토를 확장시켜 나간 개척사회이다. 누구나 부자를 축하했고 부자가 되기를 원했다. 미국사회는 새로운 사업을 시도해서 돈을 벌어보겠다는 강한 욕구를 자극한다. 오래된 회사라도 내부 회의에서 젊은이들이 더 큰 목소리를 내고 엄청난 활기를 불어넣고 있으며 이것이 새로운 회사로 거듭나게 하는 통로 역할을 한다.

미국의 골칫거리

유로존의 일부 국가에 비교하면 덜 심각해보이지만 미국이 직면한 가장 심각한 과제는 첫째, 국가채무와 재정적자의 문제이다. 미국은 달러가 세계 준비통화reserve currency이기 때문에 자금조달 비용이 다른 나라에 비해 훨씬 낮다는 이점이 있고, 부분적이긴 하지만 그로 인해 재정운용에서 유리한 위치에 있다. 하지만 정부지출이 잘못된 곳에 쓰이고 있기 때문에 마냥 안심하고 있을 여유가 별로 없다. 현재의 사회보장과 의료보험제도를 개혁하지 않는 한 그 비용을 감당할 수 없는 사태가 30년 이내에 벌어질 것이다. 이 때문에 정부의 재량지출을 축소해야 하는 압박을 크게 받게 된다. 미국 지도자들이 이런 문제에 계속 소극적으로 대응한다면 달러에 대한 신뢰가 결국 무너지고 말 것이다. 2011년에 채무상한과 적자축소에 대한 정치적 교착상태는 미국 재정을 예의주시하는 많은 국가들에게 상당한 불안감을 준 것으로 보인다. 즉각적이고 혹독한 처방이 필요함에도 대통령과 의회 간에 합의가 불가능해짐에 따라 아무런 진전이 없다. 민주당과 공화당은 미래에 어떤 결과가 초래될 지에 대한 대비보다 당장의 다음 선거에만 신경 쓰고 있다.

걱정은 되지만 해결이 불가능한 것은 아니라고 본다. 양당은 문제를 해결하지 않으면 나라가 어려운 지경에 빠지고 심지어 경제가 후퇴할 수도 있다는 것을 잘 안다. 그래서 언젠가 돌파구가 열릴 것으로 본다. 미국의 유권자들은 이런 현실을 이해하고 지도자들이 국가재정의 지속가능성에 필요한 관심을 갖도록 투표를 통해 요구할 정도로 합리적이라고 본다. 현직 대통령 아니면 차기 대통령이 먼저 주도할 것이고,[6] 정치적 계산을 떠나 의회가 미국의 장래를 생각해서 어떤 합의를 할 것이다. 어쩌면 다음 선거를 신경 쓰지 않아도 되는 대통령 중임 기간에 실현될 가능성이 높다. 어쨌든 현 시점에서 더 이상 진전은 없을 것이다. 하지만 국익과 안보상 중대한 상황이 발생하면 민주당과 공화당은 다시 결집해서 문제를 해결할 것이다.

그러나 미국은 필요한 만큼의 정치적 관심을 끌진 못하지만 장기적으로 영향을 미칠 수 있는 다른 중대한 문제를 안고 있다. 그 중의 하나는 교육이다. 매년 수천 명의 학생이 세계 최고인 미국 대학에 입학하기 위해 몰려든다. 하버드, 스탠포드, 프린스턴 대학에 가는 것은 전 세계 수백만의 젊은 학생들과 학부모들에게 꿈이다. 하지만 미국은 세계 최고의 과학자, 학자, 전문가, 비즈니스맨만을 배출할 것이 아니라, 저학력 계층을 경제성장에 필요한 인재로 키우는 교육이 필요하다. 이들 중간층의 인재들이 바로 모든 경제에 있어 절대 다수의 노동을 담당하기 때문이다. 명문 대학에서 엘리트 학생을 양성하는 것도 좋지만, 동시에 초중고등학교에서 문자해독 능력이 없거나 수학능력이 떨어지는 학생을 대량으로 배출되는 것을 더 이상 방치할 수 없다. 미국이 교양과 기술 교육을 무시함으로써 실패할 위험이 있는 곳이 바로 이들 그룹이다. 일부 공립학교에 대한 정부지원이 낮은데도 불구하고 재정위기 때문에 지원이 더 삭감되었고 이후 회복되지 못한 상태이다. 빠듯한 재정 때문에 완전한 회복은 불가능하다는 일부의 얘기도 있다. 교육예산 삭감의 부작용은 이번 대통령 임기나 다

6 이 문장에서 현직 대통령은 오바마 전 대통령이고, 차기 대통령은 트럼프 현 대통령이다.

음 임기 중에 바로 나타나지는 않겠지만 장기적으로 미국의 경쟁력을 약화시키게 될 것이다.[7] 근본적인 원인의 일부는 교육을 연방정부가 아니라 주정부의 책임으로 하고 있다는데 있다. 그래서 연방정부가 지시할 수 없고 50개 주를 일일이 설득해서 교육예산을 늘려야 한다. 미국에서 연방정부가 지방의 문제를 개입하는 것에 대한 불신은 역사적 이유가 있다. 하지만 교육에 있어서만큼은 이 시스템에 큰 결함이 있다는 것이 확인되었다.

미국의 다른 골칫거리들로는 미국 전역의 노후화된 인프라, 계층 양극화의 심화, 인종 차별의 지속 등이 있다. 또한 선거의 돈 의존도가 너무 커서 국가에 봉사할 수 있는 유능한 남녀가 선출직에 도전하기 너무 어려운 선거방식도 문제이다. 한 가지 기억할 부분은 미국은 그들의 장점을 과장하는 경향도 있지만 골칫거리도 때로 부풀려지고 있다는 점이다. 이런 대조적 견해는 좋은 방송 프로그램 제작이나 더 많은 신문 독자를 확보하는 효과가 있다. 이것은 또한 정치토론에서 상대방의 실수를 과장해서 공격할 때 사용하는 잘 다듬어진 기술이기도 하다. 미국에 특별한 지식이 없는 외부인은 처음 보기에 불안해 보이지만, 곧 어디까지가 현실이고 수사인지를 구분하는 능력을 배우게 된다.

수사적인 것 빼고, 미국사람들은 근본적으로 오늘보다 내일이 더 나아질 것이라는 신념을 가지고 있다. 이런 낙관주의 태도가 소비하고, 빌리고, 더 많이 소비하는 성향을 설명해 준다. 반면 중국이나 일본 사람들은 지진이나 또 다른 재앙이 곧 닥칠지도 모른다는 우려 때문에 저축의 필요성을 느낀다. 나는 미국사

7 이러한 이유에서 오바마 전 대통령은 한국을 포함한 동아시아 국가의 교육에 많은 관심을 가졌었다.

회의 낙관주의, 할 수 있다는 삶의 태도, 그리고 자원을 투입하면 모든 문제는 해결할 수 있고 또 모든 것은 쪼개서 분석하고 재구성할 수 있다는 믿음에 감탄한다. 하지만 미국에 정착해서 살고 싶지는 않다. 내가 월남 총리를 지내고 미국에 망명한 카오키Kao Ky처럼 난민이 돼서 국가를 선택해야 하는 상황이었다면 나는 아마도 스트레스가 훨씬 적은 사회인 영국을 택했을 것이다.

내가 아는 미국

나는 1962년 처음으로 미국을 방문하였다. 제2차 세계대전이 끝난 후 오래되지 않았고, 유럽경제는 거의 붕괴 상태였으며, 영국은 쇠퇴의 길로 들어섰고, 중국은 거의 모습도 드러나지 않던 시기였다. 미국은 세계 최강의 국가가 되었다. 내가 만난 미국 사람들은 자신감이 넘쳤다. 영국은 세계 경찰의 역할을 미국에 넘겨주었다. 미국과 영국은 모두 영어를 쓰는 나라로서 서로 큰 싸움도 큰 위반도 하지 않았다. 영국은 더 이상 미국의 상대가 되지 않는다는 것을 알았다. 영국은 미국의 도움으로 독일로부터 구조되었지만 상당한 대가를 치렀다. 제국의 지위를 잃었고, 또한 대서양에서의 공급물량을 지키는 데 필요한 중고선박의 대금을 지불하기 위해서 미국에 있는 모든 재산과 땅을 넘기거나 매각하는 대가를 치렀다. 그렇게 영국은 그들이 기울어가고 있다는 것을 깨달았고 미국의 패권에 도전하지 않았다.

하지만 이번은 다르다. 미국이 중국의 패권을 기정사실로 쉽게 받아들이지 않을 것이다. 미국은 중국굴기를 관리하기 힘든 잠재적 적수라는 것을 알고 있다. 2035년이 되면 중국의 GDP가 미국을 앞설 것이고 서태평양에서 미국의 지배적 지위를 허용치 않을 군사력을 갖게 될 것이다. 매우 중대한 변화이다. 독일이 세계질서에 도전해 유럽에서 전쟁을 일으켰을 때 영국은 미국과 함께 독일의 진군을 막아냈다. 미국이 중국한테도 유사한 방식의 조치를 취할 수 있을까? 일본의 도움을 받더라도 어려울 것이다. 일본도 평생 원수가 될지도 모르는 중국과의 전쟁을 원치 않을 것이다. 1.3억 명의 일본 바로 옆에 13억 명의 중국이 있다는 것을 아는데, 중국을 적으로 만들 이유가 없을 것이다. 더구나 중국은 저가의 생산요소와 거대한 시장을 가지고 경제적으로 일본과 한국 기업인의 투자를 끌어들이고 있다. 미국은 타협해야 할 것이고 현실을 받아들여야 할 것이다. 일본과 한국은 경제적으로 중국에 얽매여 있지만 미국과의 안보관계를 유지하려 할 것이다. 미중관계는 21세기에 가장 중요한 양자관계가 될 것이다. 거대한 두 국가의 평화와 협력은 아시아에 안정을 가져다 줄 것이다. 핵보유국이기 때문에 양국의 충돌 가능성은 거의 없다. 아주 작은 충돌이라도 일단 시작되면 점차 악화되고 궁극적으로 진 쪽에서는 더 이상의 피해를 입지 않기 위하여 핵무기를 사용하게 될 것이다. 종말의 시작이다. 따라서 미국과 중국은 아무리 사소한 충돌이라도 이를 피하기 위해 최선을 다해야 한다. 미국은 군사기술의 개발을 늦추지 않으면서 중국이 세계공동체의 일원이 되어 세계질서를 구축하는 데 일익을 담당하도록 설득하고 돕는 노력을 해야 한다. 그러면 중국도 세계시민으로서의 책무를 담당하는 가치가 있다는 것을 알 것이다.

미국은 세계 최강국이 된 초기에 무뚝뚝하고 거만하기조차 한 태도를 보였다. 영국은 200년 넘게 제국을 경영하였는데 그 결과 다른 나라를 지배하는 세련되고 능숙한 방법을 알고 있었다. 영국 통치하에서 일하던 한 인도 공무원이 한번은 나에게 와 200명의 영국 관료가 2억 명의 인도 사람을 통제할 수 있다는 사실을 감탄해하며 말했다. 대영제국이 정점에 있을 때였다. 미국은 제2차 세계대전 이후 세계 최강국이 되었다. 미국은 영국처럼 장기간 세계를 지배해보지 않았기 때문에 새로 올라선 자리를 지키는 데 아직 성급한 면이 있다.

미국의 대외정책에 지속적으로 반영되어 나타나는 선교정신은 어떤 점에서 이런 성급함을 보여주는 것이다. 미국은 현명치 못하게 9.11테러 이후에 아프가니스탄에 병력을 투입하고 국가를 세우려고 하였는데 아프가니스탄은 9.11테러 이전 30~40년간 국가가 아니었다는 사실을 무시한 처사였다. 아프가니스탄은 1973년 모하메드 자히르 샤 국왕을 마지막으로 왕조가 무너진 후 평화 없이 싸움만 계속하는 부족들의 집합체 상태를 유지해 왔다. 어떻게 이들 작은 부족들을 하나로 통일시킬 생각을 하는가? 불가능한 일이다. 시간을 더 뒤로 돌려 100여 년 전에 루드야드 키플링Rudyard Kipling[8]의 "젊은 영국군"이라는 시를 보자.

"전장에서 부상 당해 아프가니스탄 평원에 버려졌네.
여인이 다가와 그의 마지막 목숨을 끊으려 하네.
어서 머리에 총을 대고 스스로 방아쇠를 당겨라.
그렇게 군인답게 하나님에게로 가라."

나는 이 시를 힐러리 클린턴에게 보여주면서 아주 점잖게 아프가니스탄은 키플링이 보았던 그 때부터 지금까지 바뀐 것이 없

8 정글북 등 영국 소설가로 유명.

다는 점을 말해주었다. 9.11의 참상을 고려하더라도 아프가니스탄에 병력 파견은 미국의 실수였다. 내가 미국의 입장이었다면 더 이상 테러리스트들의 은둔처가 되지 못하도록 아프가니스탄에 맹폭을 선택했을 것이다. 지상군을 투입해서 어떻게 인명과 위신을 잃지 않을 수 있고 어떻게 테러리스트를 쫓아낼 수 있겠는가? 오바마 대통령은 2014년 말까지 철수한다는 계획을 세웠었다.[9] 미국은 아프가니스탄을 바로 세울 수 없기 때문에 최대한 신속하게 철수하는 것이 필요하다.

아들 부시 대통령은 선의로 이라크를 방문했다. 사담 후세인은 중동지역은 물론 전 세계를 불안하게 만드는 비이성적 독재자였다. 후세인을 권좌에서 끌어내려야 한다는 설득력이 있었다. 하지만 이라크를 민주화시키겠다는 미국의 의지가 표면화되면서 나는 숨을 멈추었다. 그것은 미국의 오만이었다. 그리고 혼자 생각했다: “메이플라워호가 미국에 입항한 1620년부터 시작해도 400년의 역사밖에 안 되는 나라가 4,000년의 긴 역사를 가진 이라크를 개조시키려 하다니!” 부시는 당시 네오콘신보수주의에 설득되어 중동평화의 열쇠는 이라크 민주화라는 계획을 밀고나갔다. 설득논리는 이라크 망명자이자 유명한 이슬람·중동지역 전문가인 버나드 루이스Bernard Lewis 교수가 제공하였고, 소련 반체제 인사이자 민주화 활동가로 한 때 이스라엘 국회의원이었던 나탄 샤란스키Natan Sharansky가 거들었다. 이는 중대한 실책이었다. 미국은 이라크 안에서 세력이 다른 여러 군벌을 하나로 묶고 지배할 수 있는 강력한 통치자를 제거하였다. 미국은 후세인을 대신할 강력한 지도자를 준비시켰어야 하는데 그것도 하지 않았다. 상황을 더 악화

9 아프가니스탄의 불안정한 상황이 계속되면서 철수 계획이 늦춰져 왔으며, 2016년 말 기준으로 8,400명 규모의 미군 군사고문단이 NATO의 지휘하에 아프가니스탄 방위군의 훈련과 지원 업무를 수행하고 있다(*Military Times*, 2016. 12. 15).

시킨 것은 새 체제에서 역할을 할 경찰과 바아스Ba'ath당을 활용하지 않고 오히려 해체시켜버린 것이었다.

제2차 세계대전 당시 일본군이 싱가포르를 점령했을 때, 그들은 군인은 포로로 잡았지만 경찰과 공무원은 놔두었다. 일본군은 지역을 통치하기 위해서는 이들의 도움이 필요하다는 것을 알았다. 심지어는 전력, 수도, 가스 회사의 영국인 지배인들도 내쫓지 않았다. 미국은 사전 준비 없이 이라크에서 정부를 세우려고 했고 옛날 사람들을 민주화시키려고 했다. 전자는 거의 가능성이 없는 것이었고, 후자는 그야말로 불가능한 일이었다.

이런 점에서 대외정책에 대한 중국의 접근은 미국보다 현명하다. 중국은 다른 나라의 시스템을 바꾸려 들지 않는다. 중국은 시스템을 있는 그대로 상대함으로써, 말려들지 않고 취할 수 있는 최대한의 이익만 취한다. 미국의 문제는 상대 국가의 시스템을 바꿀 수 있는 힘을 가졌다고 믿는 데 있다. 몇 번이고 그게 틀렸다는 것이 확인되었음에도 불구하고… 실제로 세계를 바꾸지도 못했다. 인구 90만 명 정도의 피지Fiji공화국이나 인구 20여 만 명의 바누아투Vanuatu공화국 정도가 가능할까! 이들 국가는 문명화의 역사가 짧고 뿌리 깊지 않아서 기독교 정신으로 바꿀 수 있을지 모르겠다. 하지만 중국이나 인도를 바꿀 수 있을까? 이들 국가는 고유한 고대의 전통을 가진 나라들이다.

지금까지 만난 미국 대통령 중에서 더 기억에 남고 더 인상을 준 인물은 누구입니까?

우선 케네디 대통령은 만나지 못했어요. 카리스마를 가졌다고 보아져요. 하지만 그의 정책이 모두 잘 기획되었다고는 보지 않는 견해도 있어요. 오히려 존슨 대통령을 강력한 지도자라고 생각합니다. 그는 월남전을 떠안고 중도 포기를 거부했어요. 약하게 보이고 싶지 않아 오히려 시간과 자원을 소모했습니다. 하지만 국내 문제에서는 텍사스 출신의 훌륭한 정치인이었습니다. 포드 대통령은 평균이라고 봐요. 헨리 키신저를 포함해서 많은 훌륭한 참모를 두었지요. 그래서 그런대로 나라를 이끌어갔습니다. 자신이 훌륭한 것은 아니었지만 훌륭한 팀의 도움을 받았지요. 닉슨 대통령은 전략적 사고가 뛰어난 지도자였지요. 야당에 대한 도청으로 불명예 퇴진을 한 것이 안타깝습니다. 하지만 매우 인상적이었어요. 다른 사람의 힘을 빌리지 않는 자기 관점을 가진 사상가였습니다. 나는 닉슨이 대통령이 되기 전에 싱가포르에서 만나 1시간 반 동안 함께 얘기를 하였는데 서성대면서 내 아이디어를 듣고 메모하는 모습이 매우 인상적이었지요. 그 때 얘기를 기억하면, 어떤 나라는 나무와 같아서 도움 없이 혼자 힘으로 크고 똑바로 자라지기도 하고, 어떤 나라는 덩굴과 같아서 나무를 의지해야만 위로 올라간다는 말을 했지요. 나에게는 불행하게도 닉슨 대통령은 그 얘기를 어디에도 쓰지 않았지만 그것을 당시 메모해두었다고 생각해요.

어떤 나라가 나무에 속하는 국가인지…?

글쎄요. 일본, 중국, 한국, 어쩌면 베트남까지.

닉슨이 지금 미국 대통령이라면 그는 미중관계를 어떻게 접근할 것으로 보십니까?

닉슨은 봉쇄(containment)전략보다는 관여(engagement)전략을 썼을 겁니다. 닉슨은 대비책으로써 개별 국가들을 조용히 결집시키는 노력을 하면서 중국이 건전한 시민국가로서 세계규범에서 벗어나지 못하도록 하였을 겁니다. 개별국가들이 어느 한 쪽 편에 서야 되는 상황이 되었을 때, 닉슨은 일본, 한국, 아세안, 인도, 호주, 뉴질랜드, 러시아 국가들을 미국 편에 서도록 만들었을 것입니다.

클린턴 대통령은 어떤가요? 카리스마가 있다고 알려져 있는데요?

그는 실질적이고 세련된 연설가였지요.

레이건 대통령은 어떻습니까? 과거에 우호적으로 언급한 적이 있는데요.

오! 로널드 레이건, 내가 아주 존경하지요. 뛰어난 지성을 가지지는 않았지만 아주 상식적인 차원에서 대화가 되는 리더였지요. 주변에 좋은 사람을 두었고 그 결과 좋은 정책도 나왔지요. 능력 있는 사람을 발탁해서 일할 수 있도록 하는 용인술을 아는 리더였어요.

오바마 행정부가 처음 출범할 때, 선생님은 최고의 두뇌로 상당한 팀워크를 갖추었다고 말한 적이 있는데요.

다만 영향력이 큰 참모들 여러 명이 떠났어요. 대통령 정책에 공감하지 못했던 거지요. 전지전능한 대통령은 없어요. 어느 분야에서는 참모에 의존해야 합니다. 경험이 풍부한 그런 참모들이 떠났다는 것은 좋은 신호가 아니니까요. 참모들의 설득을 수용하지 않은 거지요.

아버지 부시와 아들 부시는 어떻습니까?

아버지 부시가 좀 더 사려깊었지요. 아들 부시는 이념적 영향을 받아 이라크와 아프가니스탄에 병력을 투입했는데 엄청난 손실을 보았지요. 결국 미국의 위신에 심각한 손상을 입고 물러나야 했습니다. 유럽 지도자와 논쟁을 한 적이 있는데 그가 이런 말을 하더군요: "우리 유럽 사람들은 신과 연결되어 있는 아들 부시의 전화선을 좋아하지 않습니다." 내가 얘기했지요: "신의 대리인이라고 믿는 광신도(후세인)와 싸울 때, 이쪽 입장에서도 역설적으로 나한테도 신이 있다는 믿음으로 마음이 평온해지고 침착해지지 않나요?" 아들 부시가 이라크 공격 명령을 내렸을 때, 그 이상 침착한 사람을 본 적이 없어요. 마이크로 간단히 말하고 꼿꼿하게 걸어 나가더군요. 한 점의 의심도 없이. 마음속으로 생각했겠지요: "나는 결코 나쁜 지휘관이 아니야."

외교정책에서 싱가포르는 이라크

전쟁에 부시 행정부를 지지했는데요. 지금 그 때의 입장을 후회하지는 않는지요?

우리는 미국과 안보 파트너입니다. 그래서 다른 나라에서 판매하지 않는 무기를 우리는 구입하고 있고요. 미국을 지지해야할 의무가 있었습니다.

만약 이란이 핵개발에 있어 국제사회와 협조하지 않으면 이란의 군사시설을 공격할지도 모른다는 얘기가 간헐적으로 있었는데요. 가능성이 있을까요?

이란이 핵을 갖게 되는 경우 중동은 매우 예측할 수 없는 상황이 될 겁니다. 사우디아라비아가 파키스탄으로부터 핵을 구입할 것이고 이집트도 보유할 겁니다. 핵폭탄은 양쪽 모두를 파괴시키게 됩니다. 이성을 가진 경우에만 효과가 있지요. 중동국가에 충동을 자제하고 이성적으로 대응할 지도자가 충분히 있다는 확신이 들지 않아요. 누군가 치명적으로 잘못 판단하는 경우, 그 낙진이 다른 대륙까지 퍼질 수 있지요. 하지만 미국이 공격할 가능성은 낮아요. 이스라엘이 오히려 우려할 나라지요. 이스라엘을 혼내주겠다고 공언하는 이란을 이스라엘 사람들은 직접 위협으로 받아들이니까요. 미국이 이란 공격을 원한다면, 공격무기를 이스라엘에 제공하는 간접 방식일 가능성이 높습니다.

아! 지미 카터 대통령이 남았네요.

그에 대해서는 이미 많은 얘기를 했어요. "저는 지미 카터입니다. 대통령에 출마합니다." 그리고 대통령이 되었지요.

당시는 공화당 닉슨 대통령의 워터게이트 사건 때문에 민주당 후보가 대선에 이기는 것은 거의 확실한 시기였다. 아무 노력 없이 대통령이 된 것을 비유한 것으로 볼 수 있고, 카터를 자기 생애 중 최악의 미 대통령이라고 얘기한 바 있는 리콴유의 개인적 평가가 담겨 있는 것으로 보인다.

선생님은 공화당 대통령을 좀 더 높이 평가하시는 것 같은데 우연의 일치일까요?

아마도 외교정책을 더 강조했기 때문이겠지요. 공화당이어서가 아니라 이들 대통령은 강대국에게 요구되는 것을 보다 적극적으로 실천했고, 외교적으로 어떤 역할을 해야 하는지에 대해 좀 더 현실감을 가지고 있었다고 보아야지요.

이민자를 받아들이는 미국의 매력과 포용력이 글로벌 경쟁력을 유지하는 요인 중에 하나라고 얘기하셨는데요. 하지만 이민자는 우려도 낳는데요. 라틴계 인구 비중이 급속히 증가하면서 미국 사회를 근본적으로 바꿀 것이라는…

그렇습니다. 문제는 라틴 아메리카 사람들이 앵글로색슨계 문화에 동화되느냐, 아니면 라틴 아메리카 문화로 사람들을 동화시키느냐입니다. 만약 라틴계 이민자들이 자기들끼리 뭉쳐 산다면, 그들이 진정 미국인인지를 확인하는 시험이 되겠지요.

동남아시아 국가의 중국경제 의존도가 너무 커지다 보니, 중국이 관계를 끊겠다는 위협이 너무 무서워 결국 중국의 요구를 따르지 않을 수 없는 상황이 오지 않을까요? 경제적으로 중국에 너무 의존하다보니 독립의 희망을 가질 수 없는 대만 같은 상황 말입니다.

대만과는 다릅니다. 대만은 감정적이고 민족적인 문제입니다. 중국의 일부분입니다. 대만은 네덜란드, 포르투갈, 일본의 지배를 받은 중국의 한 성(province)입니다. 대만사람들은 그것을 늘 민족의 수치로 생각하고 그것을 되찾고 싶어 하지요. 하지만 싱가포르의 경우 중국의 지배를 정당화시켜줄 역사적 이유가 없습니다.

그럼에도 불구하고 싱가포르가 중국 경제에 너무 종속될 우려는 없나요?

그것은 선택의 문제입니다. 이미 말한 대로 우리는 중국 경제만으로는 생존할 수 없어요. 우리가 중국어만 할 줄 알았다면 오늘의 싱가포르가 되지 못했을 겁니다. 중국이 지금보다 10배 강해질 때 어떤 차이점이 있을까요? 우리도 10배 강해질까요? 그렇지 않습니다. 싱가포르의 번영은 전 세계와의 관계 속에서 가능한 것입니다.

과거에는 그러했겠지요?

미래에도 마찬가지입니다. 싱가포르는 중국의 하이난도(海南島)가 아닙니다. 또한 홍콩과도 다릅니다. 근접성과 민족정체성 때문에 홍콩은 선택의 여지가 없습니다. 싱가포르는 매우 다양한 문화, 풍부한 천연자원, 그리고 전 세계 사람들이 방문하는 다도해의 중심에 위치해 있습니다.

중국이 언젠가 싱가포르가 미국의 물류 중심 역할을 하는 것에 대해 반대하면 어떻게 해야 하나요?

그럴 수 없어요. 우리에게 어떻게 그런 요구를 할 수 있나요. 상식 밖의 일입니다. 물류기지를 포기하라고 요구하면 이렇게 대답하면 됩니다: "중국도 우리 물류기지를 이용해서 물품을 보관할 수 있습니다."

미국과 중국 두 국가의 물류기지를 허용한다?

안 될 이유가 뭔가요?

■ 지도의 색 표시는 유럽연합 회원국을 표시한 것임(영국은 2016년 탈퇴 선언)

chapter
03

유럽 EUROPE

쇠퇴와 불협화음

유로화가 안고 있는 가장 근본적인 문제는 재정통합 없는 화폐통합이 불가능하다는 점이다. 특히 소비와 절약의 성향이 독일과 그리스만큼이나 서로 다른 지역적 특성을 고려할 때 더욱 그렇다. 국가 간의 불협화음 때문에 유로화는 궁극적으로 붕괴될 것이다. 지난 몇 년 동안의 어려움은 한두 정부의 과도한 정부지출이나 그런 위험을 안고 있는 몇몇 국가에 기인한 것이 아니다. 유로화 문제는 몇몇 국가가 좀 더 책임 있는 결정을 했더라면 터지지 않았을 그런 문제가 아니다. 언젠가 일어날 역사적 불가피성을 가지고 있었다. 2010년, 2011년에 곪아 터지지 않았더라도 그 이후에 또 다른 상황과 함께 터질 문제였다.

그래서 나는 현재의 유로화 체제로 17개 회원국이 계속 남아 있으리라는 확신을 하지 못한다. 유로화 프로젝트의 시작부터 하버드대 펠스타인Martin Feldstein 교수를 포함해서 전문지식을 가진 저명한 경제학자들은 유로화에 내재되어 있는 모순에 대한 경고벨을 계속 눌러왔다. 영국은 유로화의 작동이 불가능하다는 것을 알고 가입하지 않았다. 화폐통합의 장점을 장담하지 못했고 위험성은 충분히 알고 있었다. 하지만 1999년 유로존[1]에 가입한 정부와 이들 정부를 뽑아준 국민들은 단일통화에는 적극적 의지를 보였지만 재정주권을 잃을 수 있는 재정통합까지는 받아들일 준비가 되어있지 않았다. 어쨌든 유로화를 추진하기로 한 유로존 국가들의 최종선택은 자신들이 그런 모순을 극복할 수 있는 능력을 가진 특별한 국가라는 잘못된 믿음에 기인한 정치적 결정이었다.

미국은 하나의 연방준비제도이사회FRB와 하나의 재무부가 있고 그래서 단일 통화가 50개 주에 다 작동할 수 있다. 만약 1개 주가 재정위기에 빠지면 그 주의 주민에 대한 사회복지 및 정부 프로젝트 예산 형태로 연방정부로부터 재원 이전이 이루어진다. 해당 주에서 거두어들인 연방세로는 그 주의 연방지출을 감당하기에 부족할 것이다. 만약 연방정부의 지원을 되갚아야 한다면 그 주는 수년간 적자 상태를 면치 못할 것이다. 하지만 어느 주도 연방정부의 지원에 대한 정산 의무가 없기 때문에 그 주는 지속가능한 상태가 되는 것이다. 다른 주에 사는 주민들이 문제의 주에 사는 주민들을 같은 미국인으로 생각하는 것이고 실제로 그 돈의 상환을 기대하지도 않는다. 그것은 사실상 공동체가 주는 선물인 셈이다.

또 하나 작동 가능한 시스템은 각국이 자국의 통화와 재무부

1 Eurozone. 유럽연합의 단일화폐인 유로(Euro)를 국가통화로 사용하는 국가를 말하며, 1999년 16개국으로 출발해서 2015년 1월 기준 19개국이 가입하고 있다.

체제를 유지하던 유로화 이전의 체제이다. 그 때는 한 국가의 경제가 침체 상태에 빠지면 단일통화에 구속받지 않고 경제를 살리기 위한 교정적 금융정책을 펼칠 수가 있었다. 예를 들어, 미국에서 적용한 양적완화 방식으로 통화 공급을 늘린다거나 수출에 유리하도록 환율을 낮추는 방법이 있다. 그런데 유럽국가들은 유로화 단일통화 체제에 가입함으로써 이들 수단을 포기해버렸다. 유럽연합은 재정위기에 빠진 국가에 대하여 미 연방정부가 택하고 있는 주정부 예산 이전과 같은 제도를 도입하지 않은 채 유로화를 채택한 것이었다.

잡다한 사람들이 한 사람의 북소리에 맞춰 행진할 때 어떤 결과가 나오겠는가? 유로존 가입 당시 회원국의 경제상황은 매우 달랐다. 훨씬 앞서나가는 국가가 있는 반면 뒤에서 따라가기도 힘든 국가가 있었다. 경제사정이 어려운 국가에서 세입은 감소하는데도 불구하고, 정부는 경기를 부양시키기 위해서 공공지출을 그대로 유지하거나 심지어 확대하라는 유권자의 압박을 받았다. 결국 재정적자가 발생하고 부족한 재원은 정부가 금융시장에서 빚을 얻어 확보해야 했다. 그런데 유로화 체제에서 상대적으로 낮은 이자율로 돈을 빌릴 수 있었기 때문에 이들 국가가 방만한 정부지출을 줄이지 않았던 것이다. 그리스는 국가채무가 계속 늘면서 결국 최악의 국가재정위기를 맞게 된 것이다. 공정하게 말하면, 재정적자가 지속되는 정부를 제재하도록 규정한 "안정 및 성장에 관한 협약Stability and Growth Pact"2을 고려할 때 회원국 모두 일정 부분 책임을 져야 한다. 지금까지 어떤 나라에게도 제재를

2 안정 및 성장에 관한 협약(Stability and Growth Pact): 회원국의 재정적자를 GDP의 3% 이내로 유지하도록 규정한 재정준칙.

가하지 않았기 때문이다.

한때 낙관론에 사로잡혀 있던 전문가들은 복지지출을 줄이고, 세금징수 시스템을 개혁하고, 노동시장의 규제를 완화하고, 근로자들이 더 많이 일하는 노력을 함으로써 이들 국가가 독일과 같은 튼튼한 경제와의 경쟁격차를 줄일 수 있다는 희망을 가졌다. 상황은 마침내 2008년 글로벌 금융위기와 함께 꼬이기 시작했다. 저이자 신용대출의 고갈에다 국가신용도에 대한 시장신뢰가 추락하면서 그리스와 같은 국가들의 차입대출이자율이 급등하였다. 독일과 유럽중앙은행은 이들 국가의 채무위기가 이미 허약해진 유로존 회원국으로 확산되는 것을 막기 위해 긴급구제에 나서야 했다.

2013년 6월 시점에서 유로 공동체는 문제를 해결하는 데 충분한 돈을 풀어 재앙을 막았다. 하지만 유로존의 17개 국가는 재정통합이 이루어지지 않은 상태에서 화폐통합이라는 근본적인 모순을 어떻게 할 것인지에 대한 더 큰 난제에 직면하였다. 당분간 이 문제를 유보시켜보려 하겠지만 무제한 미룰 수 없다는 것을 안다. 그렇게 되면 역사는 반복되어, 더 큰 규모의 긴급구제를 필요로 하는 위기가 또 닥칠 것이고 결정적인 순간에 독일이 부담을 떠안을 수밖에 없을 것이다. 신속한 대응이 미루는 것보다 훨씬 낫다. 시간이 지날수록 부채위기에 대한 고통과 공포의 기억이 유권자 머리에서 지워질 것이고, 정치적 결단의 행동의지는 약화될 것이기 때문이다.

불행히도 현재까지의 모든 대안이 쉬운 것들이 하나도 없다. 확실한 해법은 재정통합을 이루는 것이다. 유럽중앙은행이 연방준비제도이사회 역할을 하고, 개별 국가의 재무부가 아니라 모든 유로존 국가의 예산을 감독할 수 있는 일원화된 기구가 필요하다. 이 방식이 유럽연합EU[3]의 열렬 지지자들이 말하는 소위 "보다 가까워진 연합"으로 가는 길이고, 유로존을 점점 더 미합중국United States과 유사한 국가형태로 만드는 길이다. 가능할 일일까? 각국의 유권자들이 기꺼이 상당한 예산권을 유로존 중앙기구에 넘겨서, 이 기구가 각국에 공정하고 전체 회원국에 이익이 되도록 세금을 부과하고 지출을 결정하도록 신뢰를 보낼까? 솔직히 그렇게 될 가능성이 낮다. 만약 재정통합이 이루어진다면 그것은 유로존 밖의 전 세계 모든 국가를 고려해서도 최상의 결과라 할 것이다.

바람직하지는 않지만 가능성이 더 높은 대안은 각국의 개별 통화로 다시 돌아가는 유로존 해체이다. 당연히 관련국 모두에 고통과 혼란을 초래할 것이다. 유로화로 돈을 빌린 그리스, 포르투갈, 스페인 등의 국가는 유로화로 갚아야 하는데 자국 화폐와의 교환비율을 어떻게 할 것인가? 통합 이전의 환율? 아니면 임의로 새로 정한 환율? 해체는 골치 아프고 비싼 대가를 치러야 할 것이다. 실제 상황이 벌어지기에 앞서, 일반 국민들 사이에 평가절하된 새 통화로 언제 바뀔지 모른다는 두려움이 생기고 예금주들이 통장잔액을 유로화로 인출할 것이라는 소문이 급속히 확산되면서 예금인출이라는 매우 위험한 사태가 발생할 것이다. 불확실성은 또한 민간투자 의욕을 꺾을 것이다. 결정을 미루는 것이 왜 나쁜지의 또 다른 이유이기도 하다. 유로존 이외의 국가들, 특히 중국을 포함해서 유럽에의 수출의존도가 높은 국가들 역시 경제적 혼란이 초래될 것이다. 시간이 지나면 무역이 원상태로 회복되고 사태가 진정되겠지만, 유로존 해체는 결과적으로 한동안

---

3 European Union, 1993년 12개국으로 시작하여 28개국까지 늘었다가, 2016년 6월 23일 영국이 국민투표를 통해 탈퇴(브렉시트, British Exit)를 확정함으로써 현재 실질적으로 27개 회원국으로 운영되고 있다.

글로벌 경제를 후퇴시키게 될 것이다.

완전한 유로화 해체와 완전한 재정통합 사이에 부분적 해체라는 제3의 대안도 가능하다. 부분적 해체의 정도는 현재의 유로화 단일화폐가 거의 그대로 유지되는 것에서부터 한두 개의 통화를 분리시키는 방식이다. 대부분의 국가가 어떤 형태로든 영향을 받게 된다. 어떤 국가는 독자적인 길을 갈 것이고 다른 국가는 2~3개로 나누어진 공동체[4] 중 하나를 선택하여 참여해야 할 것이다. 이 경우 가장 큰 관심은 경제적 경쟁력 측면에서 상대적으로 동질성을 가진 핵심 공동체가 하나 있어 개별국가의 원심력을 이겨내고 하나로 단결시킬 수 있느냐이다. 가장 열심히 일하는 독일이 주도하고 벨기에, 네덜란드, 룩셈부르크가 참여하는 하나의 핵심 공동체는 분명히 가능할 것이다. 프랑스는 독일만큼 질서가 잡혔다고 보지 않는다. 프랑스는 다른 하나의 공동체를 구성해서 중심국가 역할을 할 가능성이 높다.

일부는 유로화, 확대해서 EU 체제에 대해, 평화가 지속되고 전쟁은 이제 생각하지 않아도 된다는 점에서 성공했다고 주장한다. 하지만 평화는 다른 요인 때문이라고 쉽게 반박할 수 있다. 우선 구 소련의 붕괴로 인해 가까운 미래에 현재 경제개발에 집중하고 있는 러시아와의 군사적 충돌 우려가 없고, 미국이 NATO 체제로 안보를 보장하고 있기 때문에 어느 국가도 유럽에 대한 군사적 행동이 불가능한 상태이다. 독일이 과거 두 번의 전쟁을 일으키고 패했기 때문에 또 다른 전쟁을 시작하지는 않을 것이다. 독일은 이제 전쟁에 진절머리를 치고 있으며 조용하고 편안한 삶을 원한다. 그들은 다른 국가의 요구를 충족시키는데 최선

4 2층형(two-tiered) 또는 3층형(three-tiered) 유럽을 말한다(원서).

의 노력을 다하고 있다.

결국 유로의 역사는 다음 세대에 실패로 평가될 것이고, 단일통화를 이끌어낸 것에 대한 정치적 인정을 받으려는 시도도 냉엄한 현실에 직면하게 될 것이다.

복지·노동정책의 그늘

유럽 대륙은 단일통화 문제뿐만 아니라 경제 활력을 저하시키는 근본적 요인인 복지정책과 경직적인 노동법에 무관심할 수 없다. 복지 및 노동 정책은 제2차 세계대전 이후 유럽 전역에서 설계되고 점진적으로 도입될 때만 해도 좋은 정책으로 보였다. 하지만 특히 세계시장에서 경쟁해야 하는 아시아 개발국가의 출현과 함께 유럽 국가의 경쟁력이 약화되면서 사회복지 비용을 점차 감당할 수 없게 되었다. 유럽이 계속되는 무기력 상태에서 벗어나 한때 보여주었던 열정과 근면을 다시 회복하고자 한다면, 세세한 복지혜택을 축소하고 기업의 고용과 해고 규정을 완화하는 대담하면서도 고통스러운 개혁이 이루어져야 한다.

종전 후 영국에서 학생이었을 때, 모든 사람에게 요람에서 무덤까지의 관대한 복지혜택을 주는 클레멘트 애틀리Clement Attlee[5] 영국 정부의 초기 정책에 매료되었던 기억이 난다. 한 예를 들면, 안과의사로부터 새 안경을 처방받았는 데 한 푼도 내지 않아도 된다는 말을 듣고 기분좋게 놀란 적이 있다. 국가의료서비스 프

5 1945년 총선에서 처칠의 보수당을 이기고 노동당의 총리가 되었으며 1951년까지 재임하였다.

로그램에서 무료로 제공한 것이었다. 얼마나 문명사회인가! 나중에 알았지만 당시 내가 이해하지 못했던 것은 그런 전면적 복지가 비효율성과 무노동을 초래할 잠재적 위험이 있다는 것이었다.

의도는 참으로 고상했다. 거의 모든 것을 파괴시킨 두 번의 전쟁을 치르면서, 유럽의 정부와 시민들은 모든 사람이 부담을 똑같이 지는 조용하고 평화스러운 삶을 원했다. 전쟁에 나가 싸우고 피를 흘린 사람들은 엘리트보다 무산계급의 노동자들이 더 많았다. 이들 저소득 희생자들에게 빚을 졌다는 강한 정서가 있었다. 그래서 일자리가 없는 사람, 병을 앓고 있는 사람, 그리고 노인들을 배려하는 형평성과 사회복지정책을 요구하는 정치인의 행동이 상당히 쉽게 광범위한 지지를 얻게 되었다.

상당히 오랜 기간 유럽은 이들 정책을 감당할 능력이 있었다. 미국의 대외원조계획인 마샬 플랜Marshall Plan[6]의 도움으로 전쟁의 폐허에서 그런대로 활발한 회복의 동력을 얻었고 대부분 서유럽 국가가 안정을 되찾았다. 노동자의 임금이 상승하였고 그들이 내는 세금으로 복지국가의 재원을 충당했다. 하지만 고정된 것은 없다. 경제환경이 결국 유럽을 변화시켰다. 세계화가 진행되면서 기술력이 약한 유럽의 노동자들은 유럽 내에서가 아니라 일본은 물론 나중에는 중국과 인도의 노동자들과 경쟁해야 하는 상황이 되었다. 수출이 줄고 기업들이 점차 생산라인을 아시아로 이전시켰다. 유럽 노동자들의 임금도 하락하는 것은 너무나 당연하였다. 중국, 인도, 일본과 시장에서 경쟁하지 않았다면, 유럽의 복지국가는 한동안 생명력을 유지했을 것이다. 하지만 이들 국가의 등

6 제2차 세계대전이 끝난 후 1947년부터 1951년까지 서유럽 16개국에 대한 원조계획이다.

장으로 복지국가는 지속가능할 수 없었고, 길게 가지 못했다.

물론 유럽국가들은 고부가 가치의 제품과 서비스 생산으로 돌파구를 찾기 위해 최선을 다 했지만 산업현장에서 할 수 있는 일에는 한계가 있었다. 품질을 개선해야 한다는 것을 알았겠지만 상당한 비중의 인구가 이를 뒷받침해줄 수 없었을지 모른다. 이들은 새로운 기술을 배워야하는데 시간과 자원이 필요한 일이고 무엇보다도 의지가 필요했을 것이다. 더구나 일본, 중국, 인도 사람들이 능력을 향상시킬 수 없는 것도 아니기 때문이다. 기술습득은 지속적인 자기개발의 중단 없는 경쟁이기 때문에 어느 한 해에 경쟁상대로부터 얻는 이익은 통상 미미한 수준이다. 무엇보다도 국민이 타고난 능력과 그들을 조직하고 관리하는 시스템의 영향을 받게 된다. 유럽의 경쟁 상대국이 피지나 통가Tonga라면, 유럽은 따라잡힐 가능성이 없다. 하지만 유럽의 경쟁 상대가 일본, 중국, 인도라면 그것은 완전히 다른 차원의 이야기이다.

불행하게도 법과 정책은 글로벌 환경의 변화에 쉽게 따라가지 못한다. 복지 혜택은 한번 제공되면 되돌리기가 어렵기로 유명하다. 혜택을 축소하는 어떤 정부도 선거에서 처절한 대가를 치르게 된다. 영국의 대처 총리는 기존의 정책을 뒤바꾸기 위해서 그녀가 가지고 있던 정치적 수완과 자산을 활용했다. 하지만 결국 반 정도 되돌리는 데 성공했을 뿐이다. 다른 유럽 지도자들은 그녀의 부분적 성공을 지켜보고만 있어야 했다. 하지만 이들은 유권자들이 오랫동안 당연한 것으로 받아온 혜택을 포기할 분위기가 전혀 아니라는 것을 알았다. 이들 많은 유럽 국가에서 문제는 점점 더 깊게 자리를 잡아갔다.

만약 복지지출이 어느 수준에서 그냥 멈췄더라면 지금 그 상황을 통제할 수 있었을지 모른다. 그런데 복지지출의 절대 규모

뿐만 아니라 국가 총 소득에서 차지하는 비중도 증가하는 추세였다. 그 이유는 부분적으로 기존 제도를 더 확대하라는 포퓰리즘의 압박 때문이다. 하지만 더 중요한 이유는 베테랑 스웨덴 저널리스트 울프 닐슨Ulf Nilson이 요약한 대로 "자체의 수요를 만들어내는" 복지제도의 묘한 특성 때문이다. "복지는 고객을 생산하고, 작업장 상해보험이 부상을 낳고, 난민 정책이 난민을 초래하고, 조기퇴직 제도가 사람을 조기에 퇴직하도록 만든다." 다시 말해, 이들 유럽 국가에서 좀 합리적이라고 하는 사람들은 예외 없이 제도를 유지하기 위해 만들어 놓은 규정을 의식적이든 무의식적이든 자신의 이익을 위해서 이용한다. 어떤 경우에는 비공식적인 경제활동에 파트타임으로 일하면서, 실업수당으로만 세전 소득의 3/4을 받는다는 보고도 있다. 이들은 납세자에게 손실을 입히면서 두 종류의 소득을 가져간 것이다.

2007년 OECD 보고에 따르면 OECD국가 중에서 유럽국가의 평균 사회복지지출 비중은 GDP 대비 23% 이상이었다. 이 비율은 일부 국가의 경우 현저하게 높았는데 이탈리아가 25%, 프랑스가 28%였다. 유럽 국가 이외의 OECD 회원국 사회복지지출 평균은 17%였고, 미국과 호주의 경우는 16%였다.

이러한 경직성과 고비용의 문제보다 더 치명적인 복지국가의 부작용은 개인의 근로의욕을 약화시키는 부작용이다. 만약 사회보장제도가 열심히 일한 사람이나 게으름 핀 사람이나 혜택을 똑같이 주도록 설계되었다면 누가 열심히 일하겠는가? 동기유발이 되지 않는다. 미국 사람들에게서는 공통적으로 자주적이고 독립적인 태도가 나타나는데 그 이유는 실업자를 지원하더라도 일자리를 적극적으로 찾도록 권장하고 심지어 의무화하는 조치가 작동하기 때문이다. 미국은 유럽과 다른 철학을 바탕으로 하고 있다. 즉, 일은 개인과 사회를 풍요롭게 한다는 원리, 지나치게 관대한 혜택은 오히려 일할 의욕을 꺾고 의도하지 않게 인센티브를 억제하는 경향이 있다는 믿음에 근거하고 있다. 유럽의 모델은 보조금에 익숙해져서 엄격한 직업윤리를 결여한 계층을 만들어 냈다.

더 큰 문제는 회사의 해고 권한과 연중 최소 휴가 일수 등을 규제하는 노동시장 법규정이 불필요하게 엄격한데도 유럽은 이것을 바꾸려하지 않는다는 점이다. 새로운 경제 지형에서 그 어느 때보다도 노동시장의 유연성이 중요한 시점에 자기 입장을 고집하고 있다. 프랑스와 인접 국가들의 노동조합과 사회주의 정당들은 경제에 심각한 타격을 주지 않으면서 노동자들이 기존의 혜택을 유지할 수 있다는 신화를 계속 끌고 가기 위해 전력투구하고 있다. 학생들은 부모세대가 향유했던 고용안전을 권리로서 보장하라고 요구하고 있다. 즉, 그들을 위해 세계가 가만히 있을 것을 요구하고 있다. 그들이 이해하지 못하는 것은 이러한 장치들이 결국에는 노동자 계급에게 피해로 돌아온다는 사실이다. 기업이 해고로 처벌을 받게 되면, 경제가 다시 살아나 사람이 필요한데도 매우 신중하게 신입사원을 채용할 것이다. 기업으로서는 합리적 선택이다. 하지만 일자리는 단지 다른 곳으로 사라진다.

통계도 이러한 사실을 입증하고 있다. OECD 유럽국가 중에서 가장 유연한 노동법을 가진 상위 10개국 중 8개 국가가 이전 10년 평균 실업률이 낮은 10개국에 포함되어 있다. 그 반대의 경우에도 마찬가지이다. 즉, 노동법의 엄격한 정도가 높은 10개국 중 7개 국가가 실업률이 높은 국가 10개국 리스트에 포함되었다.

그러면 어떻게 이러한 기존의 노동정책을 지금 바꾸겠는가? 파리 길거리를 행진하는 노동조합은 글로벌 경쟁 환경 속에서 프랑스 노동력의 경쟁력이 떨어졌고 이제 사치를 포기해야 한다는 주장을 믿지 않을 것이다. 그들은 "안 돼, 지금의 혜택을 지키면서 경쟁에 이기도록 노력할거야!"라고 말하고 싶을 것이다.

일찍이 나는 싱가포르가 복지와 노동에 있어 유럽의 길을 가지 않도록 유념했다. 나는 1950년대에 영국의 몇몇 정책의 집행과정을 지켜보면서, 이것이 국가가 망하는 길이라는 확신을 가졌다. 우리는 경쟁력을 양보해야하는 노동조합을 허용하지 않았으며, 대신 노동자들을 비대립 협상에 기초하는 노사정 3각 협의체에 참여시켰다. 우리는 의료비가 실제비용에 가깝도록 하기 위해서 모든 무료 처방전을 중단시켰다. 우리는 보조금을 주는 대신 재산을 주었다. 정부는 국민연금 계좌에서 주택구입에 필요한 자금을 저금리로 대출받을 수 있도록 돕는다. 국민연금에서 필요한 자금을 대출 받아 쓸 수 있지만 퇴직 이후에 무일푼이 되어 개인적으로 매우 어려운 결과에 놓일 수 있기 때문에 자기 책임하에 신중하게 결정해야 한다. 대신 연금기금을 유지하고 기금이 증식되어 이자를 받게 되면 장기적으로 이득을 보게 된다. 결론적으로 정부가 돕기는 하지만 개인은 자신의 생활에 책임을 지는 방식이다. 싱가포르가 유럽식을 채택했다면 우리 경제의 활력이 훨씬 떨어졌을 것이다. 몹시 비싼 대가를 치렀을 것이다.

유럽은 힘든 시간을 맞게 될 것이다. 유럽은 그들만의 독특한 역사적 환경 때문에 복지와 노동자 보호의 길을 가기로 선택했다. 그런 선택의 결과 미국과 비교하여 유럽이 보다 인간적인 사회가 되고 저소득계층을 줄이고 승자와 패자의 격차를 줄이는 결과를 낳았다는 것은 누구도 부정할 수 없다. 그러나 이제 대가를 치를 때가 되었다. 과거의 복지·노동정책을 포기했더라면, GDP가 매년 1~3% 더 빠르게 성장했을 것이다. 호황기에 형성한 보유액이 있기 때문에 당분간 많은 유럽 국가의 생활은 여유가 있을 것이다. 하지만 유럽국가 스스로 만든 안락하고 애정 어린 전후 세계는 그들의 의지에 상관없이 결국에는 외부의 힘에 의해서 바뀌게 될 것이다. 새로운 사회적 계약이 타결되어야 할 것이다.

스칸디나비아 국가들의 특수성

북유럽 국가들은 유럽대륙의 다른 나라들이 겪는 문제로 심각하게 고생하지 않았다. 이들 스칸디나비아 반도 국가들은 다른 국가와 구분되는 독특한 사례로서 완전히 분리하여 분석할 필요가 있다.

복지제도가 제대로 작동할 수 있다고 주장하는 사람들은 자주 스웨덴, 노르웨이, 덴마크의 예를 들면서 정부가 제공하는 포괄적인 사회안전망이 항상 과잉지출을 수반하는 것은 아니라고 주장한다. 프랑스, 이탈리아, 스페인의 실패 사례를 인용하는 것은 복지국가를 반대하는 잘못된 논리라고 결론 내린다.

이 주장에 대한 반론으로 스칸디나비아 국가들도 사회주의 정책이 초래하는 사회적 비용에서 완전히 자유롭지 못했다는 증거를 들 수 있다. 예를 들어 스웨덴의 2011년 실업률은 이탈리아의 8.4%보다 크게 낮다고 할 수 없는 7.5%였고, 이것은 일본4.6%, 한국3.4%, 싱가포르2.0% 등 선진 아시아 국가보다 훨씬 높은 수준이었다.

그렇긴 하지만 스칸디나비아 국가들이 경제성장에서 유럽의 이웃국가들에 비해 훨씬 나은 성과를 냈다는 점을 인식할 필요가 있다. US달러로 2002년에서 2011년 사이 1인당 GDP 성장률이 이탈리아 5.3%, 프랑스 6.1%인 반면, 같은 기간 덴마크 6.4%, 스웨덴 7.3%, 노르웨이 8.9%를 기록하였다. 사회복지지출 수준을 높게 유지하면서 경제를 잘 관리해 왔던 것이다. 이를 이해하려면 추가적인 설명이 필요하다.

우선 스웨덴, 노르웨이, 덴마크는 크기 면에서 프랑스, 이탈리아, 스페인에 비해 상당히 작다는 점을 주목해야 한다. 스칸디나비아 3개국을 합친 인구가 후자 3개국 전체 인구의 1/10 정도이다. 500만 명의 노르웨이는 싱가포르보다 작은 인구이다. 따라서 문제의 크기, 이해의 다양성, 통치의 복잡성 차원에서 스칸디나비아 국가는 크게 다르다.

인구 규모보다 더 중요한 것이 인구 구성으로서, 스칸디나비아의 예외주의를 이해하는 데 중요한 열쇠이다. 스웨덴, 노르웨이, 덴마크는 상대적으로 인구의 동질성이 높기 때문에, 유럽의 다른 국가에서 불가능한 국민 통합이 이들 국가에서는 가능하다. 이들 국가의 국민은 훨씬 강한 일체감과 연대의식을 가지고 있다. 세 나라는 각각 국민 전체가 어느 한 사람의 고통을 함께 나눌 준비가 되어 있는 부족 같은 공동체 국가이다. 국민은 자신만을 위해서가 아니라 부족의 동료를 위해서 열심히 일한다. 낯선 외국에서 온 게으름뱅이 집단을 돕는 것이 아니라 바로 내 친척을 돕는다고 생각하기 때문이다.

균형예산을 만들기 위해 부과된 살인적인 세율에 대해서도, 돈 많은 재계 거물들과 고소득자들은 세금을 피할 다른 대안이나 수단이 있는데도 불구하고 다른 모든 조건이 동일하다면 그들의 단일 민족사회를 버리고 다른 나라로 떠날 가능성은 희박하다. 게다가 이들은 사회에서 최고의 재능을 가진 사람들이고 자신과 다른 사람들에게 부와 기회를 가장 많이 창출해내는 사람들이다. 모두가 한민족이고 한가족이라면, 덜 부유한 구성원을 돕기 위해 세금을 더 내는 것에 덜 반대할 것이다. 하지만 구성원의 다수가 외국인이고 복지혜택도 누구에게나 차별없이 제공되어야 한다고 법으로 규정하고 있다면, 이들의 태도도 바뀔 것이다.

내가 1970년대에 방문했을 때의 노르웨이는 거의 완벽한 백인 사회였다. 숨이 멎는 듯한 산과 빙하를 가진 아주 춥지만 조용하고 아름다운 나라였다. 나는 그 나라가 가진 연대감을 느낄 수 있었다. 그런 나라이기 때문에 일하는 사람들만 기꺼이 더 많은 세금을 내는 것은 공정하지 않다. 일하지 않는 사람들도 공동체와 일체감을 가지고 있기 때문에 복지제도를 남용할 가능성이 낮다. 실업수당으로 살아가는 사람들도 한가롭게만 생활하는 것은 아니다.

이런 모든 것이 지난 몇 년 사이 천천히 하지만 분명히 바뀌고 있는 중이다. 스칸디나비아 국가들이 난민과 박해받는 사람들을 수용하는 진보 정책을 채택했기 때문이다. 매년 스웨덴은 거의 대부분 아프리카 국가에서 오는 난민을 2천 명까지 받는데 현재 8만 명 이상의 난민이 살고 있다. 난민 유입이 어떻게 스웨덴 국민의 사회주의 인식을 바꾸게 할지는 두고 볼 일이다. 하지만 다른 나라에서 나타나는 현상을 기준으로 판단한다면, 저소득층을 도와줘야 한다고 입력된 관대한 인식이 조만간에 변화할 것이다.[7] 그래도 현재는 스칸디나비아가 다른 유럽 국가들에 비해 인종적으로 훨씬 다양성이 낮다.

---

7 다문화주의를 반대하는 노르웨이 극우주의자 아네르스 베링 브레이비크에 의한 총기 난사 사건(2011년 7월 22일 발생)은 난민문제에 대한 스칸디나비아 사람들의 인식이 조금씩 변해가고 있음을 보여준다.

이민자 문제

유럽 전역에 걸쳐 오늘날 유럽사회에서 겉으로 보이는 것이나 안으로 느껴지는 것은 종전 직후 내가 유학생이었을 때와는 매우 다르다. 런던에서 빈방을 찾을 때 주로 광고를 보고 집주인에게 방문 약속시간을 잡기 위해 전화를 해야만 했다. 그 때 집주인에게 전화로 이 말을 했다. "저는 '리'라는 중국 학생입니다. 광고보고 방 구하려고 전화했습니다. 혹시 중국인 세입자를 원치 않으면 방을 보러 빈 발걸음을 하지 않도록 지금 말하셔도 됩니다." '리'라는 성은 영국에서도 흔했기 때문에 처음부터 불필요한 오해를 피하고 싶었는데, 정말로 올 필요가 없다고 정중하게 사양하는 주인들이 있었다. 그것이 당시의 영국사회였다. 아직도 백인이 지배적이고 여러 방식으로 다른 인종에 차별적이긴 하지만.

지난 수년간 출산율 저하와 노동력 공급부족 때문에 유럽국가들이 아시아, 중동, 아프리카, 동유럽에서 이민을 받아왔다. 이민은 경제와 인구의 압박을 완화시켜 주고 있지만 다른 측면에서 여러 문제를 초래하고 있다.

독일에는 터키계 이민자가 적어도 250만 명에 이른다. 독일인들은 이 정도의 터키계 인구에 심리적 불편함을 느끼고 반발하고 있다. 특히 일부 극단주의자 집단들은 인종차별적 죄를 범하고 있다는, 간헐적이지만 우려할 만한 보도도 있었다. 프랑스에서는 대도시 외곽에 소수민족이 다수인 지역이 늘어나면서 정부의 고민이 깊어지고 있다. 이들 지역의 주민들은 무시당하고 있다는 생각으로 가끔 폭동을 일으키고 있다. 2005년의 소요사태는 전국적으로 9천 대에 가까운 차가 방화되고 두 달간 비상사태가 선포되는 등 통제할 수 없는 상태까지 갔었다. 소외되고 불이익을 받고 있다는 생각은 소수민족의 대학 졸업자들까지 가지고 있다. 공식적인 통계도 프랑스 국적자 중에서 아프리카계 대졸자의 실업률은 프랑스계 대졸자의 3배나 높다는 것을 보여주고 있다.

영국은 훨씬 더 다양한 인종이 모여 사는 곳이다. 영국의 주요 도시 어디든 도심지를 걸어보면 알 수 있다. 영국에서는 중국인이 다른 외국인보다 더 겸손하고 문제를 가장 일으키지 않기 때문에, 영국인의 불안은 중국인으로부터 점차 다른 인종으로 이동하고 있다. 영국의 중국 1세대 이민자는 음식점을 많이 냈고 2세대 자식들은 전문가가 되었다. 최근의 관심은 동네를 형성해서 대규모로 함께 거주하는 인도, 파키스탄, 방글라데시 이민자에 더 쏠려 있다. 이들 이민자들은 다른 인종과 섞이지 않다 보니 어떤 학교는 완전히 소수민족 학생들로만 채워지기도 한다.

여기에 종교적 요소는 문제를 더욱 복잡하게 만든다. 많은 이민자들이 우연히 이슬람교도이고 최근에 이들은 첨탑의 회교사원을 짓게 해달라는 목소리도 높이고 있다. 토착 지역주민들은 그들에게 익숙한 문화와 공동체가 문제의 국외자들에 의해 바뀌고 있다는 두려움을 이미 강하게 가지고 있기 때문에, 유럽의 전통적 건축 양식을 배경으로 두드러지게 눈에 들어오는 회교사원이 지역 주민에게 미치는 충격은 이들의 두려움을 악화시키는 요인이 되고 있다. 이민자들이 기독교도들이라면 문제의 양상은 아마도 바뀌었을 것이다. 하지만 이민자의 다수는 이슬람을 믿고 유럽에서의 지배적 종교는 – 교회에 많이 가느냐 안 가느냐는 별개의 문제로서 – 기독교이기 때문에, 이민자와의 대립은 계속 남아있다.

유럽인들은 미국인들만큼 이민에 대해 개방적이지 않다. 그들은 이미 영주하고 있는 이민자들을 자신들과 통합하는데 성공하지 못했다. 미국은 400년 전 영국 청교도단Pilgrim Fathers[8]의 도착과 함께 기본적으로 이민사회가 되었기 때문에 새로 이주 온 사람에 더 수용적인 태도를 보인다. 야후를 공동 창업한 대만출신 제리 양Jerry Yang처럼 많은 이민자들이 미국 사회의 최고 자리에 오르곤 한다. 반면에 유럽은 그들의 문학, 문화, 역사에 대해 대단한 긍지를 지닌 유서 깊게 정착된 국가들이다.

지난 2, 3년 사이에 카메론 영국 총리, 사르코지 프랑스 대통령, 메르켈 독일 총리 등 유럽의 지도자들은 자국의 다문화주의가 실패했다고 각각 선언했다. 즉, 독일에 정착한 터키계 이민자들은 독일인이 되지 못했고, 프랑스에 정착한 알제리 이민자와 튀니지 이민자 역시 프랑스인이 되지 못했다. 유럽은 점차 이들을 소화해낼 수 없다고 생각한다. 서로 동화할 수 없는 이유에는 종교, 문화, 언어 등 많은 요인이 있겠지만, 그 뿌리는 인종이 다르다는 것이다. 그럼에도 불구하고 이민자들이 국내의 필수적인 노동 수요를 담당하고 있기 때문에 이들의 유입을 멈출 수는 없다. 그러다 보니 유럽 정부는 평소에 이민의 문호를 열어놓았다가 선거가 다가오고 극우정당이 성난 언어로 온건 후보를 공격할 때만 브레이크를 밟는 상황을 자주 목격한다. 아무리 살펴봐도 그들은 이러지도 못하고 저러지도 못하는 딜레마 상황에 빠져있다.

---

8 1620년 메이플라워호를 타고 매사추세츠주 플리머스(Plymouth)에 정착한 사람들. 영어를 그대로 번역하여 순례시조, 순례자 조상 등으로 부르기도 한다.

유럽 통합의 비전과 현실

세계대전을 두 번이나 치른 폐허에서 유럽이 부상할 때, 유럽 통합의 아이디어는 너무나 당연한 것으로 보였다. 유럽은 많은 것들을 공유하는 다수 국가로 이루어진 하나의 대륙이다. 그들은 모두 르네상스와 계몽주의를 거쳐 자아관과 세계관이 유사한 하나의 유럽 문화를 갖게 되었다. 그 이전의 역사로 돌아가면 유럽 국가들은 로마제국의 영향을 받아 사회를 형성하는 방식에 어느 정도 통일성을 갖는 로마제국의 유산을 공유하고 있다. 그러나 이들 공통점에도 불구하고 20세기에 극적으로 표면화된 것은 오히려 수백만 명의 목숨을 앗아간 잔혹한 대살육전이 보여준 분열과 불일치였다. 그러니 유럽 지도자들에게 통합이 가장 중요한 미션이 되었다. 통합이 평화를 지속하기 위한 최고의 희망이 된 것이다. 국가의 운명을 서로 결속시켜서 다시는 그들이 자초한 끔직한 고통을 겪지 않도록 유럽은 이제 차이점이 아니라 공통점 위에 국가를 세우는 것이 가장 분명한 길이었다.

이것이 가장 중요한 과제라는 결론을 내리고, 유럽 국가들은 전후 유럽 평화를 위해 필요한 제도를 만들기 시작했다. 우선 프랑스, 서독, 이탈리아, 벨기에, 네덜란드, 룩셈부르크 국가가 1951년 파리조약에 서명하였고, 이 조약에 따라 EU의 선구자라 할 수 있는 유럽석탄철강공동체[9]가 설립되었다. 1957년에는 단일공동시장 설립 및 농업·운수 분야의 공동정책 수립 등 경제통합을 지향하자는 로마조약에 위의 6개국이 서명하였다. 이들 공동체가 후에 EU로 진화하였으며 냉전이 끝나자 회원국이 27개국으로 늘었다.

9 European Coal and Steel Community, ECSC.

이들 중 19개국2015년 기준이 단일통화인 유로화를 채택한 것이다.

통합은 단지 평화만이 아니라 그 외의 대단한 가능성을 내포하고 있다. 하나의 목적을 공유하는 유럽은 경제적 영향력이 훨씬 커지고 더 중요한 것은 국제문제에서도 더 큰 목소리를 낸다는 것이다. 한 마디로 더 강한 유럽이 되는 것이다. 만약 유럽이 통합의 노력을 심화시켜 단일 재무장관, 심지어 외교와 국방에서도 단일 장관 체제로 발전한다면, 군사력과 경제력 등의 하드 파워가 엄청나게 증가할 것이다. 미국인을 생각해보자. 그들은 원래 다른 대륙으로 이주한 유럽인이었다. 다만 그들은 자기 민족에 대한 충성심과 언어를 내려놓았다. 만약 유럽이 미국과 같은 수준으로 통합해서 유럽합중국the United States of Europe이 된다면, 미국인이 할 수 있는 것은 유럽인도 다 할 수 있을 것이다. 통합 유럽은 미국보다 인구가 많고5억 대 3.1억 경제 규모도 미국보다 1/6 크다. 이런 유럽은 세계를 이끄는 슈퍼파워 안에 확실히 포함될 것이다.

아! 그런데 모든 징조가 통합이 불가능하다는 것을 보여준다. 그들은 아직까지도 단일통화를 제대로 작동시키는데 실패하였고, 공동의 외교정책 노선이나 단일 군대 체제로 나아가기도 힘들 것 같다. 유럽 각국은 수백 년의 고유한 역사를 가진 나라이다. 각국은 고유한 전통에 긍지를 가지고 있으며 무엇보다도 그들의 언어를 지키려 한다. 그 언어로 만든 영광과 문학이 있기 때문이다. 미국은 처음부터 새로 출발해서 새로운 문학을 창조했지만, 유럽은 그렇게 할 수 없다. 영어는 이미 유럽의 제2언어가 되었지만 유럽대륙 국가들은 결코 영어를 단일 공용어로 채택하지는 않을 것이다.

그러면 세계 속의 유럽 위상은 어떻게 되는가? 국제무대에서 그들의 역할은 더 작아질 것이다. 미국과 중국 같은 강대국이 중요한 주연을 맡고, 그 다음으로 어쩌면 인도, 유럽은 조연의 역할로 떨어질 것이다. 대부분의 유럽 국가들은 당연히 보통의 평범한 작은 국가로 취급받을 것이다. 독일은 인구와 경제적 성공에 힘입어 자신의 역할을 독자적으로 수행할 수 있을지 모른다. 하지만 제2차 세계대전 중 6백만 명의 유대인을 학살한 죄가 아직 남아 있기 때문에 역할을 하는데 한계가 있다. 영국은 미국과의 특별한 대서양 연안관계를 유지하고 있기 때문에 어느 정도의 영향력을 가질 것이다.

하지만 그 외의 유럽국가는 미국, 중국, 인도와 마주한 협상 테이블에서 중요한 역할을 기대할 수 없다. 물론 일부 유럽 지도자들은 자신들의 역사적 자존감과 국제문제에 당당히 참여해 기여했던 과거의 오랜 경험이 있기 때문에 이런 현실을 아직 받아들이려 하지 않을 것이다. 하지만 결국에는 4천만 명, 5천만 명, 8천만 명의 인구를 가진 유럽국가들은 13억 명의 중국, 12억 명의 인도와 상대해야 한다. 특히 중국으로서는 분열된 유럽이 상대하기에 더 쉬울 것이다. 유럽을 집단이 아니라 개별국가와 1:1로 협상하면 되기 때문이다. 중국이 유럽의 개별국가에 의존하는 정도보다 유럽 각국이 중국에 의존하는 정도가 더 클 것이다. 중국의존도는 중국경제가 국내소비 중심으로 이동하면서 더 확대될 것이다.

그러나 국제무대에서 유럽의 발언권이 약화된다고 해서 유럽의 생활수준이 그 정도로 떨어지지는 않을 것이다. 만약 유로존 해체의 위기를 넘길 수 있다면, 유로존 가입 이전의 상태로 되돌아갈 것이다. 세계에서 유럽이 차지하는 영향력은 잃겠지만, 개별국가는 아직 높은 교육수준과 기술력을 가지고 있기 때문에 편안한 삶의 수준을 유지할 수 있을 것이다. 경제가 어느 정도 위축되긴 하겠지만, 유럽 각국은 자체 경쟁력으로 안정된 경제상태에 도달할 것이다. 유럽 사람들은 충분히 행복한 삶을 살아갈 것이다.

나가며

유럽의 불가피한 쇠퇴에 대하여 조롱보다는 아쉬움의 마음으로 이 글을 쓴다. 유럽을 비방하고 싶지 않다. 유럽인들은 매우 문명화된 민족이다. 물론 프랑스, 벨기에, 영국, 스페인 사람들은 식민주의자들이었다. 하지만 프랑스는 아프리카에 문명을 전파하는 미션을 가지고 있었다. 전체적으로 영국은 싱가포르를 포함해서 식민지 국가에 국정운영의 제도를 유산으로 남겨놓았다. 싱가포르는 법치주의, 법체계, 영어를 물려받았고, 아주 현명하게 이들 어떤 것도 바꾸지 않았다. 영국의 제도 덕분에 싱가포르는 발전하고 있다. 이들 제도는 이미 효과가 검증되어 있었다. 내가 한 일은 누구도 제도를 와해시키지 않고 강화시키도록 확실히 해 둔 것이었다.

벨기에는 정반대로 식민지 콩고Congo를 혼란에 빠뜨렸다. 천연자원을 착취했고, 철수의 시기가 되었을 때는 부족간 전쟁터가 되었다. 콩고는 지금도 어려운 상태이다. 프랑스 식민지 기니Guinea의 경우, 드골은 의지의 독립투사 세쿠 투레Sékou Touré에 너무 화가 나서 철군할 때 모든 전기와 전화선을 파괴시켜 버렸다. 기니는 지금도 그것을 다 복구하지 못했다. 프랑스가 모든 식민지에 그렇게 한 것은 아니지만 투레가 프랑스 정부를 괴롭혔다는 이유로 기니에 보복했던 것이다. 결국 1958년 독립국 대통령이 된 세쿠 투레는 작동하지 않는 시스템을 물려받았고, 이후 1984년 사망 때까지 독재자의 길을 걸으며 국가운영 시스템을 작동 상태로 정상화시키지 못하였다.

이런 것들이 차이를 만들었다. 만약 영국이 우리에게 콩고나 기니 상황을 만들어 놓고 떠났더라면, 나는 지금의 강한 싱가포르를 세울 수 있었다고 확신하지 못한다. 영국은 깨끗하게 떠났다. 마지막 총독 빌 구드Bill Goode가 집무를 보았던 이스타나 주건물현재의 대통령 관저을 조금도 손상시키지 않고, 모든 권력을 질서 있게 이양하였다. 떠나기 전 총독은 집사를 소개하는 등 소소한 일까지 나에게 안내해주었다. 그는 북 보르네오로 가서 잠시 머물다가 은퇴하였다. 우리 싱가포르 국민은 영국의 시스템과 그들이 깨끗하게 떠난 것에 감사해야 한다.

유럽의 개별국가는 앞으로 어떻게 될까요? 독일은 지난 10년 간 아주 잘 나갔는데요.

그래요. 독일사람들은 번 것만큼 쓰지 않았어요. 노동자들도 고도로 숙련되었고요. 그들은 벤츠, 폭스바겐, BMW, 포르쉐 등 세계 최고의 자동차를 비롯해서 최고의 기계장치를 생산합니다. 이것이 독일 사회의 본질이기 때문에 앞으로도 계속 잘 나갈 겁니다. 한 때 유럽 전역을 정복할 뻔 했지요. 독일사람들은 다혈질적 성향을 안에 가지고 있으면서 절제와 질서에도 학습되어 있습니다. 처칠이 없었고 소련과 미국을 공격하는 어리석은 짓만 하지 않았더라면, 히틀러가 유럽을 정복했을 것이고 유럽은 지금 전부 독일 말을 쓰고 있을 것입니다.

20년 후에 영국은 지금보다 활력이 살아날지 오히려 떨어질지, 어떻게 보십니까?

그저 그만한 정도를 유지하겠지요. 영국은 대영제국을 건설했던 나라입니다. 제2차 세계대전 이후 미국의 힘에 의해 해체되었지만요. 인도, 파키스탄, 방글라데시를 잃고 난후 나머지 국가는 그렇게 중요한 것이 아니었어요. 한때 충성파 영연방 국가였던 호주, 뉴질랜드, 캐나다의 태도를 보면 영연방이라는 것이 지금 별 의미가 없어요. 이들 국가의 시각에서 중요한 당사국은 미국, NATO, 그리고 태평양에서 비공식적으로 NATO 역할을 수행하는 기구가 될 것입니다. 이들 국가는 문화와 지정학적인 문제를 가장 많이 공유할 수 있는 차기 강대국과 밀착하고 있습니다.

유럽 통합이 이루어지지 않고 중국은 현재와 같이 경제성장을 지속하면서 아시아에서 독보적인 지배력을 갖는다고 가정하면, 유럽은 점차 싱가포르를 포함해서 동남아시아 국가의 관심 밖에 놓이는 것 아닌가요?

글쎄요. 이미 박물관처럼 희화화되고 있지요. 하지만 유럽은 매우 문명화된 곳입니다. 나한테 휴일 주말을 어디에서 보내고 싶으냐고 묻는다면 프랑스라고 대답하겠어요. 왜냐고요? 이곳 사람들은 매우 품위 있는 삶을 사니까요. 프랑스는 독일만큼의 생활수준은 아니지만 인생의 행복감을 느끼게 해줍니다. 유럽에 있다면 주말에 아름다운 프랑스 시골 지역에 가고 싶어요. 프랑스에서 도시의 실력자라면 누구나 한 명의 농장 근로자나 관리인을 두고 있는 대농장주와 함께 가곤 하는 포도원을 소유하고 있지요. 이것은 모두 유럽 공동농업정책의 지원을 받습니다. 좋은 음식, 아름다운 전경, 오찬 후의 휴식을 즐기는 아주 행복한 삶이죠. 이제 프랑스는 영광을 더 이상 추구하지 않습니다. 독일은 이런 삶을 제공하지 못합니다. 하지만 독일과 프랑스는 수백 년에 걸쳐 각자의 고유한 민족성과 자질을 발전시키고 있지요.

어떻게 유럽 사람들은 그런 놀라운 삶을 만들어 냈나요?

다른 나라에 앞서 산업화가 되었고 다른 대륙을 점령했지요. 영국은 대영제국을, 프랑스는 프랑스제국을 만들었어요. 벨기에는 콩고의 풍부한 광물자원을 개발해서 인구 500만 명이 안 되는 작은 나라가 거대한 아프리카 국가를 식민지로 만들었어요. 식민지 독립이 이루어지면서 이들 국가의 규모는 줄어들었지요. 유럽이 세계를 지배했던 제국의 시기는 적어도 그 형태로는 다시 돌아오지 않을 겁니다. 다른 형태로는 가능할지도 모르지요. 일부 국가들에 대해 중국이 경제적 지배력을 가질지 모르지만 실질적인 식민지로 만들지는 못하지요.

분열된 유럽에서 러시아가 더 큰 역할을 할까요?

그렇게 생각하지 않습니다. 러시아는 스스로 9개의 표준시간대를 가진 드넓은 영토와 자원을 가진 대국이라고 생각하지요. 구소련은 유럽에 안보위협이 되었어요. 하지만 지금의 러시아는 강대국으로 남기에는 어려움이 많습니다. 인구가 줄고, 경제는 석유와 가스에 의존하고 있고 그래서 실질적인 사회경제가 없어요. 높은 알코올 소비에서 알 수 있듯이 비관주의가 지배하고 있고 여성은 아이를 가지려 하지 않습니다.

일부 유럽의 지도자들은 부채위기 등 유럽문제를 해결하기 위해서는 부분적인 해법이지만 긴축이 필요하다고 믿는데요. 하지만 일부 국가에서 보듯이 긴축을 호소하는 지도자들이 유권자 저항으로 선거에서 패했어요. 2012년 프랑스의 사르코지 대통령이 재선에 성공하지 못한 것처럼 말입니다.

긴축을 반대하는 유권자 저항은 대중민주주의 국가에서 당연한 결과입니다. 누군가가 출마해서 "우리는 긴축이 필요 없다"고

외칩니다. 유권자들은 그에게 기회를 주지요. 글쎄, 긴축이 필요한지 필요하지 않은지 두고 보시지요. 모든 문제가 잘 풀려 실제로 긴축이 필요 없다면 유권자는 현명한 선택을 한 것이고, 사르코지는 순진했던 거지요. 그런데 사실 긴축이 필요했는데 하지 않았다면 어려움에 빠지겠지요. 과거의 자리로 돌아가게 됩니다.

그러면 긴축조치가 필요하다고 믿으시나요?

긴축이 필요하다는 아주 강한 신념을 갖고 있지 않으면, 프랑스와 독일의 어느 지도자도 인기 없는 정책을 고수하면서 선거에 출마할 리 없습니다. 프랑스는 긴축정책의 변화를 선택했고 독일은 그렇지 않았습니다. 독일은 메르켈 총리를 강력히 지지하고 있고요. 프랑스 올랑드 대통령이 메르켈 총리의 긴축정책을 변화시키려 하지 않을 겁니다. 프랑스 국민은 그냥 더 쉬운 길을 선택한 거지요.

전문가들 특히 미국 출신의 전문가들 사이에 긴축은 위기 시에는 최악의 대안이라고 주장하는데요. 이들은 장기적으로 긴축이 유용할 수 있지만 경제를 촉진시키기 위해서 단기에 필요한 것은 성장이라는 주장입니다. 어느 쪽 의견에 동의하시는지요?

그 중간입니다. 그래도 미국 쪽보다는 자신들의 문제에 더 익숙해 있는 유럽 쪽의 긴축 필요성을 지지하고 싶네요. 미국 사람들은 내년이 금년보다 상황이 더 좋아지리라는 낙관적 태도를 가지고 있지요.

그러면 유럽은 독일 주도로 추진된 합의를 지켜야 한다고 보시는 거지요? 그 길이 유럽 국가의 탈출구라고 믿으시는 건가요?

최선의 길입니다. 메르켈 총리와 독일 사람들은 바보가 아닙니다. 그들은 자기절제력을 가지고 있기 때문에 유럽에서 가장 성공적인 나라가 된 것입니다.

독일이 자신의 이익을 위해서 그렇게 한 것은 아니라는 것이죠?

그렇지요. 독일은 유로의 성공을 원하기 때문에 프랑스를 포함한 다른 유로존 국가들도 성공하기를 바라지요.

사회 이슈로 주제를 옮겨 보지요. 출산율을 높이기 위해서 싱가포르가 유럽에서 배울 점이 있나요?

생활방식을 어떻게 쉽게 바꿀 수 있겠습니까? 스웨덴 사람들은 한 가정에 거의 두 명의 아이를 유지해 왔습니다. 그것은 동질성을 가진 사회이고, 영유아 지원, 보육 지원, 그리고 성인에 이르는 모든 단계의 혜택 등 출산장려정책이 잘 되어 있지요. 그리고 그들은 단일민족 의식을 가지고 있고 서로를 위해서 희생할 준비가 되어 있기 때문에 높은 출산율 유지가 가능한 것입니다. 어떻게 그것을 똑같이 해낼까? 프랑스는 부분적으로 성공했지요.

스칸디나비아 국가들은 유전적으로 비슷하기 때문에 응집력이 강하고 복지국가를 지지한다는 "단일부족(민족)" 론을 펼치셨는데요. 그 논리가 인종 구성에서 상대적으로 동질성이 역시 높은 일본이나 중국에도 적용될까요?

일본의 경우 그렇습니다. 이민자를 원치 않는 이유이기도 합니다. 하지만 중국은 다릅니다. 중국은 단일민족이 아니라 다민족 국가입니다. 모두 같은 언어를 말하고 같은 문자를 사용하지만 전국 곳곳에 서로 다른 악센트가 있고 중앙정부도 전국적으로 단일 정책을 강요할 수 없습니다. 성급(省級), 지급(地級) 등의 큰 행정구역에서 "산은 높고 황제는 멀리 떨어져 있다(山高皇帝遠)"는 말이 생긴 것이지요. 각각의 성에서 "여기서는 내가 황제다"라고 말할 수 있는 겁니다. 성(省)이 다르면 서로의 성향이 다른 거대한 나라입니다.

오늘날 유럽의 인종간 긴장은 총리께서 계셨던 1940년대와 차이가 있나요?

지금은 거기에 살지 않으니까 말하기가 어렵습니다. 명예선임장관 고촉통(吳作棟)의 딸이 영국인과 결혼해서 영국 브래드포드에 살고 있어요. 중국인보다는 백인에 더 가까워 보이는 손주들이 있었고요. 한번은 그가 손주를 보러 영국을 방문했습니다. 그 아이들이 이웃 아이들과 아주 잘 지내더라고 나에게 말하더군요. 하지만 그것은 그들이 중산층이기 때문에 가능한 것이지요.

중국의 부상과 함께 앞으로는 유럽에서 동양인을 보는 인식이 바뀔까요?

아니요. 그렇지 않을 겁니다. 인종에 대한 인식은 중국의 굴기와는 전혀 상관없어요. 일본이 전쟁 전에는 강력한 나라였지요. 그렇다고 유럽의 일본인에 대한 인식을 바꾸지는 못했어요. 바뀌지 않습니다. 중국인들이 자신들이 더 우월하다고 믿듯이, 유럽인은 자신들이 더 우월하다고 믿지요. 그래서 변화 없이 각자의 인식대로 그냥 가겠지요.

유럽사회에 동화하지 못한 이민자들의 문제 하나는 그동안 몇 건의 테러 사태에서 드러났듯이 자생적 테러라고 보는데요.

아니, 그것은 동화나 통합과는 아무런 관련이 없어요. 그들은 뭘 모르는 순진한 테러리스트입니다. 유럽사회에 통합되었다 하더라도 그들은 (테러집단과 연결된 것이 아니라) 인터넷을 통해 혼자서 자발적으로 과격주의자가 된 것이기 때문에 그래도 테러를 감행할 겁니다.

유럽사회의 이민자들에 대한 반발이 우려할 수준인가요? 극우 정당이 득세한다든지? 유럽을 분열시키는 불편한 일이 될 텐데요.

분열은 이미 있는 겁니다. 이제 막 확대되는 과정일 뿐이지요. 이민자 비율이 한 사회의 5~6%가 되었을 때, 분열은 이미 시작된 겁니다. 보세요. 세계 인종을 백인종, 황인종, 흑인종, 갈색인종(동남아 지역의 말레이 인종)으로 분류할 수 있을 겁니다. 그 다음은 각각의 인종 안에서 서로 섞이고 통합될 수밖에 없습니다. 예를 들어, 중국 사람이 일본 사람이나 베트남 사람하고 결혼해서 자식을 낳는다면 그 아이는 중국인이나 일본인이나 베트남인으로 통할 수 있습니다.

지난 50년 동안 만난 유럽 지도자 중에서 가장 인상적이었던 리더 한사람을 꼽는다면?

역사적으로 처칠 영국 총리가 돋보입니다. 독일과 도저히 대항할 수 없는 상황에 그가 그렇게 저항하지 않았더라면 세계가 아주 다른 곳으로 흘러갔을 것이기 때문에 처칠은 위대한 지도자이지요. 그의 태도는 저항 그 자체였어요. "우리는 해변에서 싸워야 할 것입니다. 우리는 비행장에서 싸워야 할 것입니다. 우리는 들판과 거리에서 싸워야 할 것입니다. 우리는 야산에서 싸워야 할 것입니다. 우리는 결코 항복하지 않을 것입니다." 그의 연설은 혀 짧은 소리를 냈지만, 영국인들에게 100% 확신을 심어주었고 그를 따르도록 만들었어요. 반면 프랑스에는 처칠 같은 지도자가 없어 독일에 함락되고 말았습니다. 제

1차 세계대전의 프랑스 영웅이었던 페탱은 제2차 세계대전에서 프랑스 함락 후 독일에 협력까지 하였습니다. 처칠은 그 시기의 역사 속에서 단연 독보적인 인물이었지요. 처칠과 영국공군(Royal Air Force)이 아니었다면 영국은 독일공군(Luftwaffe)에 의해 장악되었을 것입니다. 하지만 처칠이 공군 조종사들에게 심어준 정신력이 영국을 구했습니다. 그 다음에는 일본이 하와이 진주만을 공습했고 그로 인해 미국이 전쟁에 참가하였지요. 처칠 입장에서는 행운이었습니다. 처칠은 독일의 런던 공습 상황에서 영국 혼자 힘으로 1년을 버텨내는 리더십을 보였습니다.

페탱

제1차 세계대전의 영웅이었지만 프랑스가 독일에 굴복한 이후 비시(Vichy) 정부의 수반으로 독일에 협력.

몽고
키르기스스탄
카자흐스탄
아프가니스탄
중국
북한
일본
남한
(대한민국)
파키스탄
네팔
부탄
방글라데시
인도
미얀마
라오스
대만
태국
베트남
필리핀
캄보디아
스리랑카
말레이시아
싱가포르
인도네시아

chapter
04

일본JAPAN 한반도KOREA 인도INDIA

일본

선진국에서 평범한 국가로 서서히 빠져들다

일본이 직면한 가장 심각한 과제는 인구 문제이다. 인구가 급속히 고령화되고 출산율이 이를 대체시키지 못하고 있다. 경기 침체나 정치 지도력 부재 등의 다른 문제는 비교 대상이 되지 못한다. 인구 문제를 해결하지 못한다면 일본의 미래는 매우 암울할 것이다.

숫자만으로도 눈이 번쩍 뜨인다. 출산율이 가임 여성 1인당 1.39로 현상 유지 비율인 2.1명에 훨씬 못 미친다. 이 상황은 결코 지속가능하지 않다.[1] 출산이 줄면서 노인을 부양하는 노동자의

1 "올해 일본에서 태어난 신생아 숫자가 98만 1,000명으로, 사상 처음 100만 명 선이

수는 1950년 10명에서 2.8명으로 줄었다. 이런 추세는 계속되어 2020년에는 2명, 2060년에는 1.3명까지 떨어질 것이다. 1.3명이 되면 젊은 층이 도저히 감당할 수 없기 때문에 그들은 이민을 선택할지도 모른다. 전후 65년 동안 인구가 7,200만 명에서 1억 2,800만 명까지 늘었지만 지난 3년간 인구가 감소하여 현재 1억 2,750만 명이다. 경제 위축이 뒤따를 수밖에 없다. 이 상황은 결코 지속가능하지 않다.

일본 여성은 오랫동안 문화적으로 부여된 가정과 사회에서의 역할을 수용해 왔다. 집에 있으면서 아이를 기르고, 어른을 모시고, 집안일을 돌보는 것에 행복해했다. 하지만 외국을 여행하고 외국 사람들과 교류하면서, 그리고 직업과 경제적 독립의 자유를 맛보면서 그들의 태도가 극적이고 돌이킬 수 없을 정도로 변하였다. 예를 들어, 싱가포르 항공에 근무하는 일부 일본 여성은 싱가포르 남성 승무원과 결혼한 경우도 있다. 그들은 싱가포르 여성이 시부모와 독립해서 그리고 고압적이지 않은 남편과 어떻게 잘 살고 있는지를 본 것이다. 일본 사회는 이런 흐름을 막고, 되도록 여성을 경제적으로 남성에 오래 의존하도록 묶어두려 했지만 실패했다. 한두 세대를 거치면서 일본 여성은 과거 세대에 당연시 여겨왔던 역할을 거부했다. 그들은 자기 중심으로 이해를 계산하고, 과거의 역할이 더 이상 가치 없는 것이라고 결론을 내렸다. 아이를 키우는 양육의 부담도 원치 않았고, 그래서 많은 여성이

깨졌다고 요미우리신문 등 일본 언론이 22일 보도했다. 일본이 지금 방식대로 통계를 작성하기 시작한 1899년 이래 최저 기록이고, 베이비붐 절정기(1949년·269만 6,638명)의 3분의 1 수준이다"(조선일보, 2016. 12. 23).

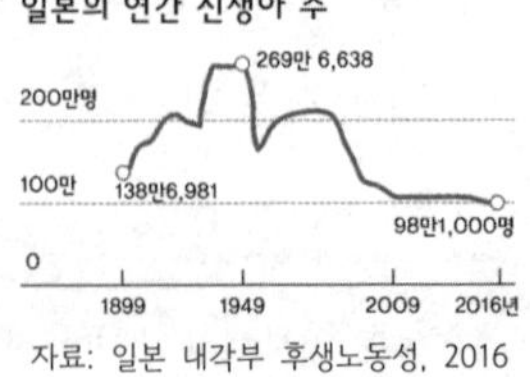

자료: 일본 내각부 후생노동성, 2016

싱글로 남기를 선택하였고, 결혼한 여성이라도 아이를 갖지 않았다. 여기에 상당수 일본 고용주들의 시류를 거스르는 기업경영은 더욱 도움이 되지 않았다. 여성이 아이를 갖더라도 경력 유지가 가능하도록 한 스웨덴과는 다르게 아직도 많은 일본 기업들은 출산 휴가를 내는 여성을 임시직으로 전환시키고 있다. 풀타임 소득이 필요한 여성은 물론 야심차고 승진을 바라보는 여성에게 아이를 갖는다는 것은 부당하게 큰 대가를 치르게 된다. 아이를 갖고 싶은데도 불구하고 많은 여성들이 장벽을 뛰어넘는 용기를 내지 못하고 있다.

싱가포르의 저출산 문제도 일본과 크게 다르지 않다. 한 가지 중요한 차이점이라면 싱가포르에서는 저출산 문제가 이민에 의해 가려지고 있다는 점이다. 일본은 외국인을 받아들이는 데 대해서 지나치게 고집스럽다. 일본 민족의 순수성이 유지되어야 한다는 인식이 너무 깊이 각인되어 있어 공개적으로 대안을 찾는 시도를 하지 못하고 있다. 다문화 일본은 정치 지도자이든 일반 국민이든 그냥 생각조차 할 수 없는 일이다.

나는 민족 순수성에 대한 일본인의 자긍심이 눈앞에서 펼쳐지는 것을 직접 목격했다. 일본이 싱가포르를 점령하고 있을 때, 나는 캐세이 빌딩Cathay Building에서 영어 편집인으로 일하고 있었다. 매년 12월 8일일본이 미국의 진주만을 공습한 날에 그 빌딩에서 의식이 거행되었는데, 일본군이 대검을 차고 "우리 일본인은 태양신의 후예다"라고 외쳤다. 일본인은 태양신의 후예이지만 다른 사람들은 아니다는 말이다. 요즘에는 그런 구호를 반복할 것으로 생각하지는 않지만, 일본인의 근본 인식이 변했다고 생각하지 않는다. 일본인들은 죠지 다케무라라는 미국에서 태어나고 제대로 교육받은 일본계 공무원조차 100% 신뢰하지 못했다. 그는 싱가포르 점령기에 일본 정보·선전 담당부서인 '호도부'에서 나처럼 편집인으로 케이블 뉴스를 취급하고 있었다. 그는 말이나 행동이 겸손했다.

이런 확고한 선입견은 심각한 문제를 낳는다. 인구 딜레마를 풀 수 있는 가장 상식적인 해결책이 자동적으로 배제될 수 있기 때문이다. 예를 들어, 내가 일본인이라면, 나는 일본인과 비슷한 인종인 중국인, 한국인, 어쩌면 베트남인을 이민자로 끌어들여 통합시키는 데 최선을 다했을 것이다. 실제로 일본 내에는 56.6만 명의 한국인과 68.7만 명의 중국인이 이미 영구 거주하고 있다. 완벽하게 일본어를 구사하고 생활방식이나 습관에서도 일본사회에 완전히 동화되어 있으며, 귀화한 사람들처럼 충분히 받아들여지기를 갈망하고 있다. 정말이지 많은 사람들은 일본에서 태어나고 자랐다. 하지만 일본사회는 이들을 받아들이지 않고 있다.

이런 배타적인 태도의 극단을 제대로 이해하기 위해서는 지금까지도 주류 사회에서 받아들여지지 않고 있는 또 다른 그룹, 닛케이진日系人의 감정을 고려해보아야 한다. 닛케이진은 남미 출신의 순수 일본계 사람들이다. 1980년대부터 주로 브라질에서 수만 명의 닛케이진이 고령화 대책의 기대 속에 추진된 자유이민정책에 따라 일본으로 이주해왔다. 이들은 2, 3대 앞선 할아버지 세대가 1920년대 브라질 커피농장에 일자리를 찾아 떠났던 때와는 정반대 방향으로 지구 반을 돌아 일본으로 왔다. 하지만 실험은 실패로 끝났다. 완전히 다른 사회에서 자란 닛케이진은 같은 피를 가진 일본 이웃들이었지만 문화적으로 너무 소외되고 외국인처럼 취급되었다. 마침내 2009년 경제위기가 최고조에 달했을 때, 일본 정부는 일자리가 없는 닛케이진에게 1회 재 정착비를 주고 브라질로 다시 돌아가도록 하였다. 일본이 아닌 다른 사회였다면, 이 정책이 성공했을지도 모른다. 정말로 일본정부는 이 정책이 추진되기 전까지만 해도 당연히 성공할 것이라고 믿었을 것이다. 그들조차도 일본이 얼마나 배타적인 사회인지를 과소평가했던 것이다.

현재 일본 거주자 중에서 외국인의 비중은 영국의 6%, 독일의 8%, 스페인의 10%보다 훨씬 낮은 1.2% 미만이다. 일본은 워낙 동질성이 강한 나라라서 해외 주재원인 부모님을 따라 외국에서 생활하고 현지 일본어학교를 다닌 일본 청소년들조차 귀국 후에 다시 적응하는 데 어려움을 겪을 정도이다. 일상의 소통에서 말을 많이 하지 않다보니 일본에서는 상대방의 몸동작이나 목소리로 의미를 이해한다. 일본이 이민자를 통해 인구문제 해결을 원한다면, 이런 문화적 특성 때문에 많은 시간이 필요하고 인식의 아주 근본적인 전환이 필요할 것이다. 문제는 지금 상황이 그렇게 여러 해를 기다릴 만한 여유가 있을까? 그렇지 못할 것이다. 이대로 10년 15년 내버려두면, 미끄러운 내리막길에 들어서고 너무 늦어서 되돌릴 수 없을지 모른다.

일본은 두 번의 잃어버린 10년을 경험했고, 이제 세 번째 10년에 들어서고 있다. 1960년과 1990년 사이에 일본 GDP성장률은 연평균 6.2%를 기록하였다. 일본 국민들은 전후 폐허에서 재기하였고, 미국의 도움과 함께 죽기살기로 열심히 일한 결과 세계 2위의 경제대국을 건설하였다. 일본 기업들이 서양의 부동산을 서둘러 매입에 나서자, 놀란 금융분석가들은 한 때 일본주식회사Japan Incorporated가 후퇴하는 선진국을 인수할 태세라고 경고하였다. 어떤 전문가들은 오늘날 중국과 크게 다르지 않다고 말한다. 그러나 1991년에 일본의 부동산 거품이 꺼지면서 암울한 성장의 긴 기간이 시작되었다. 1991년부터 연평균 GDP성장률은 초라하기 그지없는 1%의 연속이었다. 이 책을 쓰는 지금 좌절의 3번째 10년이 시작되었다. 인구문제를 해결하기 위한 결단력 있는 조치가 아주 신속하게 취해지지 않는다면, 정치나 경제의 어떤 변화도 전후 역동적이었던 일본경제의 흐릿한 그림자조차 되찾을 수 없게 만들 것이다.

인구가 한 국가의 운명을 좌우한다. 인구가 감소하면 국가의 힘은 쇠퇴한다. 노인들이 차와 가전제품을 바꾸지 않는다. 새 옷도 새 골프채도 사지 않는다. 노인들은 이미 필요한 모든 것을 가지고 있다. 비싼 식당에서 외식도 거의 하지 않는다. 이런 이유 때문에 나는 일본에 대해 매우 비관적이다. 10년 이내에 다시 국내 소비가 줄기 시작할 것이고 그 흐름을 되돌릴 수 없을 것이다. 반복적으로 부양책을 씀에도 불구하고 경제에 미치는 영향이 크지 않은 이유가 부분적으로 여기에 있다. 오늘날 일본은 특허 출원 건수로 볼 때 아직 미국에 이어 두 번째로 높은 창의적인 국가이다. 창의성은 노인이 아니라 젊은이로부터 나온다. 수학의 경우 약 20살, 21살에 최고 수준에 도달한다. 어떤 위대한 수학자도 대략 20살, 21살을 지나 위대한 성과를 낸 경우는 없다.

나는 2012년에 일본 산케이 신문이 주관한 "아시아의 미래"라는 컨퍼런스 참석차 일본을 방문했다. 내가 만난 몇몇 일본 지도자들과 얘기를 나누었을 때, 나는 그들의 진심을 파악하고 싶어서 인구문제에 대한 직설적인 질문을 피했다. 이민을 받을 것인지 여부를 묻지 않고, 어떤 대안을 가지고 있는지 질문하였다. 그들의 답변은 "더 많은 보육수당과 영유아수당"이라고 대답했다. 실망스런 대답이었다. 영유아수당이 사태를 되돌리지는 못한다. 아이를 갖도록 하는 정부 인센티브는 어느 곳에서 시행이 되던 실제로 아이를 갖도록 하는 데에는 매우 제한적인 효과밖에 없다. 문제는 돈이 아니라 변화된 생활양식과 삶의 욕구이다. 프랑스나 스웨덴과 같이 이러한 정책의 효과가 있다는 곳에서 조차도, 진행속도가 매우 느리고 너무 많은 돈이 들어가고 있다.

일본인은 인상적인 사람들이다. 2011년 3월 11일 진도 9.0의 도호쿠東北 지진이 발생하였을 때, 세계 사람들은 일본인들이 공포에 떨지 않고, 약탈도 하지 않고, 폐허 앞에서도 위엄과 품위를 지키며 서로 돕고 배려하는 모습을 보면서 감탄해 마지않았다. 그 정도 지진 강도의 재앙에서 침착하고 질서 있고 규율을 유지할 수 있는 사회는 거의 없다. 일본인은 또한 불량품 제로의 텔레비전과 자동차 생산에서부터 최고의 맛을 가진 초밥을 만드는 것까지 모든 것에서 완벽을 추구하는 자세에서 누구와도 비교가 되지 않는다. 특히 작업현장에서의 팀워크 감각은 일본이 다른 나라보다 한발 앞선 부분이다. 한국인과 중국인도 개인 차원에서는 대등할지도 모른다. 하지만 팀 차원에서 일본인은 타의 추종을 불허한다. 이런 깊은 인상 때문에 냉혹한 현실이 그들의 얼굴을 빤히 쳐다보는 순간, 일본사람들은 인구문제의 심각성을 모른 채 그동안 잠들어 있던 상태에서 깨어날 것이라고 한때 믿었다. 그런데, 일본 자신은 점점 약해지고 아무 조치도 취하지 않으면서 이웃은 발전하도록 놔둔다는 것을 무엇으로 설명할 수 있겠는가?

나는 이제 일본은 불가피하게 무엇인가 조치를 취할 수밖에 없다는 기존의 믿음을 버렸다. 여러 해가 지났지만 어떤 움직임도 보지 못했다. 십중팔구 일본은 1등 국가에서 보통국가로 서서히 빠져들 것이다. 물론 일본 중산층은 앞으로도 상당 기간 충분히 편안한 삶을 유지할 것으로 확신한다. 서양의 선진국과는 다르게 일본은 대외 부채가 쌓이지 않았다. 일본은 또한 기술력이 앞서고 국민의 교육수준도 높다. 그러나 궁극적으로 일본의 여러 문제가 이런 경쟁우위의 발목을 잡을 것이다. 내가 영어를 할 줄 아는 일본의 젊은 청년이라면, 나는 아마도 해외이민을 선택했을 것이다.

정세가 참 빠르게 변하고 있는데요. 일본이 급성장한 것이 그리 오래되지 않습니다. 그런데 지금은 상황이 바뀌었는데요. 놀랍지 않은지요?

나도 예상하지 못했지요. 생활양식이 바뀐 것입니다.

일본인은 막다른 골목에 몰리면 그때 반격에 나서는 사람들이라고 말한 적이 있는데요. 몸에 배어 있는 문화 때문인가요? 일본이 인구문제를 극복하기 힘들 것으로 보는 이유는 무엇입니까?

막다른 골목에서의 반격은 외부의 어떤 사람과 싸울 때 상황입니다. 지금의 문제는 일본 내부에서 누군가와 싸우고 있는 것이지요. 아이를 더 갖기 위해서는 여성이나 남성이나 그들의 태도를 바꾸어야 합니다. 하지만 일본 여성들은 단지 부모나 시부모의 시중을 들거나 남편과 아이들을 뒷바라지하던 과거의 생활방식을 바꾸고 있습니다. 반기를 들고 있습니다.

인구문제 해결에 있어 정치적 리더십이 실패했다고 보아도 될까요? 싱가포르도 같은 문제를 가지고 있지만 지도자들이 나서 설득하고, 경고하고, 회유하는 등 적극적인 해결 노력을 하고 있습니다.

일본은 우리와 다르게 이런 문제를 얘기하지 않는 문화 때문일 수도 있습니다. 또 그런 노력을 했다 하더라도 일본 사람들의 인식을 바꾸지는 못할 거라고 생각합니다.

그러면 정치 지도자는 바꾸고 싶어 하지만 국민이 바꿀 의향이 없다는 것에 막히고 있는 것인가요? 아니면 정치 지도자들도 국민과 같이 바꿀 생각이 없는 것인가요?

정치 지도자들도 국민의 일부입니다. 사회가 무기력증에 빠져 있는 상황에서 에너지 넘치는 지도자가 나올 수 없습니다. 일본 사람들은 지금 문제 상황을 알지만 어떤 대응도 하지 않아요. 의자에 등을 기댄 채 앉아 있을 뿐이지요.

하지만 우리가 알기로 일본 사람들이 그렇게 느긋한 사람들은 아니지 않나요?

불행하게도 인구문제에 있어서만큼은 그렇습니다.

위대한 정치 지도자가 나오면 변화시킬 수 있지 않을까요?

아니요.

일본의 불안한 정치가 이런 국내 문제 해결에 도움이 되지 않는다는 것을 알고 계실 텐데요. 선생님은 이런 불안정을 어떻게 설명하시겠습니까?

과거 일본 리더십은 군주들 간에 돌려가며 맡았습니다. 의회도 여러 계파로 나뉘고, 각각 군주와 그를 따르는 전사들이 있지요. 전사를 많이 가진 군주가 총리가 되는 것이고요. 각료를 제안 받은 경우를 빼고는 계파를 옮기는 경우가 없을 겁니다. 어떻든 일본 정치는 불안정하고 정치지도자에게 일본 정책에 큰 영향을 줄 수 있는 기회를 제공하지 않습니다.

인구문제에 대해 일본인이 가지고 있는 생각은 인구가 줄고, 국가경제가 후퇴하더라도 1인당 소득이 증가해서 생활수준을 유지할 수만 있다면 무엇이 문제냐는 것 아닐까요?

그렇지 않습니다. 고령 인구 때문에 1인당 소득수준을 유지하지 못하지요. 경제를 계속 굴러가게 하는 사람은 젊은이들입니다. 그런 젊은 층이 부족한 것이지요.

중국 굴기를 고려할 때, 일본의 약화가 가져올 지정학적 영향은 무엇인가요?

일본이 진작 열심히 노력해서 출산율을 높이고 인구가 늘었다 하더라도, 중국의 굴기가 가져오는 문제가 워낙 크기 때문에 큰 차이는 없을 겁니다. 이제 중국과 맞설 수 없지요. 1930년대 중국 정복에 나서 상당한 영토를 점령했던 당시 상황은 이제 말할 필요도 없고요. 지금은 미국의 안보 확약이 필요합니다. 혼자 힘으로 중국을 앞서거나 막아낼 수 없습니다. 미국과 동맹을 통해서는 가능하지요. 그래서 동맹관계를 지속할 것이지만, 현재보다 힘이 약하고 역할이 작아진 위축된 동맹 파트너가 될 겁니다.

그래서 일본은 미국과의 동맹관계를 더욱 견고히 하겠군요.

최선의 선택입니다. 하지만 동시에 중국에도 투자를 해서 우호관계를 만들겠지요. 안보를 생각해서 비즈니스를 하는 것이지요.

오키나와는 일본의 큰 난제인데요. 미군의 상당수가 이곳에 주둔하고 있는 상황에서, 오키나와 주민들은 일본 전체의 안보 비용을 자기들이 떠안는 것은 부당하다고 생각하고 있습니다. 결국에는 미국이 오키나와 기지를 반환하고 떠나게 될까요? 그 경우 일본의 안보는 어떻게 되는 건가요?

오키나와 주민들이 미군을 나가도록 압박하는 데 대해 일본 국민이 이를 지지할 것인지를 속단할 수 없지만, 그렇게 하면 일본에 도움이 안 된다고 봅니다. 하지만 일본이 그렇게 한다면, 미국은 괌이나 미드웨이 섬으로 후퇴하겠지요. 아주 먼 길입니다.

지금부터 20년 후의 미일 동맹관계를 예상한다면?

미국 경제에 달려 있지요. 미국의 경제력이 동맹을 감당할 수 없다면 전열이 흐트러집니다. 그 상황이 되면 일본은 중국에 따라야 하겠지요. 의존국이 되는 것입니다.

의존국요?

글쎄요. 중국과 싸울 수는 없어요. 중국에 귀 기울여야지요. 일본 선박과 중국 선박이 센카쿠(댜오위다오) 열도에서 충돌한다면 일본 선박이 물러날 겁니다.

일본이 자위대를 보통국가의 군대로 정상화시킬까요?

만약 이 지역에 대한 미국의 영향력이 사라진다면 일본은 최후의 수단으로 핵무기를 가진 군대를 설립할 수도 있습니다.

중국을 반격하는 데 도움이 될까요?

반격이라기보다는 자기방어라고 봐야죠. 중국은 핵폭탄 3개로 일본을 와해시킬 수 있지만, 일본은 중국을 그렇게 만들 수 없어요.

일본이 군대를 정상화하거나 핵능력을 개발하려는 시도를 중국이 반대할까요?

어떻게 반대합니까? 자체 무장하는 것은 일본의 권리라고 봐야죠. 중국의 선택이라면 군비를 더욱 강화시키는 것이겠고요.

중일관계를 괴롭히는 또 다른 이슈가 제2차 세계대전에 대한 기억인데요. 앞으로도 오랫동안 두 나라 사이에 쟁점이 될까요?

일본은 모든 대도시를 포함해서 중국을 점령했어요. 미국이 석유 금수조치로 위협하지 않았더라면 중국을 완전히 정복시켰을지도 모릅니다. 얼마나 오래요? 나도 모릅니다. 그들은 게릴라전으로까지 빠질 뻔 했으니까요. 중국은 그것을 잊지 않고 있을 겁니다.

일본은 여러 차례에 걸쳐 사과했다고 주장하는데요.

했지요. 하지만 그들은 모든 전범이 안장되어 있는 야스쿠니 신사를 계속 참배하고 있어요.

한번은 일본 지도자로부터 들은 얘기를 해주신 적이 있는데요. 미국이 베트남하고 전쟁한다면, 실제 전쟁을 했지만, 얼마 지나면 다시 화해할 수 있다는 얘기였어요. 일본과 중국 사이에는 전쟁한 지 100년이 지나도 서로 화해가 안 될까요?

1931년부터니까 아주 오랜 시간이 지나고 있습니다.

어떻게 설명이 가능합니까?

중국은 아주 큰 나라이고, 일본은 그 큰 나라를 정복하려고 한 훨씬 작은 나라이니까요. 당시 중국은 군벌들로 분열되어 있었기 때문에 일본이 거의 함락시킬 뻔했지요.

두 나라 국민들 사이에 아주 뿌리 깊은 적대감이 자라잡고 있다는 얘기네요.

그렇게까지 말하고 싶지는 않습니다. 양국의 교역규모는 엄청 큰 비율로 증가하고 있어요. 일본은 중국에 투자하고 있고 중국은 일본의 기술투자를 요청하고 있어요. 중국은 저가의 생산기지를 제공하고 있고요. 하지만 제2차 세계대전의 문제는 가끔씩 흔들어 대는 깃발 같은 것이지요.

싱가포르와 동남아시아 국가들 입장에서는 두 나라의 관계가 발전하고 경제도 더 밀착하는 것이 더 나은 건가요?

그렇습니다. 두 나라가 함께 번영하는 것이 우리를 위해서도 좋습니다.

한반도[2]

북한: 새빨간 거짓말쟁이

북한에 가본 적은 없다. 가봐야겠다는 필요성도 느낀 적이 없다. 가장 특이한 나라이다. 중국에서조차도 사람들은 어느 정도의 기본권을 가지고 살고 있다. 북한에서는 모든 주민이 탄압받고 외부세계로부터 완전히 격리되어 살고 있다. 김일성 일가의 개인숭배 국가라고 말해도 대단히 절제된 표현일 것이다. 최면 걸리다시피 한 이들 주민들에게 김씨 일가는 거의 신적인 존재이다. 북한 주민들은 김씨 일가를 경외하고, 실제로 속으면서 살고 있다는 것을 깨닫지 못하고 있다. 건장해 보이는 남녀가 행진하는 모습은 모두 거대한 가식놀이의 한 부분이다. 사회주의 지상낙원과는 정반대로, 북한은 지구상에서 최악의 나라 중 하나이고 국가의 가장 기본적인 과제인 먹고사는 문제도 해결하지 못한 실패한 나라이다.

실시간 커뮤니케이션이 놀라울 정도로 발달한 이 시대에 어떻게 그런 새빨간 거짓말이 통한단 말인가! 북한에는 아이폰이나 위성 텔레비전이 없다. 그런 것이 작동했다면 거짓말은 통하지 못한다. 일부 북한 사람들은 탈출에 성공하고 다른 나라, 특히 남한이 얼마나 발전했고 북한이 얼마나 뒤쳐져 있는지 알고 있다. 하지만 이런 사람은 소수에 불과하다. 그들은 북한의 생활을 도저히

2 원래 제목은 “북한”이지만 실제 내용에서 한국에 대한 견해도 포함되어 있어 “한반도”로 바꾸었다.

참지 못해 중국이나 남한으로 탈출하는 어마어마한 위험을 감수한 사람들이다. 일부는 성공하고 일부는 실패한다. 성공한 사람들도 간신히 도망쳤다는 것을 안다. 그들은 목선을 타고 파도치는 바다를 건너거나 국경수비대에 잡힐 위험을 무릅쓰고 맨발로 국경을 넘어 목숨을 걸고 탈출한 사람들이다. 탈출자들과 비슷하게, 북한 사람의 다수가 현 체제 때문에 암흑의 시대에 갇혀 살고 있다는 사실을 깨달을 때 북한체제의 종말이 시작될 것이다.

불행하게도 북한 체제가 자체 개혁을 시도하기에는 아마도 너무 늦은 듯하다. 반환점을 돌아버렸다. 중국은 북한 지도자에게 상해, 선전, 광저우廣州 등지의 발전상을 보여주면서 권력을 잃지 않고 곤궁에서 벗어나는 점진적 변화가 가능하다는 것을 확신시키려고 노력하였다. 하지만 북한은 중국과 매우 다른 명제로 접근해야 한다. 북한은 개인숭배로 뭉쳐 있기 때문에, 숭배하는 지도자가 붕괴되면 나라도 붕괴될 것이다. 그런데 나라를 개방하고 자유시장 개혁을 받아들이면 개인숭배가 무너지는 것은 불가피한 일이다. 북한 사람들은 수십 년 간 속아 살고 있다는 사실에 눈을 뜰 것이다. 북한 사람들은 그들이 세계 최고의 강성대국을 건설한다는 말을 믿고 김씨 일가에 홀리는 얼마나 바보였는지를 알게 될 것이다. 남한이 얼마나 부유하고 번영한 나라인지도 알게 될 것이다. 하지만 개방만으로는 성공하지 못할 것이다.

복잡한 문제로, 북한 지도자들은 남한 정치 지도자 암살, 걸프 만에서의 여객기 폭파, 일본인을 포함한 외국인 납치 등 국제적으로 범죄행위를 지시한 과거가 있기 때문에 이들의 개인 생활과 자유가 걸려 있다. 일부는 이미 사망했지만 아직 살아있는 사람들은 이들 사건을 직접 지시하지는 않았더라도 이들의 동의로 행동에 옮겨진 것은 확실하다고 보이기 때문에 실제 책임져야 할 상황에 놓일 것이다.

당분간은 한반도에 현재의 상황이 유지될 것으로 본다. 힘의 균형을 한 쪽으로 기울게 만드는 힘이 없다. 중국과 미국 등 한국 문제에 기존의 이해를 가진 거의 모든 당사국들이 적어도 단기에 한반도에서 전쟁이 일어나거나 평화통일이 이루어지는 것을 원치 않는다. 그냥 위험 부담이 너무 크다.

북한은 1950년에 남한을 흡수하기 위해 일으킨 전쟁을 다시 반복하고 싶어 하지 않을 것이다. 북한이 미국을 이길 거라는 기대는 전혀 할 수 없다. 미국은 전략적 이유로 북한의 침략으로부터 남한을 방어하기 위하여 필요한 모든 군사력을 집중시킬 것으로 예상할 수 있다. 미국이 아니더라도 남한과의 1대1 싸움에서 우세를 보이지 못할 것이다. 북한은 선군정책을 추진해왔지만 남한은 경제 수단[돈]에서 압도적인 우위를 가지고 있다. 무기가 전쟁에서 가장 중요하다고 믿는 것은 제2차 세계대전 때 일본이 저지른 실수를 반복하는 것이다. 일본은 미국 함대를 파괴함으로써 전쟁에서 결정적인 우위를 차지할 것으로 생각했다. 하지만 미국의 산업생산 설비 능력은 함대를 복원하고 더 많이 건조할 수 있었다. 미국이 다시 일어나 일본을 응징하기까지는 그리 오랜 시간이 걸리지 않았다. 결국 국력을 결정하는 것은 군함이나 총의 규모가 아니라 산업생산 능력이다. 견고한 경제기반이 뒷받침되지 못한 무기로 전쟁을 수행하기에는 준비가 더 필요할 것이다. 무엇보다도 경제력 없이는 전쟁을 계속 수행할 수 없다. 북한은 바보가 아닌 한 이것을 알 것이다.

근래 북한은 천안함 폭침, 연평도 포격 등 경솔한 군사행동을 보여주었다. 두 사건에서 모두 48명의 남한 희생자가 발생하였다. 이들 도발행위는 핵무기 정책에서도 분명히 드러난 벼랑

끝 수법 그 자체이다. 이런 모든 분명한 몰상식에도 불구하고 북한 사람들은 넘어서는 안 될 선이 있다는 것을 의식하고 있을 것이다. 아마 북한은 심각한 보복을 초래하지 않는 정도에 그들의 도발 수위를 맞추었다고 본다. 또한 북한은 내부적으로 최대한의 실리를 취하면서 그런 도발을 했을 것이다. 일부 분석가들이 지적하듯이, 황태자 김정은의 군사적·정치적 지도력을 강화시키기 위한 쉬운 수단으로 지금까지 써온 방식일 수도 있다.

비슷하게 남한 사람들도 통일을 너무 극적으로 추진하는 것을 원하지 않을 것이다. 수도 서울이 북한 대포의 사정거리 안에 들어있기 때문에 전쟁은 너무 위험하다. 그래서 남한이 전쟁에서 승리한다 하더라도 그로 인해 서울이 파괴될 수도 있다. 인구의 약 1/5이 서울에 살고 있다. 하지만 남한에서는 평화통일도 반기지 않을지 모른다. 통일은 장기적인 바람이고 궁극적 목표이지만, 밤 사이에 – 상호합의에 의해 – 이루어지는 통일이 초래할 경제적 비용이 너무 충격적이기 때문에 남한 사람들은 당분간 통일을 지연시키는 것을 더 선호하는 것으로 알려져 있다. 북한 경제는 독일 통일 당시의 동독보다 훨씬 열악하기 때문에 남한에 있어 통일은 독일보다 두세 배 더 큰 문제가 될 것이다. 그리고 독일은 지금도 통일의 후유증으로 계속 고통을 받고 있다는 점도 알아야 한다. 같이 살자는 얘기와 우리 생활수준이 될 때까지 수십 년간 너희들을 계속 먹여 살리겠다는 얘기는 전혀 별개의 문제이다. 남한은 북한의 점진적 개방과 그런 개혁의 시작과 실제 통일이 이루어지기까지의 기간을 수십 년까지 길게 가져가는 것을 훨씬 더 선호할 것이다.

마지막으로 1950년대 한국에서 대리전을 치렀던 중국과 미국 두 강대국 역시 한반도에서의 현상 유지가 불행하지 않다. 아니 더 좋을 수 있다. 미국은 최근에야 이라크와 아프가니스탄에서 비싼 전쟁 대가를 치르고 철수하였으며 또 다른 전쟁에 욕심이 없다. 누구도 한국 방위에 대한 미국의 확약을 의심하지 않지만, 미국은 한반도가 오랫동안 잠잠하기를 희망하고 있을 것이다.

중국은 전쟁에 의한 것이든 평화적으로 이루어지는 것이든 한반도 통일을 원하지 않는다. 중국은 북한을 완충지대로 간주한다.[3] 통일 한국은 남한에 의해 지배될 것이고, 한국은 한중 국경인 압록강까지 미군이 올라가는 것을 허용할 수도 있다. 중국 문간까지 미군이 가까이 오도록 놔둔다는 것은 중국으로서 가장 안 좋은 예상이다. 이런 우려가 중국이 한국전에 우선적으로 참전한 이유이기도 했다. 통일과 함께 미국이 한국을 떠난다 하더라도 – 아주 큰 가정이지만 – 중국은 한국통일을 좋은 소식으로 받아들이지 않을 것이다. 왜 중국이 강한 한국과 국경을 맞대려고 하겠는가? 일반적으로 이웃들이 분열된 채로 있을 때 더 편안한 것이다.

또한 현재의 상태가 불안정하지 않다. 모든 당사국들이 아주 조심해서 움직일 것이다. 한국 문제는 지금부터 10년, 20년 후에도 실제로 아무런 변화 없이 계속 주시 대상일 것이다. 머지않아 북한 체제는 궁극적으로 지속가능하지 않기 때문에 자체 붕괴할 것이다. 하지만 김씨 일가는 이런 사태가 조기에 발생하지 않고 나중에 발생하도록 최선의 모든 노력을 기울일 것이다. 그 '나중'이 오기까지는 오랜 시간이 걸릴 수 있다. 돌파구는 북한의 보통 주민들도 외부 세계와의 커뮤니케이션이 쉬워질 때 열릴 것이다.

---

3 중국이 한국전쟁에 참전한 것이나, 고난의 행군시기에 북한을 지원한 이유도 북한의 완충지대(buffer zone)로서의 가치를 중시했기 때문이라고 해석할 수 있을 것이다.

그동안 북한은 핵무기를 추진하면서 국제적으로 골치 아픈 존재가 되고 있다. 이 문제와 관련하여서는 중국이 북한에 영향력 있는 유일한 당사자이다. 그런데 중국은 북한이 핵무기를 포기하도록 설득하는 데 성공하지 못하고 있다. 북한은 핵무기 보유가 체제 존립에 중요하다고 믿고 있다. 북한은 과거 중국이 한국의 기술과 투자를 원했을 때 얼마나 빨리 한국과 관계를 진전시켰는지를 보았기 때문에 중국을 완전히 신뢰하지는 않는다. 북한은 핵무기를 유리상자 안에 넣어 놓고 위기 상황에서만 그 유리를 깨뜨릴 것이다. 물론 북한 입장에서 국제 원조를 요청하는 즉시 원조를 지속적으로 받을 수 있다면 말이다.

내가 북한의 입장이라도 이런 계산을 했을 것이다. "중국은 우리에게 압박을 가하겠지만 우리가 망하는 것이 중국에 도움이 안 되지! 그렇다면 중국의 말을 들을 이유가 무엇일까?" 북한은 리비아의 사례를 통해 핵무기를 포기하지 않고 붙들고 있는 것이 생존에 가장 유리하다는 것에 확신을 가졌을 것이다. 리비아 카다피Muammar Gaddafi는 서양의 요구를 들어주어 핵무기를 제거했는데 실제 국내소요가 발생했을 때 미국과 프랑스가 반군을 지원하기 위해 가담하는 것을 막을 수단이 그로서는 아무것도 없다는 것을 알았다. 카다피는 2011년 10월 반군에 의해 현장에서 처형되었는데 김씨 일가의 등골을 오싹하게 만든 사건이었을 것이다.

남한(대한민국)[4]

북한이 초조해 하는 사이에도, 남한은 성장의 길을 계속 갈 것이다. 남한은 그동안 잘 해왔고 앞으로도 여러 해 그렇게 성공할 것이다. 남한은 전 세계에 특히 중국에 문호를 개방함으로써 가까운 거대 시장과 인적 자원을 충분히 활용하고 있다. 몇 년 전 한국을 방문하였을 때 내가 만난 모든 기업인들은 중국에 많은 사업적 관심을 보였다. 한국인은 중국 내 외국 유학생 중 가장 많이 중국어를 배우고 미래를 위해 중요한 관계판시를 형성하고 있다. 금세기 가장 큰 성공 스토리를 만들어 냈다는 자긍심은 한국을 신장시키는 강한 힘이 될 것이다.

한국은 이미 LED 스크린을 포함해서 많은 제품에서 세계를 앞서가고 있다. 삼성, LG, 현대 등등의 재벌은 세계의 가장 성공적인 다국적 기업과 맞서 그들의 입지를 지켜내고 있고 연구개발에 강점을 지니고 있다. 5천만 인구의 신흥 경제국으로서 한국이 이룬 것은 가히 인상적이다.

한국은 많은 몽고의 침략군이 공격을 멈춘 곳으로 한국인은 이 지역에서 가장 강한 민족에 속한다. 몽고군은 바다를 건너 일본을 침략하는 데 어려움을 겪고 많은 사람들이 그냥 한국에 정착하였다. 그래서 한국 사람들은 중앙아시아의 가장 공격적인 전사의 피를 가지고 있다. 그들은 강인한 집단이다. 지금도 한국 사람들한테 그런 구석이 어느 정도 남아있다. 더구나 그들은 부지런하고, 열심히 일하며, 시험을 중시하는, 교육을 잘 받은 국민이다. 한국 사람들은 그들의 높은 질적 수준을 유지할 것이다.

4 역자 소제목 삽입.

그러나 과거의 성공이 미래의 성공을 보장하는 것은 아니다. 한국이 계속 성장하기 위해서는 몇 가지 사회적 문제를 극복할 필요가 있다.

첫째, 종합적인 인구 추세를 면밀히 주시할 필요가 있다. 한국도 출산율은 낮지만 일본에 비해 외국인을 더 많이 받아들이고 있기 때문에, 이것은 분명히 한국의 강점이다. 장기적으로 경제성장을 이어가기 위해서 한국은 현재의 낮은 출산율을 메울 수 있는 방법을 지속적으로 찾아야 한다.

둘째, 현재 한국에서의 갈등은 다른 나라보다 더 심각한데, 계속되는 갈등이 아니라 국익 차원의 큰 합의가 이루어진다면 도움이 될 것이다. 부의 재분배를 위해서 정부가 재벌기업들을 더 압박해야 하는지에 대한 정당들 간의 격한 대립을 보면서, 일부 대기업은 생산 라인을 해외로 이주시키는 것까지 고민하고 있다. 이러한 갈등이 사회의 에너지와 자원을 고갈시키고 있다. 한국 사람들은 이런 싸움 대신에 "우리 함께 글로벌 시장을 공략합시다"라고 단결하면 훨씬 더 강해질 수 있다.

동북아시아에서 핵무기 개발 경쟁이 일어날 것으로 보십니까?

북한은 이미 핵무기를 보유했을 수도 있습니다. 이제 문제는 핵무기 개발 능력이 있다고 생각하는 남한도 실제 핵무기를 개발하느냐이지요. 만약 미국의 경제가 후퇴하고 미국이 아시아에서 영향력을 잃게 되면 그런 상황이 오겠지요. 왜냐하면 그때는 남한과 일본에 대한 미국의 안보 공약도 끝날 테니까요.

그러면 일본도 핵무기 보유를 원할 수도 있겠네요?

일본은 히로시마와 나가사키에서 원폭이 초래한 고통 - 직접 사망한 사람뿐만 아니라 살아남았지만 나중에 백혈병과 기타 후유증으로 사망한 사람들까지 - 이 어떠한지 경험했기 때문에, 핵무기 개발에는 가장 늦게 참여할 것으로 봅니다. 그래서 일본 사람들은 핵을 혐오합니다.

하지만 일본과 남한이 모두 핵무기를 보유한다면, 오히려 동북아시아가 더 안전해지는 것 아닌가요? 모두 핵무기를 가지면 오히려 서로 전쟁을 일으킬 수 없을 테니까요.

상황에 따라 다르겠지요. 핵무기 관련해서는 여러 이론이 있습니다. 핵무기 한 방으로 상대국의 핵 대응체계를 파괴시킬 수 있다면, 누구든 선제공격이 최상의 전략이지요. 하지만 만약 선제공격으로 적을 충분히 무력화시키지 못한다면, 보복 공격을 받을 수 있지요. 그러면 상호확증파괴(Mutually Assured Destruction) 위협이 믿을 만한 이론이지요.

> **상호확증파괴**
>
> 무기 보유국들이 상대국을 핵무기로 멸망시킬 수 있는 능력이 있지만 상대국도 비슷한 능력을 가지고 있다고 서로 인정한 상태에서 선제공격을 하지 못하는 공포의 균형 상태를 유지하게 된다는 이론.

20년 내에 한반도에서 전쟁이 일어날 것으로 보시는지요?

회의적입니다. 서로 이익될 것이 없습니다.

북한 지도부로서는 리비아로부터 학습한 것이 있을 텐데요. 마찬가지로 미얀마로부터 학습한 것도 있고요. 북한 체제도 어떤 마음의 변화가 있지 않나요?

미얀마 군부 지도자들은 자신들이 국가운영에 성공하지 못하고 있다는 결론을 내렸어요. 그들은 이웃 국가 태국의 발전상을 볼 수 있었습니다. 이대로는 체제가 결국 붕괴하고 말 것이기 때문에, 군부체제를 계속 유지할 수 없다는 결론을 내렸지요. 하지만 북한은 미얀마와 문화가 다르고 인간형이 다릅니다. 미얀마 전통 복장을 한 군 장성들의 잔인하고 단호한 모습을 보지 못했을 겁니다. 완전히 다른 사람들이지요.

미얀마

1948년 영국으로부터 독립하여 버마연방을 세웠으나 1962년 군사 쿠데타로 버마사회주의로 체제를 전환하였다. 1988년 군사 정부가 들어섰으나, 2015년 자유선거로 아웅산 수치가 이끄는 민주주의민족동맹의 압승으로 군부지배가 종료되었다.

남한의 대북정책은 김대중 전 대통령의 햇볕정책 때와는 굉장히 바뀌고 있는데요. 이명박 대통령은 상당히 강경책을 썼지요. 현명한 접근이라고 보시는지요?

김대중 대통령의 햇볕정책은 작동하지 않았어요. 성공했더라면 지금까지 계속 이어졌겠지요. 하지만 북한은 그것을 단지 이용했을 뿐입니다. 이명박 대통령의 정책이 좀 더 합리적입니다. 북한이 감사하지 않고 은혜를 원수로 갚는 상황에서 북한을 지원하는 것은 의미가 없지요.

10년 전쯤 남한에 대해서, 남한은 너무 급하게 계엄체제에서 자기 이익만 주장하는 민주정치로 전환되었고, 노동조합이 문제를 일으킨다는 등의 얘기를 한번 하신 적이 있는데요. 오늘날의 한국을 볼 때 성공적으로 체제의 전환이 이루어졌다고 보시는지요?

한국은 전투적 노동조합이 아니었다면 체제전환이 보다 점진적으로 이루어졌을 수 있다고 생각합니다. 노조는 지금도 전투적입니다. 동맹파업에 들어가고 주먹을 쥐고 흔드는 모습을 보아왔습니다. 그것이 그들 문화의 한 부분이 되었습니다.

어떤 사람들은 그것이 한국 시스템의 장점, 즉 활력 넘치는 사회를 보여주는 징후라고 말할 수 있을 텐데요.

일본 사람들은 매우 강하지만 노동조합은 완장을 차는 것 외에는 동맹파업은 하지 않습니다. 자신들의 어려움보다 회사와 국가의 미래를 먼저 생각합니다. 이 점에서 한국 사람들은 다릅니다.

인도

카스트 제도에 발목 잡히다

중국과 인도를 수년간 지켜보면서, 나는 두 나라는 서로 비교하기 곤란하다는 결론에 이르렀다. 중국은 자연발생적으로 진화했고 하나의 민족이 되었다. 외부인에 의해 만들어진 나라가 아니다. 한漢족이 중국 인구의 90%까지 차지하고 있고 전 국민이 거의 같은 언어를 사용하고 있다. 중국은 인도가 갖지 못한 어떤 응집력을 가지고 있다.

반면 인도는 400개 이상의 원주민 고유언어가 있고,[5] 영국의 직할 식민지 통치[6] 이전에는 마하라자maharaja, 술탄sultan, 또는 나와브nawab 등의 많은 군주 내지 귀족이 통치하는 지역들의 집합체였다. 언어가 워낙 다양하다 보니, 델리 광장에 나가 한번에 군중의 40% 이상이 알아들을 수 있도록 연설하는 것이 불가능하다. 2011년 인구통계를 보면, 델리는 힌디어를 쓰는 지역에 속해 있고 인도 국민의 41%가 순수 힌디어 사용자이다. 펀자브어와 같은 힌디어 이외의 언어를 쓰는 사람이 힌디어를 이해하기도 한다. 예를 들어, 타밀어나 펀자브어 등의 많은 언어가 서로 역사적으로 연관성이 없이 쓰이고 있다. 어느 한 언어를 쓰는 사람이 다른

---

5 *The Economist*, February 2012.

6 세포이 항쟁 이후(1857~1859) 영국은 동인도회사를 통한 간접지배를 청산하고 인도정청을 통해 빅토리아 여왕의 직접통치를 실시한다. 인도는 1947년 8월 15일 영국연방 자치령으로 독립하였고, 1950년 1월 26일 새 헌법의 공포와 함께 자치령에서 벗어나 공화국이 되었다.

사람에게는 그리스어로 말할 수도 있다. 영어를 할 줄 알면, 12억 명 인구 중에 2억 명이 이해할 수 있고, 힌디어를 쓰면 5억 명, 타밀어를 쓰면 6천만 명이 이해하는 식이다. 인도 총리 어느 누구도 인도 내의 모든 언어를 쓸 줄 아는 사람은 없기 때문에 총리로 일하는 데 아주 큰 장애요인이다.

인도는 하나의 동질성을 가진 공동체 경험이 없다.[7] 그것은 영국이 생각해낸 개념이다. 영국과 인도 민족주의자들의 엄청난 노력에도 불구하고, 하나의 국가로서 인도는 아직도 현실이라기보다 염원에 가깝다.

따라서 중국과 인도, 두 문명을 비교한다는 것은 사과를 오렌지와 비교하는 격이다. "중국이 이룰 수 있는 것을 인도도 이룰 수 있을까"라고 묻는 것은 사과를 오렌지로 만들 수 있냐고 묻는 것과 같다. 인도와 중국의 이러한 근본적인 차이가 초래하는 결과는 매우 분명하다. 한 나라는 결과를 만들어 내고, 다른 한 나라는 말은 계속 하지만 시작할 의지나 능력이 보이지 않는다. 간단히 말해, 인도에서는 중국에서 볼 수 있는 그런 추진력이나 전력투구하는 노력을 찾아보기 힘들다.

분화는 인도의 정치체계에서도 나타난다. 인도 총리는 중앙정부가 원하는 것을 주정부[8] 지사들에게 명령할 수 없다. 주지사들은 총리에 의해 임명되는 것이 아니고 그 지역 주민의 선거에 의해 선출된다. 중국에서 성장省長[9]은 중앙에서 내린 지시를 따르

---

7 영국이 인도를 지배하기 전이었던 이슬람계 무굴제국 역시 느슨한 연맹체에 가까웠고 그 안에 문화와 종교를 모두 포용하였다.

8 연방국가로 내각책임제 정부형태이며 지방정부는 23개의 주와 7개 연방 직할지로 구성된다.

9 성급 지방정부에는 23개의 성(省)과 4개의 직할시 그리고 5개의 자치구가 있다.

거나 아니면 자리를 물러나야 한다. 중국 국가는 단일체제를 지향한다. 하지만 인도는 이질성 때문에 중국처럼 단일체제 하에 단결이 되지 않는다.

중국이 2012년 올림픽경기를 성공적으로 개최했을 때, 인도 재무장관 치담바람Chidambaram은 중국에 비교가 될 만한 규모로 개최하려던 2020년 올림픽 유치 경쟁을 포기했다. 그런 일이 앞으로 일어날까?

중국의 1가구1자녀 정책에 대한 견해는 다를 수 있지만, 어쨌든 중국은 그것을 실행에 옮겼다. 2012년 9월 뉴스에 보도된 것처럼 중국은 7개월 된 태아를 산모의 의사를 무시하고 억지로 유산시킬 수 있는 나라이다. 샨시성에서 만삭에 가까운 산모가 공식적인 정부 허락 없이 임신했다는 이유로 태아를 강제 유산시킨 실제 사건이다. 중앙집권체제가 어떻게 작동하는지를 보여준 사건이다. 법을 어겼으니, 유산을 시켜야 한다. 인도 사람들은 법을 실행하는 것은 고사하고, 법을 만들려는 노력도 하지 않을 것이다.

카스트 제도[10]는 인도에 더 복잡한 문제이다. 인도의 발전을 저해하는 또 다른 핵심 요소이다. 카스트 제도의 규율에 따르면, 신분이 아래인 사람과 결혼하면 자동적으로 본래 지위를 잃는다. 따라서 브라만brahmin 계급은 브라만 계급 하고만 결혼하고, 바이샤vaisya 계급은 바이샤 계급, 카스트 계급에 아예 속하지 않는 달리츠불가촉천민, dalits는 달리츠끼리 결혼하게 된다. 사제업무를 맡는

10 신분을 계층화한 것으로 인도에는 승려와 학자 신분인 브라만(brahmin), 군인과 귀족 신분인 크샤트리아(kshatriya), 상인과 농민 등 일반 서민의 바이샤(vaishya), 그리고 천민 신분인 수드라(shudra)로 크게 구분되며, 수드라 안에도 불가촉천민 등의 최하위 신분이 존재한다.

브라만은 세계 그 어떤 사람만큼이나 명석하다. 그들 중 많은 사람들이 여러 개의 언어를 구사할 줄 안다. 그러면 카스트 제도가 인도에 미치는 영향은 무엇인가? 다수 의견은 아닐지 모르지만 내가 진실로 믿는 얘기를 한다면, 거시적 차원에서 카스트 제도는 유전자의 풀pool을 각 계급 안으로 한정한다는 것이다. 오랜 기간을 거치면서 이것은 국민의 전반적인 지적 수준에 고립효과를 가져온다. 고대 중국에서 똑똑한 관료는 부인을 여러 명 둘 수 있었는데, 전국적으로 새로 부임하는 곳에 자신의 유전자를 퍼뜨렸다. 은퇴 후에는 여러 부인과 함께 주로 날씨 좋은 쑤저우蘇州에 정착해서 살았다. 반면에 인도의 브라만 계급은 신분을 떨어뜨리지 않으려면 브라만 이외의 계급과 결혼할 수 없다. 카스트 제도가 아니었다면 브라만 계급은 자손을 더 퍼뜨렸을 것이고 인도 전역에 더 많은 반 브라만half-Bramin이 태어났을 것이다. 어느 사회에서 대졸자는 대졸 이외의 학력을 가진 사람하고 결혼하면 자동적으로 그의 사회적 지위를 잃는다는 규정을 갑자기 만들었다고 가정해보자. 그 사회는 결국 어떻게 되겠는가?

나는 1970년대에 카스트 제도의 영향력을 처음으로 꿰뚫어 보았다. 산카란이라는 개인 비서를 두게 되었는데 우연히도 인도 브라만 출신이었다. 부친이 싱가포르 힌두교 사원의 성직자였고, 산카란은 겉으로 보아도 브라만 신분 티가 났다. 한번은 인도 출장 중에 산카란이 동행하게 되었다. 우리가 함께 인도 정부청사에 들어갔는데 아주 보기 드문 사건이 일어났다. 우리가 도착하자 그가 그곳의 일하는 청소부에게 말을 했는데 그들이 즉시 시키는 대로 따랐다. 그들은 그의 어투와 외모에서 그가 브라만이라는 것을 알아보았고 그의 말이 그만큼 권위가 있었던 것이다. 청소부들은 그의 말을 매우 조심해서 들었다. 산카란은 이미 세상을 떠났지만 그 사건은 나에게 너무 뜻밖의 일이어서 지금도 생생하게 기억이 난다. 갑자기 이 싱가포르인 브라만이 인도 청소부들에게 말을 했는데도, 그들은 카스트 신분 때문에 그에게 존경을 표시했던 것이다.

또 다른 사건은 보다 최근인 약 20년 전쯤에 경험한 것이다. 다시 인도를 방문해 델리와 아그라 사이를 차로 여행하고 있는 중이었다. 아그라의 최고위 공무원이 나와 동행하였고 카스트 제도에 대해서 그에게 물어볼 기회가 있었다. 그에게 이런 질문을 했다. "당신에게 내가 브라만이라고 말하면 나를 믿습니까?" 그가 대답하기를, "글쎄요. 선생님께서 브라만 신분의 지위와, 부와, 매너를 보여주신다면 믿을 수도 있을 겁니다. 하지만 우리 딸과 결혼하겠다고 하면 그 때는 브라만 신분이 맞는지 아주 상세한 조사를 하겠지요." 그래서 내가 다시 델리처럼 새 주거지가 교외로 마구 확산되는 대도시에서 어떻게 한 사람을 상세히 추적 조사하는 것이 가능하냐고 물었다. 그는 델리가 사람들이 그냥 군중처럼 잠깐 모인 곳이 아니라, 어디엔가 거주해서 사는 곳이기 때문에 추적이 가능하다고 대답했다.

이 사건은 모두 경험한 지 몇 십 년밖에 되지 않았기 때문에 그 이후 대단한 변화는 없었을 것이다. 뭄바이처럼 인도에서 가장 세계화된 도시에서는 카스트 제도가 어느 정도 약화되었을 것이다. 하지만 인도 전체에 걸쳐 국민의 카스트 의식이 약화된 정도는 매우 미미한 정도이다. 인도가 카스트의 영향에서 벗어났다고 선언하기까지는 수십 년 내지 수백 년이 걸릴지도 모른다.

이러한 여러 이유로 인도와 중국의 차이는 매년 더 벌어질 것이다. 인도의 1인당 GDP는 1,500달러로 중국 5,400달러의 1/3에도 못미친다. 성장률도 중국의 60~70% 수준인데 중국을 따라

잡지 못할 것이다. 민간 부문의 경쟁력이 강한 일부 인도 도시는 다른 지역에 비해 빠른 속도로 발전할 것이다. 뭄바이는 가장 돋보이는 성장 도시이다. 벵갈로 역시 급성장하는 도시인데, 부분적으로는 나라야나 머시Narayana Murthy 같은 세계적 기업인이 이끄는 인포시스Infosys 등 민간기업의 영향 때문이다.

관료제의 병폐로 잠재력을 충분히 발휘할 기회가 없거나 발휘할 수 없다는 좌절감 때문에 많은 고급 인력이 더 좋은 기회를 찾아 인도를 떠나고 다시 돌아오지 않고 있다. 이것이 인도 사람과 중국 사람의 중요한 차이점이다. 중국 사람도 많은 숫자가 미국에 가지만 상당수는 중국으로 돌아와서 사업을 시작한다. 인도에는 없는 매력적인 기회가 중국에는 있다. 즉, 중국은 두뇌유출로 인한 타격이 인도만큼 심하지 않다. 인도를 떠나는 사람들은 가장 실력이 뛰어난 사람들이다. 이들이 지금 펩시콜라와 도이체뱅크독일은행 같은 세계적 기업을 경영하고 있다.

사회간접자본인 인프라도 인도가 뒤쳐져 있는 영역이다. 인도는 콘테이너 항만, 철도, 공항, 통신, 편리한 신도시 등 사업하는 데 필요한 인프라가 충분히 갖추어져 있지 않아 불편하다는 투자자들의 불만을 사고 있다. 중국에 투자하고 있는 많은 일본 기업들이 위험을 분산시키기 위해 플랜트 건설이나 광산 개발 목적으로 인도를 가곤했지만 열악한 인프라를 보고 놀랄 뿐이었다. 어떻게 원자재를 옮겨오고, 생산 제품을 운송할 것인가? 중국은 1988년에 100km도 안 되던 고속도로를 2010년에 74,000km로 확장하여, 고속도로 총연장이 미국 다음으로 긴 국가가 되었다. 이에 비해 인도는 700km밖에 안 된다. 현재 인도 정부는 향후 5년간 인프라 건설에 1조 달러를 투자한다고 하지만, 누가 그것을 담당할 것인가? 인도 사람이 직접 맡아 건설한다면 아주 긴 시간이 걸릴 것이다. 일본, 한국, 중국 회사들에 맡겨 건설하도록 하는 것이 훨씬 현실적일 것이고, 그렇게 하면 4~5년 만에 해낼 수도 있다. 하지만 인도가 그렇게 할까? 글쎄, 확신할 수 없다.

인도의 이런 현실을 지켜보는 것이 참으로 슬프다. 나는 인도는 민주주의 국가이고 중국은 독재주의 국가라서 인도를 응원하기 시작했다. 그런데 나이가 들면서 두 가지를 깨달았다. 하나는 민주주의가 만병통치약은 아니라는 것이다. 민주주의는 모든 문제를 모든 사람이 만족하는 방식으로 풀지 못한다. 중국이 민주주의 방식으로 국정을 운영하였다면 오늘날의 중국을 이루진 못했을 것이다. 또 하나는 모든 사회는, 특히 오랜 역사를 가진 경우, 쉽게 고칠 수 없는, 하지만 그 사회 안에서는 작동하는 어떤 근원적인 힘이 있다는 것이다. 인도는 거의 변할 수 없는 인구 구성과 고질적인 카스트 제도에 발목이 잡혀 있다.

인도에 다양성이 있다고 말하지만, 인도는 언어나 카스트 제도와 무관하게 간디와 네루를 등에 업고 하나로 단결하였다고 보는데요.

그렇지 않습니다. 그들에 의해 단결하였다는 것은 하는 소리입니다. 간디는 소금에 세금 부과하는 것을 반대했어요. 그래서 국민들도 간디를 따라 모두가 뭔가 이권이 있다고 느꼈고, 간디는 반대운동 과정에서 우상이 되었지요. 네루는 처음에 은둔의 리더였어요. 자연적으로 기대가 컸지요. 마침 1947년 8월 14일 인도 독립 전날 밤에 네루는 영어로 훌륭한 연설을 했습니다. "세상이 잠든, 자정을 알리는 소리에, 인도는 생명과 자유에 눈을 뜰 것입니다." 하지만 그 연설은 전국민의 1/6에게만 전달되었습니다. 그의 카슈미르 힌디어는 그렇게 유창하지 않았고 그것을 후회했다고 말했지요. 네루는 영국 해로우와 캠브리지에서 공부했습니다.

하지만 오늘날 네루는 그의 연설을 이해했던 1/6에 포함되지 않는 사람까지를 포함해서 숭배에 가까운 인도 국민의 존경을 받지요.

예, 하지만 그것은 그가 있었더라면 인도를 바꾸었을 텐데 하는, 나중에 생겨난 향수이고 열망입니다. 하지만 나도 나이가 들면서 아쉬움도 커집니다. 네루가 아직 살아있고 젊다 하더라도 인도 내부의 문제는 바꿀 수 없다고 봅니다. 젊었을 때는 나도 그가 더 많은 일을 할 수 있을 거라고 생각했어요. 이제는 네루도 어쩔 수 없었을 거라는 생각을 해요. 그도 인도의 깊은 문화적 편견, 특히 카스트 제도를 바꿀 수는 없으니까요.

과거에 인디라 간디(Indira Gandhi)를 매우 의지가 강한 여성 지도자라고 말한 적이 있는데요?

그렇습니다. 그녀는 정말이지 아주 강한 여성이었습니다.

한때 인도를 통치할 때 독재자의 일면이 있었는데요. 인도가 지금 그런 지도자가 필요하다고 믿는 사람들이 있다고 보시나요.

인도는 더 강한 지도자들이 필요합니다. 인도의 다양한 특성을 볼 때, 각계 각층에 아주 많은 훌륭한 인재 풀이 있어요.

중국에는 없고 인도에만 있는 시스템으로 칭찬할 만한 것이 있다면요?

강점이면서 약점이지요. 다양

성과 차별성입니다. 지진이 일어날 때마다 맞물려 있던 돌들이 조금씩 움직이지만 무너지지는 않는다고나 할까요. 모든 게 아직 제자리에 있어요. 그렇다고 중국에서는 돌이 무너진다는 뜻은 아닙니다. 하지만 인도의 경우 각 주마다 특성이 있고 주지사가 권한을 가지고 있어요. 계속 이동하지만 어떻게든 서로 결합되어 있어요.

인도 사람들이 얘기하는 연령대별 인구 분포는 어떤가요? 15세부터 35세 사이의 연령대가 비중이 굉장히 높은데요. 경제에 도움이 될까요?

다소 젊은이들의 활력이 보태지겠지요. 그 연령대의 출산율이 2.5로 중국보다 높습니다. 중국은 1가구1자녀 정책을 일찍 되돌리지 않은 것을 후회할 날이 있을 겁니다. 한편 인도는 젊은이들을 위한 주택과 고등교육 그리고 그들 자녀에 대한 학교교육과 삶의 질 등에서 문제가 있지요. 일부 지역에서는 학교가 없어 나무 밑에서 학생들을 가르치기도 합니다. 그래서 인구 증가는 결과적으로 글 모르는 사람을 더 많이 만들어 낼 수도 있습니다.

> **1가구1자녀 정책**
> 중국은 2015년 10월 공산당 제18기 중앙위원회 제5차 전체회의(5중전회)에서 1가구1자녀 정책을 폐지하고 2자녀 정책을 채택하였다.

중국은 미국에 비해 아시아에서 상대적으로 더 큰 힘과 영향력을 행사할 것으로 예상하였는데요? 인도가 어떤 역할을 할 것으로 보십니까?

인도는 인도양에서 아주 강력한 역할을 할 겁니다. 인도는 인도 육군과 해군 수준을 계속 현대화시켜왔습니다. 지금의 인도 육군과 해군은 처음 영국에 의해 창설되었었지요. 지금은 그 때와 많이 다르긴 하지만요. 1996년 1월 델리를 방문했는데 마침 건국기념일(1월 26일)에 델리시를 행진하는 군인의 모습을 봤어요. 머리에 높은 터번을 쓴 장신의 라지푸트족을 포함해서 여러 인종의 군인들이었죠. 그런데 그들은 모두 한 명의 최고사령관에 의해 통솔되는 하나의 육군이었고요. 매우 인상적이었습니다. 해군과 공군도 마찬가지입니다. 인도군은 단결되어 있고 인도양에서 누구에게 밀릴 쉬운 상대가 아닙니다.

인도 사회는 단결이 어려운데 어떻게 군대는 그게 가능할까요?

군대는 통일된 조직이지요. 군인이 되면 명령을 따릅니다. 하지만 지방정부의 경우 중앙정부의 지시에 따르지 않을 수 있어요. 더구나 국가안보는 모든 것에 우선하기 때문에 인도정부는 자국령으로 델리에서 수천 마일 떨어져 있는 안다만(Andaman) 제도를 포함해서 영토방위에 대단한 노력을 기울입니다.

안다만(Andaman)

인도 동쪽, 미얀마 남쪽에 위치하고 있으며, 204개의 섬이 남북으로 길게 분포한 열도.

인도가 태평양까지 영향력을 행사할 수 있을까요?

아니요. 인도해군이 태평양까지 진출할 것으로 예상하지 않습니다. 중국이 미얀마와 파키스탄에 항만을 확보할 것으로 내다봅니다. 사실 중국은 이미 아프리카에서 천연자원을 실은 선박이 중국까지 안전하게 항해할 수 있도록 항만을 건설 중에 있어요. 그렇더라도 인도양에서 지배적인 지위를 가질 수는 없습니다.

중국은 유럽 · 아프리카를 연결하는 일대일로(一帶一路) 사업으로 파키스탄 과다르항에서 중국 신장자치구 카스시로 연결되는 육상 운송로 개발에 460억 달러를 투자하기로 하고 파키스탄으로부터 43년간 과다르항의 운영권을 따냈다.

(머니투데이, 2016. 12. 7)

미국-인도 관계는 어떤가요? 앞으로 어떻게 전개될 것으로 보시는지요?

우선 미국이 중국과 균형을 맞추려고 하고, 인구 규모로 중국과 균형을 이루는 유일한 국가가 인도이기 때문에 양국의 관계는 과거도 그랬고 앞으로도 계속 중요할 겁니다. 인도의 총 GDP는 중국보다 훨씬 작고 GDP의 상당 규모가 국방비로 투입됩니다. 몇 가지 더 이해할 부분이 있지요. 중국은 이미 여성을 우주에 보냈습니다. 인도는 아직 해내지 못했어요. 인도도 그럴 잠재력이 있다는 것을 알지만 시간이 좀 더 필요할 겁니다. 경제성장에 투입되는 자원에서 상당한 부분을 빼내야 하고요. 하지만 중국은 미국이 할 수 있는 것은 우리도 할 수 있다는 능력을 보여줄 준비가 이미 되어 있어요.

약간 개인적인 질문인데 인도에 갔을 때 특별히 즐길 만한 것이 있었다면?

인도에 가본 지가 꽤 되었는데요. 우선 영어로 대화한다는 데서 좀 친밀감을 가질 수 있었고요. 둘째는 음식이 참 좋았습니다.

인도의 매운 음식과 카레가 괜찮던가요?

주방장에게 덜 맵게 해달라고 주문할 수 있었습니다. 하지만 호텔 옥상에 불법 거주하는 사람들은 싫었어요. 내가 인도의 한 도시에 새로 지은 쉐라톤 호텔에 머물 때 놀라운 장면을 보았는데요. 호텔 길 건너편에 불법 거주자 촌을 어쩔 수 없게 보았지요. 나에게는 그것이 민주주의로 보였습니다. 중국에서는 그런 일이 있을 수 없지요. 중국에서는 노숙자를 어떻게 관리하는지 궁금합니다. 그러나 중국은 불법 거주자들이 움막으로 도시를 지저분하게 만드는 것을 그냥 놔두지 않지요.

중국
부탄
인도
방글라데시
미얀마
라오스
대만
태국
방콕
베트남
필리핀
캄보디아
말레이시아
쿠알라룸푸르
싱가포르
인도네시아
자카르타

chapter
05

동남아시아

SOUTH-EAST ASIA

말레이시아

싱가포르와 다른 길을 가다

말레이시아와 싱가포르는 모두 영국의 식민지에서 벗어난 나라로 국가발전 수준이나 영국으로부터의 유산이 매우 유사했었다. 하지만 1965년 이후부터 두 나라가 걸어온 길은 너무나 달랐다. 말레이시아는 말레이어를 쓰는 말레이인 중심 국가가 되었고, 반면 싱가포르는 영어를 쓰는 다민족 국가가 되었다. 말레이어를 사용하는 말레이시아는 시간이 지나면서 말레이인 인구 비중이 확대될 것이고, 말레이의 지배력이 더욱 견고해질 것이다.

싱가포르는 2년 가까이 말레이시아 연방정부에 속해 있었다.[1] 나는 말레이인 중심의 말레이시아를 지지하는 연합에서 소수 민족의 입장을 대변하기 위해 최선을 다해 이슈를 이끌어 갔다. 하지만 우리의 시도는 말 그대로 말레이인의 극렬한 반대에 부딪혔고, 그 결과 싱가포르는 1965년 8월 9일 연방에서 탈퇴해 독립이 되었다.

나의 세대는 싱가포르와 말레이시아는 하나라는 믿음을 늘 가지고 살았다. 제2차 세계대전 이후 영국은 싱가포르를 별개의 식민지로 분리 통치하였는데 당시 우리는 말레이시아와의 통합을 위해 싸웠다. 말레이시아 지도자들은 처음에 싱가포르와의 통합을 원하지 않았다. 싱가포르는 중국인이 다수를 차지하고 있었기 때문에 통합되면 말레이시아 전체 인구의 구성비를 흔들 수 있었기 때문이다. 하지만 영국은 싱가포르에서 공산세력의 확장이 가시화되고 도미노 현상이 말레이시아에까지 확산될 수 있다는 불안감을 앞세워, 마침내 말레이시아[2]의 초대 총리 압둘 라만Tunku Abdul Rahman을 설득해서 말레이시아 연방을 수립하였다. 이 때 영국령이었던 북北보르네오의 사바Sabah와 사라와크Sarawak를 연방에 포함시켰는데 중국인 비율이 낮아 싱가포르와 균형을 맞추는 전략이었다.

우리가 말레이시아 연방에 가입한 후, 라만 총리가 나에게 말했다. "당신의 인민행동당People's Action Party, PAP은 말레이 사람들을 간섭하지 마세요." 싱가포르에는 말레이 사람이 다수인 선거구가 세 곳 있었는데 여기를 말레이시아 영토로 간주하고 우리가 이 지역에 손 뻗지 말 것을 요구했던 것이다. 하지만 우리는 그것

1 1963년 9월 말레이시아 연방에 가입하였고 1965년 8월 분리 독립하였다.

2 말레이시아 연방 출범 이전의 말레이 연방 정부.

을 따를 수 없었다. 우리는 헌법에 명시된 대로 이들 지역은 말레이 민족만의 말레이시아가 아니라 민족의 구분 없이 말레이시아 국적을 가진 모든 사람의 말레이시아[3]라는 규정을 내세웠다. 그리고 더 나아가 말레이시안 연대회의Malaysian Solidarity Convention, MSC[4]를 결성해서 진정한 다민족 국가를 옹호하고 나섰다. 우리는 사라와크, 페낭Penang, 이포Ipoh 지역의 정당들도 설득하였고, 적지 않은 말레이인 대표도 연대회의에 참여시켰다. 회의가 세력을 모으자, 라만 총리는 당황하였고 유혈사태를 경고하면서 우리에게 연방을 탈퇴하라고 말했다. 내가 이끄는 싱가포르 지방정부 각료 중에는 말레이시아 연방 탈퇴를 반대하는 사람도 있었는데 당시 부총리였던 토친체杜進才가 가장 대표적인 인물이었다. 이포 출신인 그로서는 탈퇴에 태생적으로 거부감이 들었던 것이다. 토친체는 라만 총리와 면담을 원했고 나도 그것을 권했다. 하지만 라만은 면담을 거절했고 더 이상 상황을 통제할 수 없다는 취지의 편지를 보내왔다. "다른 방도가 전혀 없습니다."

1963년부터 1965년 2년 동안 나는 싱가포르 총리로서, 말레이시아 최고 왕립단체인 통치자위원회the Council of Rulers in Malaysia에 참석하여야 했다. 위원회에 참석한 통치자는 모두 말레이인으로 전통 의전 복장을 하였고, 칼을 찬 부관이 수행하였다. 나만 예외였는데, 그것은 상징 이상의 의미가 담겨 있었다. "이것이 말레이라는 나라야. 당신 그것을 결코 잊어서는 안 돼."

---

3 말레이(Malay)는 말레이시아의 최대 인구 구성비를 차지하는 말레이 민족을 말하고, 말레이시안(Malaysian)은 다른 소수 민족을 모두 포괄하는 개념이다.

4 말레이시아 헌법에 규정한 공직자채용, 교육, 무역 등에서의 말레이인 우대 정책에 반대하여 1965년 5월 9일부터 3개월 후인 8월 9일 싱가포르 독립 때까지 활동하였다.

싱가포르의 분리는 말레이시아의 인종 문제를 다른 방식으로 접근해보려던 우리의 시도에 종지부를 찍은 것이다. 되돌아보면 아쉬움이 너무 크다. 만약 라만 총리가 단호하게 말레이 과격주의 집단들을 누르고 중국인과 인도인에게도 경찰, 군, 공직의 권한을 인정하는 다민족 국가를 세웠더라면 지금보다 훨씬 번영하고 공정한 말레이시아가 되었을 것이다. 그랬더라면 싱가포르가 이룬 많은 것을 말레이시아도 이루었을 것이고, 두 나라가 함께 더 부유해졌을 텐데… 아쉽다.

말레이 지도자로서 라만 총리의 역할, 그리고 그의 능력을 가로막는 요인들에 대해 내가 너무 낙관적이었는지 모른다. 그는 나와 다른 세대의 사람으로, 영국의 통치하에서 자랐고 모든 사람이 영국의 신민臣民이라는 인식을 가지고 있었다. 친구는 중국인들이었다. 캠브리지 대학에 다닐 때 가장 친한 친구가 추아신카Chua Sin Kah였는데 전화를 걸어, "여기로 오게. 나하고 양주 한 잔 하세." 이렇게 말할 정도였다. 라만 총리는 싱가포르가 말레이시아보다 앞서가고 있다는 것을 알았다. 그는 싱가포르를 미국의 뉴욕으로, 말레이시아 쿠알라룸푸르를 미국의 워싱턴 DC로 생각했다. 하지만 처음에 나는 그가 말레이인 극단주의자들이 말레이인 우선정책을 밀어붙이는 것을 막을 수 없다는 것을 인식하지 못했다. 연방정부 출범 때부터 그들이 중국보다 인구 우위를 지키기 위해 사바와 사라와크의 연방 가입을 고집한 이유를 눈치챘어야 했다. 말레이 반도의 권력을 잡고 있던 말레이인들은 연방정부가 되더라도 말레이시아는 영원히 자신들의 국가임을 확실히 하고 싶었던 것이다.

말레이시아 인구 구성비의 변화는 말레이인의 특권을 더욱 견고하게 만들어 줄 것이다. 지난 40년 사이에 말레이시아가 신경제정책[5]을 추진하면서, 전체 인구에서 말레이시아 화교중국인와 인도인의 비율은 큰 폭으로 하락하였다. 1970년에 35.6%이었던 중국인 비율은 2010년 마지막 인구통계조사에서 24.6%로 낮아졌다. 같은 기간, 인도인의 비율은 10.8%에서 7.3%로 줄었다.

인구 구성비의 변화는 여러 가지 요인 때문이다. 우선 말레이인의 출산율이 다른 민족에 비해 높았고, 많은 필리핀인 이민자가 사바로 몰리는 등 이민의 영향도 상당히 컸다. 이민 관련해서는 나중에 시민권을 집단으로 위법하게 부여했다는 혐의로 정부가 고발되고 조사 받는 등 쟁점화가 되기도 하였다. 많은 중국인과 인도인은 말레이시아를 떠났다. 특히 교육수준이 높은 자녀들은 부모로부터 이런 말을 자주 들었다. "여기 여권 있으니 유학을 떠나라. 그리고 다시는 돌아오지 마라."

싱가포르 이민자 중에 40%는 말레이시아에서 건너온다. 경제력이 있는 사람들은 더 먼 나라로 떠난다. 초기에는 중국어를 하는 사람 중에 대만이 가장 인기가 높았고, 최근에는 말레이시아 중국계와 인도계는 유럽, 미국, 호주로 까지 떠나 정착하고 있다. 일부에서는 호주 정부 재무장관인 페니 왕[6]처럼 자력으로 성공하는 사람들이 나타나고 있다. 말레이시아에 남아 있는 타민족 사람들을 보면, 한 부류는 떠날 수단이 없는 사람들이거나 다른 부류는 말레이시아의 차별정책에도 불구하고 사업을 통해 돈을 벌고 있는 사람들이다. 후자에 해당하는 많은 사람들은 실제로 말레이

5 1969년 말레이시아 수도 쿠알라룸푸르에서 중국계와 말레이계 민족 간의 인종폭동 유혈사태가 발생하였는데, 중국계 부유층과 말레이계 빈곤층의 빈부격차가 사태의 근원적 이유 중의 하나였다. 1970년 제2대 총리에 취임한 압둘 라자크 후세인(Abdul Razak Hussein)은 이러한 불평등 해소를 주요 내용으로 한 '신경제정책(the New Economic Policy)'을 주창하였다.

6 말레이시아계 중국인으로 호주 여성 정치인이다.

시아에 네트워크를 가지고 있는 말레이인과 동업을 하고 있다. 이들은 인도네시아에서 사업면허는 가지고 있지만 사업을 할 줄 모르는 인도네시아인과 사업을 함께하는 중국인, 인도네시아어로 소위 쭈꽁cukong과 유사하다. 중국인 쭈꽁은 사업을 수행함에 있어 온갖 궂은 일을 맡아 하고 그 대가로 이익금 일부를 챙긴다. 문제는 그들 자녀들이 무엇을 하는가이다. 말레이시아에서 이들 자녀 상당수는 해외에서 공부를 하고 그곳에 정착하고 있다.

말레이시아의 말레이인 우대 정책은 말레이시아를 불리한 상황에 놓이게 한다. 무엇보다도 인종을 불문하고 우수한 인재를 활용하는 그런 사회를 만드는데 필요한 인재 풀을 스스로 축소시키고 있다는 점이다. 말레이 민족의 우위를 유지하기 위해서 다른 민족의 우수한 인재를 잃게 된다. 최근 말레이시아 정부는 이런 인재를 다른 국가의 활기찬 도시에 빼앗긴다는 사실을 인식하고 해외의 우수 말레이시아 국민을 다시 유치하는 시도를 하고 있다. 하지만 현실에 있어 이들 노력이 너무 미약하고 너무 늦었다. 국가의 경쟁우위가 점차 우수 인재의 기술, 지적 능력, 열정에 더 의존하고 있는 글로벌 경제에서 말레이시아는 더욱 불리해지고 있다. 말레이시아는 외부 경쟁에서 다른 나라에 선수를 빼앗긴 것이다.

결국, 중국계와 인도계는 말레이시아에서 선거를 통한 영향력이 점차 약화될 수밖에 없다. 투표로 주고받는 거래가 불가능하다는 인식이 굳어지는 날이면, 중국계와 인도계는 공정하고 평등한 사회를 만들 수 있다는 희망을 더 이상 가질 수 없을 것이다.

2008년 총선 결과는 말레이시아의 일부 지역에서 실질적인 변화의 조짐이 일어나고 있다는 것을 분명히 확인시켜 주었다. 야당이 말레이인을 우대하는 정책을 일부 폐지하겠다는 선거공약을 공식적으로 채택해서 선거운동을 벌였는데 그들이 얻은 선거 결과에 지지자들조차 놀랐다. 득표 면에서 보면 1969년 이래 야당의 가장 좋은 결과였고, 의석 면에서 보면 유사 이래 가장 좋은 결과였다. 집권 여당은 의석의 3분의 2를 확보하는 데 실패하였고, 선거 1년 후에 나집 툰 라작Najib Tun Razak[7]이 제6대 총리에 올랐다. 그 뒤 그는 인종 간 화합과 국민통합을 강화시킬 목적으로 하나의 말레이시아one Malaysia를 선거 구호로 내걸었다.

나집 라작 총리는 2008년에 그가 이끄는 여당을 떠났던 중국계와 인도계 유권자의 지지를 얻기 위해 하나의 말레이시아를 제안했던 것이다. 운동장이 그쪽으로 기울었을까? 하나의 말레이시아에 말레이인들이 우레와 같은 박수를 보냈을까? 원대한 비전을 가지고 시작했더라면 그런 결과를 가져왔을지도 모른다. 하지만 정치적 현실이 그의 후속 조치를 제약했던 것으로 보인다. 여당의 핵심 지지층인 말레이인의 표를 잃지 않고 중국인과 인도인의 표를 얻는다는 것은 현실적으로 불가능했던 일이다.

하나의 말레이시아 구호는 시간이 지나면서 처음 등장했을 때의 들뜬 기대에 부응하지 못했다. 구호가 등장한 직후에 중국계 언론인을 만났는데, 언론에서는 처음에 '하나의 다민족 말레이시아'로 기사를 썼는데 뒤에 그냥 '하나의 말레이시아'로 보도하도록 수정되었다고 말했다. 다시 말해 하나의 말레이시아에 국민들이 공감하지만, 그 안에는 말레이인, 중국인, 인도인으로 각각 분리된 채 그대로 남아있다는 의미이다. 하나의 말레이시아 정책 기조가 비말레이계non-bumiputras[8]가 유의미하게 느낄 정도로 운동장

---

7 제2대 총리 압둘 라작의 아들이며, 2009년부터 현재까지 총리로 재임하고 있다.

8 말레이시아 국민이지만 말레이인이 아닌 중국계나 인도계 등의 민족을 비말레이계(non-bumiputras)라 한다. 한편 부미푸트라는 말레이시아 본토인, 말레이인을 말

을 평평하게 만들 것인지는 아직 두고 볼 일이다.

하나의 말레이시아 정책을 통해 인종 문제의 새로운 시대를 열어보겠다는 사람이 비현실적이라면, 같은 이유로 그것을 반대하는 사람들도 비현실적이기는 마찬가지이다. 우선 야당 연합이 가까운 미래에 집권한다는 것은 참으로 요원한 일이다. 설사 그것이 실현된다 하더라도 말레이인 우대정책이 폐기될 확률은 거의 없다. 이것을 이해하려면 야당연합체인 PRPakatan Rakyat[9]을 자세히 들여다보아야 한다. PR은 사상의 공감대가 조금도 없이 집권욕으로 뭉친 기회주의적 임시 결사체이다. 실제로 정권을 잡지 못하고 그래서 다민족 정책을 집행할 필요도 없는 보통의 상황에서는, 겉으로 보기에 야당연합이 어느 정도 통합을 유지할 수 있을 것이다. 하지만 정권을 잡는 중대 상황에 닥치면 PR 역시 말레이 지상주의를 버릴 수 없을 것이다. 한번 해보라면서 모든 권한이 실제 부여되는 상황이 온다면, 야당연합은 내부에서 분열되거나 아무 결정도 못하고 마비상태에 빠질 것이다. 어떤 의미 있는 진보정책을 시도하는 순간, 연합에 참여하고 있는 PAS범말레이시아이슬람당[10]가 연정의 다수당은 아니더라도 비토veto권만 행사할 정도의 의석수를 확보한다면 즉각적으로 저지하고 나설 것이다. 그

하며, 부미푸트라 정책 하면 말레이인 우대정책을 말한다.

9 2008년 제12대 총선에서 222석 중 82석을 얻어 선전한 국민정의당(PKR, People's Justice Party), 민주행동당(DAP, Democratic Action Party), 범말레이시아이슬람당(PAS, Pan Malaysian Islamic Party) 등 야권 3당의 연합체이다. 참고로 2013년 제13대 총선에서는 여당연합과 야당연합의 의석 분포는 133석 대 89석이었고, 전국 득표율에서는 야당연합이 50.9% 대 47%로 앞섰다.

10 UMNO의 일부 이슬람 지도세력에 의해 1951년 창당되었고 이슬람 정통주의에 이념적 기반을 두고 있으며, 한 때 여당 연합에도 참여하였다. 절도범의 양손을 절단하는 등 고대 이슬람 율법을 반영한 후두두(Hudud) 법안을 의회에 제출하여 논란을 빚기도 하였다.

렇게 함으로써 PAS도, 집권 여당 UMNO[11]가 말레이인 우대정책을 펴도록 말레이 유권자로부터 압박을 받고 그렇게 정책을 폈던 것처럼, 다수 말레이인 유권자의 지지를 얻으려 할 것이다.

따라서 말레이인의 특권이 너무 확고하다는 것을 이해하게 되면, 집권 여당 UMNO 또는 여당 연합 BN국민전선이 집권할 수 있느냐 없느냐는 중요한 문제가 되지 않는다. UMNO는 정권을 유지하는 실체를 가진 조직으로 보기 힘들다. 오히려 나는 말레이인 전체가 하나의 집합체로서 말레이시아 의회의 다수 의석을 항상 통제할 것으로 본다. 어느 당이 UMNO를 대신해서 말레이인의 이해를 대표하는 집권 여당이 되더라도 UMNO와 크게 다르게 행동하지 못할 것이다.

인종 문제 이외에도 말레이시아와 싱가포르가 견해를 달리하는 이슈들이 있지만 시간이 지나면서 서로 자기 방식대로 살아가는 법을 학습해 왔다. 1965년 우리가 말레이시아에서 분리될 때만 해도 두 나라 모두 영어가 공용어였다. 몇 년 지난 후 말레이시아는 영어를 빼고 학교에서 모든 과목을 말레이어로 가르치기로 결정하였고 공용어로 채택하였다.[12] 중국인들은 화교학교를 개인적으로 지원해서 명맥을 이었다. 영어를 잊어버린다는 것이 불리하다고 결론을 내린 정부는 2003년에 과학과 수학은 영어로 수업을 하도록 다시 결정하였다. 하지만 이번에는 말레이인 특히 농촌지역 토착민들의 반대에 부딪혀 과학과 수학의 언어가 2009

11 United Malays National Organization: 통일말레이국민기구로 영국으로부터 1957년에 독립한 이래 현재까지 집권 여당을 유지하고 있으며 이슬람교의 국교화와 말레이어를 국어로 지지한다. 말레이시아중국인연합당(MCA), 말레이시아인도인협의회(MIC), 말레이시아민중운동당(MPM)과 함께 여당 연합체 국민전선(BN, Barisan National)을 구성한다.

12 말레이어 공용어 채택은 1970년대에 시작하여 1982년에 완성하였다.

년에 다시 말레이어로 바뀌었다. 영어를 뺀 것은 이제 쉽게 되돌릴 수 없게 되었다.

싱가포르는 영어뿐만 아니라 영국이 물려준 사법부 독립성을 계속 유지시키고 있다. 말레이시아 정부[13]는 비우호적인 대법원 판결에 대응해서 사법부의 권한을 약화시키는 헌법 개정은 물론 대법원장을 포함한 대법원 판사를 파면시키는 모험을 하였다. 사태 발생 20년이 지난 후에 압둘라 바다위 총리[14]는 파면된 판사와 가족에게 정부의 도의적 책임을 인정하고 보상을 하였다. 바다위 총리가 직접 잘못을 시인하였듯이, 1988년 사태[15]는 "국가가 결코 그로부터 원상 회복할 수 없는 위기의 한 해"로 기록에 남을 것이다.

싱가포르와 말레이시아는 완전히 다른 방식으로 각자의 사회 시스템을 발전시켜왔다. 그러면서 자국의 관점에서 상대국에게 영향을 미치려고 할 필요도 없다는 것을 이해하게 되었다. 말레이시아가 우리를 바꿀 수 없고, 우리 싱가포르가 말레이시아를 바꿀 수 없다. 우리는 함께 공존할 뿐이다. 따로따로, 하지만 사이좋게.

우리 싱가포르에 있어 무엇보다 중요한 것은 우리의 주권을 지키기 위하여 강력한 군사력을 강화시키고 유지시키고 있다는 점이다. 우리의 주권을 침해하는 어떠한 도전도 막아낼 수 있는 싱가포르 국군을 가지고 있는 한 우리는 누구의 간섭도 받지 않을 것이다.

---

13 당시 내각은 마하티르 모하마드(Mahathir Mohamad, 제4대 총리, 1981-2003 재임) 총리가 이끌고 있었다. 그는 사법부보다 행정부와 입법부가 우위에 있다고 믿었으며 사법부의 독립성을 약화시켰다.

14 Abdullah Badawi, 2003년부터 2009년까지 재임하였다.

15 일명 1988년 말레이시아 헌법 위기, 또는 말레이시아 사법부 위기로 부른다.

돌이켜볼 때, 말레이 민족만의 말레이시아가 아니라 민족 구분 없이 말레이시아 국적을 가진 모든 사람의 말레이시아를 너무 세게 밀어붙였다고 생각하지 않으시는지요?

절대로. 그 때 그렇게 밀어붙이지 않았으면, 지금 우리는 말레이시아의 포로가 되어 있을 겁니다.

부인을 포함해서 주변의 인물들이 말레이시아와의 통합이 힘들 거라고 말했다고 과거에 언급한 적이 있는데요. "부인이 이렇게 말하더군요, UMNO 말레이 지도자들의 생활양식이 우리와 많이 다르고 그들의 정치는 민족과 종교에 기반을 두고 있기 때문에 성공하기 힘들 거라고. 내가 대답했어요. 다른 대안이 없기 때문에 우리는 통합을 성공시켜야 한다고. 하지만 부인이 옳았어요. 2년도 안 돼 말레이시아 연방에서 나가라는 말을 들었으니까요."

그래요. 하지만 그 때는 기다려 볼 수밖에 없었어요.

싱가포르로서 통합 이외에 다른 대안이 있었나요?

독립국이죠. 그런데 당시에는 중국인 세력을 확장시키려는 중국계의 조직적인 움직임이 있었지요. 그들이 승리할 수도 있었어요. 하지만 말레이시아에 통합되었기 때문에, 싱가포르가 말레이 반도에 포함되었고 그들도 중국인 중심의 싱가포르는 불가능하다는 것을 이해했지요. 그래서 생각해볼 수 있었던 대안은 싱가포르가 다민족 국가를 지향하는 독립국이 되는 것이었지요.

그런 계산을 해서 말레이시아와의 통합으로 간 것인가요?

아니요. 그것은 원래 내가 의도한 것은 아니었어요. 다민족 싱가포르는 처음부터 계산했다기보다는 결과로 나타난 것이지요. 통합은 통일된 말레이시아를 원했기 때문입니다. 싱가포르와 말레이시아는 역사적으로 하나였으니까요.

싱가포르에서의 중국 공산주의자들 위협을 물타기하려던 의도는 분명히 아니었다는 건가요?

그렇습니다. 그런 의도로 통합을 시도했다면 그것은 나중에 너무 비싼 대가로 되돌아왔을 겁니다. 우리가 기소인정 여부 절차에 부쳐지고 말레이시안 연대회의(MSC)를 열어 다민족 말레이시아를 위해 싸우지 않았다고 가정하면, 싱가포르가 지금 어떻게 되었을까요? 페낭 주, 쿠칭 주도(州

都)나 제셀톤(현재의 코타키나발루) 주도와 같은 주청사 소재 도시 신세가 되었을 겁니다. 이들 주의 다수 인구는 말레이 민족이 아닙니다. 두순 민족, 다야크 민족, 카다잔 민족입니다.

어떤 사람들은 선생님과 인민행동당(PAP)이 말레이시아 연방 전체를 지배해보겠다는 큰 꿈을 품고 말레이시아에 들어갔다는 견해를 피력하기도 하는데요.

그것은 도저히 불가능한 얘기입니다. 우선 인구 구성비가 그것을 허용하지 않아요. 다수를 차지하는 말레이인이 우리 비(非)말레이 사람들에게 원했던 것은 그냥 보조적인 역할만 하라는 것이었지요. 말레이 주류 정치권은, 충성도 높은 말레이 민족 지도자는 물론 말레이시아계 중국인협회와 말레이시아계 인도인회의를 협력 동반자로 확보하고 있었어요. 연방에 가입한 사바와 사라와크 지역도 이 지역 지도자들이 아직 젊은 신참들이었기 때문에 얼마든지 조종할 수 있었고요. 말레이시아 연방과 한창 투쟁 중에, 라만 총리는 내가 방해가 안 되도록 유엔 대표를 제안했을 정도입니다.

싱가포르가 말레이시아 연방에서 탈퇴하자, 많은 싱가포르 사람들이 탈퇴를 환영했다고 언론에서 보도했는데요. 지금 싱가포르 국민들에게 다시 물어도 우리의 운명을 우리 스스로 결정할 수 있게 되었다는 것만으로도 싱가포르의 역사에서 가장 잘 된 일이라고 생각할 것 같습니다. 특히 싱가포르의 현재 발전상을 고려하면, 다시 돌이켜보아도 총리께서는 싱가포르 독립을 상당히 긍정적으로 볼 것 같은데요?

그렇지 않습니다. 우리는 연방에 남도록 최선을 다했어야 했어요. 하지만 말레이 주류를 이길 가망은 없었지요. 그들은 그들의 조건대로 우리가 그들 밑으로 허리 굽히고 들어올 거라고 기대하고 있었어요. 하지만 그들의 조건에는 원래 '말레이시아-싱가포르' 및 '말레이시아-영국' 간 협상과정에 들어있었던 교육과 노동을 포함한 싱가포르의 기본권과 특혜를 인정하는 내용이 빠졌어요. 싱가포르는 말레이시아의 여러 주 중에 하나가 아니라 그들과 분명히 다른 일원이었지요.

말레이인의 특권을 지키려는 심리기제가 말레이시아에서 중국계와 인도계의 많은 인구에서 오는 불안감 때문이라는 일부 전문가의 견해가 있는데요. 이 견해에 따르면 말레이인이 압도적인 다수를 차지하여 말레이시아가 더욱 단일민족 국가화함으로써, 그들이 위협을 덜 느끼고 그러면 특권도 내려놓을 가능성이 더 커진다고 볼 수 있는데요.

말레이인의 다수가 그들의 특권을 내려놓아야 한다는 지도자를 지지할 것으로 보십니까?

많은 국가에서 오히려 아주 작은 규모의 소수 민족에게 불이익보다 이익을 주는 정책을 펴지 않나요? 중국의 예를 들어도, 소수민족 출신은 대학입학 때 가점을 받습니다.

역사와 진화 과정을 보세요. 중국 한족은 규모가 크고 자신감을 가진 민족입니다. 소수민족을 자기편으로 끌어들이는 노력을 했지요. 1가구1자녀 정책도 소수민족에게는 적용하지 않았고, 신장과 티베트 지역에는 자치권을 주었어요. 말레이시아가 중국의 이러한 역사적 맥락과 비교가 되는 역사를 가지고 있나요?

인구 구성비에서 단일민족의 비율이 절대적이고 단일 언어를 사용하는 나라일수록 응집력이 더 강하다는 주장을 하셨는데요. 이 주장이 말레이인과 말레이어의 비중이 더 높아지고 있는 말레이시아에도 적용될까요? 그래서 더 잘 사는 나라가 될까요?

선생님이 말레이시아에 사는 중국계나 인도계라면, 더 잘 살게 될 것으로 생각하십니까?

아마 그렇지 않겠지요. 하지만 말레이시아 국가 또는 사회 전체를 보면 좀 더 좋아질 수 있지 않을까요?

그럴 수 있는 인재 풀이 어디에 있다고 생각하십니까?

결국 선생님의 대답은 말레이시아는 그럴 수 있는 기회가 있었지만, 결국 그렇게 하지 못했다는 뜻인데요.

물론입니다.

인구 구성비의 변화와 동시에 나타나고 있는 실제 현상이 말레이시아가 더 강경한 무슬림 국가로 변해가고 있다는 것인데요.

그것은 부분적으로 중동의 영향 때문이지요.

진보적 성향의 무슬림 국가는 불가능할까요?

진보적 무슬림 국가? 무엇을 의미하는데요? 그것을 믿습니까?

세계의 다른 국가에 개방적이다. 새로운 아이디어를 받아들인다.

머리 장식을 하지 않는다? 남

녀가 악수하고 마주 앉는다? 이슬람 신자(무슬림)가 아닌 사람이 술을 마실 수 있고, 이슬람 신자에게 앉으라고 해서 함께 커피를 마신다?

하지만 사우디아라비아보다는 터키와 같은 나라가 될 수는 없나요? 상대적으로 개방된, 좀 더 글로벌 가치를 받아들이는 국가랄까요?

아니요. 말레이시아는 말레이 무슬림 국가로 남을 겁니다. 과거에는 온건했을 때가 있었지요. 지금은 중동국가의 영향을 받아 훨씬 더 정통주의 무슬림 국가로 변했어요. 그들은 한 때 저녁식사에 술을 내놓고 손님과 함께 마시기도 했어요. 내가 말레이시아에 있을 때 라만 총리는 친구들을 불러 위스키와 브랜디를 함께 마셨지요. 지금은 시럽을 가지고 건배를 합니다.

이스칸다르 말레이시아

싱가포르와 맞닿아 있는 말레이시아 남부 조호지역.

인종과 종교 문제 외에 사람들 마음에 가장 중요한 이슈가 금권정치와 부패입니다. 예를 들어, 말레이인 사업체에 일거리를 주는 정책은 극히 일부 말레이인에게만 혜택을 주는 경향이 있어요. 말레이시아가 이런 문제를 언젠가 해결할 수 있을까요?

글쎄요. 엄격하게 시스템을 운영하고 기득권과 싸울 준비가 되어 있는 제대로 교육받은 말레이 청년 집단이 있다면 가능할 수 있습니다. 집권여당 UMNO의 각 지역구 위원장은 표를 가지고 있는데 그 대가로 특권을 얻습니다. 그래서 말레이시아 전역에 걸쳐 광범위한 개혁이 이루어지지 않는다면 어떤 변화도 확신하지 못합니다.

싱가포르-말레이시아 사이에 경제 협력의 가능성을 어떻게 보시는지요? 대표적으로 이스칸다르 말레이시아(Iskandar Malaysia) 개발에 양국이 실질적 협력을 하고 사업을 하는 기반이 되고 있는데요.

이스칸다르 개발이 어떻게 진행되는지 좀 지켜봐야 합니다. 경제 분야의 협력 프로젝트인데, 말레이시아 영토에 투자하는 것이라는 것을 꼭 기억해야 합니다. 한번 잘못 서명하면, 투자한 것을 뺏길 수도 있어요. 말레이시아가 더 많은 투자를 원하기 때문에 그럴 가능성은 없어 보이지만, 일단 그곳에 들어가 그 땅 위에 지은 부동산이나 빌딩은 그 땅 주인의 소유라는 것을 이해해야 합니다.

인도네시아

분권화를 추진하다: 중앙에서 지방으로

수하르토Suharto[16] 시대의 종말과 함께 시작된 인도네시아에서 가장 중요한 정치발전은 그렇게 극적인 것은 아니었다. 전면적 개혁을 요구하는 시끄러운 도로 위의 시위나 국가경제를 혁신하겠다는 정부의 대담한 계획이 아니었기 때문이다. 인도네시아의 변화를 보고 헐리우드의 성공 영화를 연상할 수 없다. 그러나 지금부터 여러 해를 되돌려 보는 역사가라면 그동안의 중대한 발전을 감지할 것이다. 내가 말하는 발전은 바로 분권화, 지역화이다.

1998년 수하르토의 후계자 하비비Habibie[17]는 수도 자카르타에서 여기저기 흩어져 있는 300개 내외의 지역으로 권한을 이양하는 법에 조용히 서명하였다. 이 법은 2001년에 발효되었으며 그 결과는 놀라웠다. 각 지역마다 선거로 직접 선출된 의원이 지역 문제를 책임지고 관리함으로써, 국가의 지속가능성을 높여주었다. 경제발전이 전국에 보다 고르게 확산되었고, 지방자치를 시행함으로써 분리주의자의 압력도 완화되었으며 국가가 하나로 단결하는 데도 도움이 되었다. 분권화를 통해 인도네시아는 경제적으로 더 잘 살게 되었으며 잠재력을 충분히 발휘할 기회를 더 갖게

16 반공주의자이자 이슬람신도였던 수하르토(1921~2008)는 군부 쿠데타를 통해 수카르노를 몰아내고 1968년 인도네시아 대통령에 취임하였다. 1997년 외환위기 이후 반정부 시위로 1998년 하야하였다.

17 하비비는 수하르토의 부통령이었으며, 수하르토 대통령이 하야하면서 대통령직을 승계하였다.

되었다.

이 법이 만들어지기 전만 해도 인도네시아는 전 세계에서 가장 집권화된 정치체제 중 하나였다. 중요한 경제정책은 수도인 자카르타Jakarta에서 대통령과 내각에 의해 결정되었으며, 집행은 중앙관료에 의해 전국적으로 이루어졌다. 모든 것이 자카르타를 향해 정렬되어 있었다. 싱가포르를 포함해서 해외 투자자들은 어떻게 비즈니스를 해야 하는지 게임의 법칙을 알고 있었다. 그들은 수도에서 아주 먼 지방에 투자하는 경우에도 입주비를 자카르타에 지불해야 한다는 것을 알았다. 자연적으로 풍부한 자원 개발에서 얻어지는 세금과 이윤은 중앙정부로 들어가고 다시 중앙정부에서 어떻게 배분할 것인가를 결정하는 구조였다.

오랜 기간 이 제도는 수하르토 리더십하에서 그런대로 잘 작동했던 시스템이었다. 군 출신인 수하르토1968-1998는 1968년 수카르노[18] 초대 대통령을 승계한 뒤 30년간을 재임하였다. 그의 업적은 대단했다. 수하르토는 심각한 경제난과 극심한 인플레이션에 허덕이던 나라를 물려받았다. 그런 경제를 자원개발에 집중해서 호전시켰다. 수하르토는 국제무대에서 단호함을 보이고 인도네시아를 신흥국가의 리더로 자리매김할 수 있도록 총력을 기울였다. 하지만 국내문제를 제대로 해결하지 못하면 국제무대에서의 발언권을 강화하기 힘들다는 것을 알았다. 1963년 말레이시아가 인도네시아 보르네오섬 북부 지역인 사바와 사라와크를 말레이시아 연방에 포함시키자, 수하르토는 "말레이시아를 쳐부수자Ganyang Malaysia"는 구호로 강경하게 맞섰다. 수하르토가 인도네시아의 외교

---

18 수카르노(1901~1970)는 인도네시아 독립운동의 영웅이자 초대 대통령으로 종신 대통령의 지위까지 올랐으나 친중적인 성향으로 인해 1965년 군부 쿠데타로 실각하였다.

관계를 안정시키기로 결정하고 나서야 구호를 거두고 말레이시아를 이웃국가로 받아들이고 사바와 사라와크가 말레이시아 영토임을 인정하였다.

인도네시아는 수하르토 재임 30년 동안에 실질적인 발전을 이루었다. 그는 역량 있는 행정가와 경제학자들을 임명해서 국정 운영에 참여시켰다. 수하르토의 기여가 얼마나 컸는지를 이해하려면 미얀마와 비교하면 된다. 1960년대 초 두 나라는 정치, 경제 등이 유사한 상황에서 출발하였다. 풍부한 자원을 가지고 있고 군 출신이 통치자가 되었다. 1962년 쿠데타로 집권한 미얀마당시는 버마 네윈Ne Win은 사회주의 노선을 걸었다. 1966년 실권을 장악한 군 출신 수하르토가 단호하게 국가발전 정책을 펼치지 않았더라면 인도네시아도 미얀마와 같은 처지가 되었을 것이다. 수하르토는 부패와 정실주의를 척결하는 데는 실패했는지도 모른다. 하지만 국민교육, 경제성장, 인프라 건설 등 그가 이룬 성과를 역사가 평가할 것이다.

다만 수하르토가 의존한 중앙집권체제는 인도네시아처럼 영토가 넓게 분산되어 있는 나라를 하나로 묶어내는 데 가장 효과적인 방법은 아니었다. 인도네시아는 17,500개의 섬이 5,000Km에 뻗쳐 있으며 그곳에 200개 이상의 다양한 민족이 살고 있다. 1960년대에 고켕쉬吳慶瑞[19]는 인도네시아의 분화는 "피할 수 없다"고 말했다. 그는 다도해로 구성된 국가에서 국민을 하나로 모으는 구심력은 그것이 문화이든 역사이든 작동할 수 없다는 점을 깨달았던 것이다.

인도네시아의 분열을 막은 한 요인은 언어이다. 초대 대통령

---

19 싱가포르 부총리를 역임하였다.

수카르노는 그의 실책과 별난 행동에도 불구하고 이 부분에 대한 기여는 인정할 수 있다. 그는 자바어가 아니라 말레이어를 국어로 채택하였다. 자바어를 채택하려고 했으면 얼마든지 이유를 댈 수 있었다. 무엇보다도 자바섬[20] 사람들이 인도네시아에서 지배적인 인구를 점하고 있다. 자바어는 고대 문학을 낳은 세련된 언어이다. 수카르노 자신이 자바 출신이고 수도이자 경제적·문화적 중심지인 자카르타가 자바섬에 있다.

하지만 자바어는 인도네시아의 다른 지역에서는 외래어로 받아들여지고 있었기 때문에 수카르노는 자바어로 국가를 통일시키기에는 어려움이 있다는 것을 알았다. 다른 섬에 부담을 주고 나라를 분열시킬 우려가 있다는 것을 이해한 것이다. 하지만 말레이어는 이미 인도네시아뿐만 아니라 동남아시아에서 무역을 하는 상인과 선원들에게는 제2의 언어로 널리 사용되고 있었다. 수카르노는 모든 학교에서 학생들에게 말레이어를 제1언어로, 그리고 해당 지역의 언어를 제2언어로 가르치도록 하였다. 그 결과 자카르타에서 하는 말이 전국 어디에서나 알아들을 수 있게 되었다. 아주 노련한 한 수였고 수카르노가 인도네시아에 건넨 가장 위대한 선물이었다.

그러나 공통어 하나만으로 충분한 것은 아니다. 수카르노를 승계한 수하르토는 순전히 군부의 힘으로 아체Aceh에서의 수차례 반란[21]을 진압하는 등 무력으로 나라를 온전하게 하나로 유지했

20 수도 자카르타가 위치한 인도네시아의 본섬.

21 아체는 인도네시아 최초로 이슬람교가 전해진 곳으로 좀 더 보수적이고 전통적인 이슬람 근본주의에 가까운 지역이었으며, 수카르노 대통령의 세속정치는 아체에서 반발을 일으켰다. 그리고 자카르타에서 먼 아체의 지역적 특성과 석유 및 천연가스 등 풍부한 지하자원은 독립의 열망을 자극하였다.

다. 이것은 무력을 계속 사용할 수 있을 때만 지속가능한 것이었다. 하지만 군부의 역할이 변해갔다. 수하르토 대통령 말기에 그는 최고사령관 위란토Wiranto가 학생과 노동자의 시위를 진압해주기를 원했다. 하지만 위란토는 군사행동의 한계를 알고 수하르토의 뜻을 따르지 않았다. 하비비가 수하르토의 뒤를 이어 1998년 대통령이 되면서 전국적으로 다수의 분리주의자 운동이 정치 상황의 변화를 이용해서 분리독립할지도 모른다는 실질적인 두려움이 있었다.

하비비 정부는 이러한 상황에서 문제해결의 출구를 분권화에서 찾았다. 하지만 30개 내외의 광역단체주, 州에 권한을 넘기는 경우 일부가 대담하게 독립을 시도할 수도 있었기 때문에, 중앙정부 엘리트 관료들은 광역단체를 건너뛰고 바로 300개의 기초단체를 정부의 기본단위로 권한을 이양하기로 선언하였다.

몇 년 뒤인 2004년 이 방식에 문제가 있다는 것을 인정하고 광역단체와 기초단체의 위계적 관계를 재구축하는 법을 통과시켰다. 그럼에도 불구하고 2001년 이후로는 각 기초단체가 보건, 교육, 공공公共공사, 농업, 교통, 무역, 환경 등 광범위한 지역문제에 대한 의사결정 권한을 다시 행사하게 되었다. 석유, 가스, 방사능 물질을 제외하고는 자원개발 투자 허가 권한도 지방정부에 위임시켰다. 하비비 대통령이 자바가 아닌 남부 술라웨시Sulawesi 출신이라는 점 때문에 그는 변화를 보여줬어야 했다. 만약 자바 출신이 수하르토를 승계했더라면, 분권체제는 얼마를 더 기다렸어야 했을지도 모른다. 지역화, 분권화 정책의 추진에는 하비비가 단일 중앙정부체제가 아니라 연방제인 독일에서 약 20년간 공부하고 일해 본 경험이 부분적으로 영향을 미쳤을 것이다.

어쨌든 압둘라만 와히드Wahid가 1999년 하비비를 이어 대통령에 당선되었는데, 그는 하비비가 서명한 법을 존중하였고 이 법의 완전한 이행을 적극적으로 이끌었다. 인도네시아 분권화 과정에 대한 세계은행 보고서에 따르면 2001년 이후부터는 과거에 중앙정부에서 일했던 공무원의 3분의 2가 지방정부에서 일하고 있었고, 학교와 병원 등 16,000개 이상의 행정서비스 시설이 마찬가지로 지방정부로 이양되었다.

이러한 정책 전환은 위험하기도 했지만 결과는 성공적이었다. 오늘날 모든 지역은 자원을 직접 관리하고 해외 기업을 직접 상대하고 있다. 버터butter가 전국에 퍼졌고 나라 전체의 양상이 바뀌었다. 기업들이 더 이상 정부의 다층 결재구조를 거치지 않아도 되었기 때문에 일처리 절차가 빨라졌다. 지방정부는 현장의 문제에 보다 익숙하기 때문에 환경의 변화에 빨리 대응할 수 있게 되었다. 인도네시아 국민을 대상으로 한 여론조사 결과도 분권화 이후에 공공서비스가 개선되었다는 것을 보여주었다. 이것은 의심의 여지없이 의사결정자들이 중앙정부에 보고하지 않고 바로 자신들과 지역의원들을 뽑아준 주민들에게 보고하도록 제도가 바뀐 결과이다.

리아우주Riau Province는 분권화의 변화를 가장 잘 보여주는 지역이다. 전에는 자카르타 중앙정부의 통제를 받았는데, 현재 리아우주는 싱가포르와 말레이시아의 투자자를 직접 상대한다. 이 주에서 가장 큰 도시 바탐Batam이 수도 자카르타보다 싱가포르에 훨씬 가깝다는 것을 고려하면 너무나 당연한 일이다. 그 결과 외국투자가 놀라 보게 증가하였고 지역민의 일자리도 훨씬 늘어났다.

분권화의 더 중요한 효과는 인도네시아를 하나의 통일된 국가로 만들어 준 것이다. 이제 각 지역은 자신들의 운명이 자신들의 손에 달려있기 때문에 중앙정부에 의해 억압받거나 불공정하게 대우받고 있다는 주장을 할 수 없게 되었다. 천연자원으로부터 얻는 수입을 지방정부가 직접 관리한다. 수하르토 체제 하에서는 분리독립에 대한 군의 무력진압이 인도네시아에 압력솥 같은 존재였다. 중앙정부와 지방정부 간에 자주 긴장관계가 형성되고 잘못하면 압력솥이 폭발할 우려가 있었기 때문에, 뚜껑을 꽉 잠가놓아야 했다. 하지만 하비비 대통령이 지방자치를 허용하면서 압력솥의 증기를 빼는 결과를 가져왔고 장기적으로 안정적 상황을 유지하게 되었다.

분권화, 지역화는 이제 되돌릴 수 없다. 일단 소유 관리권을 지역에 주고난 뒤 다시 빼앗는다는 것은 불가능하다. 광역단체와 기초단체 사이에 보다 균형 있게 권한을 배분하는 조정은 있겠지만, 수하르토 시대의 집권체제로 돌아가진 못할 것이다.

그렇다고 해서, 인도네시아의 앞길에 더 이상의 어떤 난관이나 불확실성이 없을 것이라는 낙관은 금물이다. 분권화가 그동안의 발전에 매우 효과가 있었지만 특효약은 아니기 때문이다. 중앙에서의 정치적 교착상태, 열악한 인프라, 전국에 만연한 부패 등등 과거의 고질적인 문제에서부터 새로운 문제까지 인도네시아를 발전 항로에서 이탈시킬 위험이 도처에 존재한다. 인도네시아가 언제 어떻게 이들 도전에 맞서느냐가 국가의 운명을 결정하게 될 것이다.

인도네시아의 첫 번째 과제는 정치적 교착상태의 해결이다. 싱가포르는 범인 인도조약과 방위 협력협약을 패키지로 인도네시아와 합의했을 때, 그로 인한 정치적 교착상태를 경험한 적이 있다. 인도네시아 대통령은 양국 합의가 자국의 이익을 위한 것이라는 확신을 가졌다. 그렇지 않았으면 서명을 하지 않았을 것이다. 하지만 인도네시아 의회Dewan Perwakilan Rakyat, DPR가 주권을 양보

했다는 표면적 이유를 들어 합의를 반대하였다. 정치분석가는 반대의 진짜 이유가 다른데 있다는 것을 알고 있었다. 2009년에 선거가 있었는데 대통령과 당이 다른 다수 의원들이 대통령을 흔들어서 자기 당의 의석을 늘리고 싶었던 것이다. 육군대장을 역임한 대통령, 국방장관, 외교장관, 그리고 검찰총장이 인도네시아의 주권을 모른다는 것이 가능한 일인가? 싱가포르 군대는 수하르토 재임시에 주권을 거론하지 않고 20년간 인도네시아에서 훈련을 받았다. 이런 정치적 교착상태는 그림자 인형극처럼 겉으로 보인 것이고 실제 원인은 국가의 권력이 그런 식으로 구조화되어 있기 때문이다. 그것이 인도네시아를 계속 괴롭히고 있다.[22]

인도네시아 헌법은 2002년에 개정되어 대통령을 국민의 직접 선거로 선출하도록 규정하였다.[23] 그 이전에는 의회에서 간접 선출하는 방식이었다. 따라서 자동적으로 의회의 지지를 얻었고, 의회에서 정책이 막히는 것을 걱정할 필요가 없었다. 하지만 새 헌법은 대통령 소속 정당이 의회의 다수당을 차지하지 못할 가능성을 열어놓았고, 정쟁이 있는 경우 일을 할 수 없는 교착 가능성도 생기게 되었다. 헌법 개정자들이 프랑스 대통령제[24]를 연구했더라면, 대통령에게 당선 직후 혹은 재임 중에 총선 요구권을 부여하는 것을 검토했을 것이다. 그렇게 함으로써 대통령은 유권자에게 보다 분명한 통치 권한을 호소할 수 있기 때문이다.

2002년 헌법 구조는 의회DPR의 교착상태를 조장하고 중앙정

22 와히드 대통령도 선거에 의해 당선되었지만 2001년 탄핵되었으며, 수카르노의 딸로 유명한 메가와티가 대통령에 당선되어 뒤를 이었다.

23 수하르토 퇴임 후 하비비(1998~1999), 와히드(1999~2001), 메가와티(2001~2004)로 정치가 불안정하였으며, 2002년 국민직선제 헌법개정을 통해 2004년 유도요노가 대통령에 당선되었다.

24 대통령은 의회(하원) 해산권을 가지며, 의회는 내각 불신임권을 가진다.

부의 정책결정을 가로막는 경향이 있다. 더구나 모든 법안은 의회를 통과해야 하는데, 의회의 어느 정당도 자기 권한을 포기할 인센티브가 없기 때문에 개혁이 이루어질 가능성은 낮다. 입법부의 입장에서 대통령의 국정을 가로 막을 권능을 가지는 것은 나쁠 것이 없다. 이런 관점에서 많은 중요한 결정을 지역에 맡기도록 한 지방분권은 아주 잘 한 일이다.

인도네시아의 두 번째 난제는 인프라 건설이다. 17,500개의 섬으로 구성된 국가에서 이들을 연결시키는 것은 경제발전에 필수적이다. 인구 밀집 도시들을 서로 연결시켜야 한 지역의 성장을 다른 지역의 성장으로 확산시킬 수 있기 때문이다. 섬을 오가는 쾌속선이나 대도시 간 국내항공기가 상당히 도움이 될 것이다. 섬을 연결하는 교량 역시 대단히 파급력이 클 것이다. 하지만 현재 이 어떤 것도 충분하지 않다. 인도네시아에서 가장 중요한 두 섬, 자바섬과 수마트라섬을 연결하는 인도네시아 최장 순다해협대교Sunda Straits Bridge는 수년간 논의만 계속되고 있다. 대교가 놓이면 바로 두 섬을 하나의 큰 섬으로 바꾸어 엄청난 경제 효과를 만들어낼 수 있지만, 불행하게도 말만 할 뿐 행동이 따르지 않고 있다.

인도네시아 전문가들은 수하르토 재임기에 비해 인프라 건설이 후퇴하였다고 말한다. 현 유도요노Yudhoyono[25] 정부는 일련의 인프라 정상회담을 주최하고 도로와 다른 운송 인프라를 개선한다는 거대한 계획을 세웠지만 프로젝트가 실제 실행되는 경우는 드물다. 인도네시아의 많은 엘리트들이 주말을 싱가포르에서 즐긴

25 2004년 10월부터 10년간 재임하였다. 현재 인도네시아 대통령은 2014년 10월 대선에서 당선된 위도도(Widodo)이다.

다는 사실이 실상을 잘 보여주고 있다. 간단한 휴식을 마치고 돌아갈 때, 이들에게는 도로와 공항에 대한 투자와 개발이 얼마나 절실한지 강한 문제인식이 형성되고 있다.

마지막으로, 전국에 만연되어 있는 부패의 척결이다. 광역단체장도 자기 이권을 챙기다 보니, 지방분권도 부패를 줄이는 데는 아무런 효과가 없었다. 부패는 곳곳에서 누수 현상을 일으킨다. 1달러를 지불할 때, 여기서 10센트 빼고, 저기서 20센트 챙기고, 그래서 최종 노동자나 수익을 올려야 할 외국 투자가에 가서는 남는 것이 거의 없다. 유도요노 대통령은 부패가 한번 뿌리를 내리면 뽑아내기가 얼마나 어려운지 알고 있다고 믿는다. 단호하고 지속적으로 단속해야 하고, 권력의 심층부, 지도층에서 시작해야 한다. 부패를 크게 줄일 수 있다면 새로운 미래, 새로운 인도네시아를 구축하는 것이 가능하다.

인도네시아의 지난 10년은 지속적으로 4~6%의 성장을 달성했기 때문에 성적이 그리 나쁜 것은 아니다. 실제로 글로벌 금융위기의 영향을 거의 받지 않았다. 풍부한 천연자원의 덕분에 일본과 중국으로부터 대규모 투자를 유치하고 있다. 하지만 다음 20~30년에 인도네시아의 자기 변화는 쉽지 않다. 말레이시아가 더 비약적인 발전을 할 것이다. 말레이시아는 인도네시아에 비해 지역적으로 더 밀집되어 있고, 교통이 더 양호하며, 의욕적인 노동력이 더 많기 때문이다.

인도네시아에서 이런 긍정적인 발전이 진행되는 한편, 두 손으로 무엇을 만드는 것이 아니라 땅이 그냥 제공하는 것으로도 살아갈 수 있다는 국민의 인식은 인도네시아를 자원기반 경제로 계속 남게 할 것이다. 인도네시아 국민은 앞으로도 오랫동안 먹고살 많은 자원을 가지고 있다고 믿는다. 그 말이 맞을 수 있다.

아직도 개발하지 않은 엄청난 영토가 있다. 거기에는 고갈될 수 있는 석유와 가스도 있지만, 고갈되지 않는 산림과 팜유가 있다. 이들 농산물은 반복해서 경작할 수 있기 때문이다. 이렇게 풍부한 자원이 여유를 부리는 느긋한 태도를 만드는 경향이 있다. "여기가 내 땅이야. 땅 밑에 묻혀있는 것을 원해? 돈을 내고 가져가." 시간이 지나면서 기업가적이지 못한 이런 성향이 굳어지고 문화가 되면, 그것은 쉽게 고쳐지지 않을 것이다.

인도네시아는 계속 강국에 대한 포부를 가지고 있고, 지난 수년간의 성장을 통해서 국제적으로 위상을 높이고 있는데요. 그런 포부를 어떻게 이해하고 또 싱가포르와 다른 아세안 국가들에게 주는 의미는 무엇이라고 보십니까?

인도네시아는 우리 싱가포르가 국제무대에서 계속 지지해주기를 기대하지요. 우리 이익에 반하지 않는다면 인도네시아를 지지할 겁니다. 아세안으로 보면 인도네시아가 아직까지 실질적인 리더라고 봐야지요. 2.4억 명의 인구를 가진 나라입니다. 물론 이들이 모두 섬 하나에 사는 것은 아니라서 2.4억 명의 숫자에 해석이 다를 수 있지만, 그래도 아세안에서 가장 큰 나라입니다.

리센룽(李顯龍)
2004년 8월에 싱가포르 총리가 되었으며, 리콴유 전 총리의 아들이다.

이전에는 인도네시아가 싱가포르와 말레이시아 등 다른 아세안 국가들이 인도네시아 몫을 좀 가져가도록 허용해서 이웃 국가들의 발전을 도왔다는 얘기가 있는데요. 남아시아지역협력연합(South Asian Association for Regional Cooperation, SAARC)에서의 인도와는 다르게, 인도네시아는 아세안의 우두머리 행세를 하지 않고요. 하지만 앞으로 좀 더 자신감이 붙으면 인도네시아도 아세안에서 주도적 역할을 차지하려 할까요?

지켜봐야겠지요. 설사 그렇게 하고 싶어도 우리 싱가포르가 그동안 견고하게 구축해놓은 통신, 물류, 무역과 투자의 중심지 역할을 약화시킬 수는 없다고 봅니다.

선생님께서 총리로 계실 때, 싱가포르-인도네시아의 관계에서 아주 두드러지는 것이 수하르토와의 개인적 친분관계로 보이는데요. 그래서 양국이 상호 이해를 증진시키는데 기여를 했고요. 이제 그런 관계가 사라진 상황에서 어떤 어려움이나 문제가 예견되나요?

그 때와 동일한 수준의 왕래는 없지만 리센룽(李顯龍) 총리도 유도요노 대통령을 때때로 만납니다. 비즈니스는 중국계 인도네시아인들에 의해서 주로 이루어지고 있고요. 싱가포르는 말레이어를 유창하게 말할 수 있는 비(非)말레이계 국가의 중심이라는 점도 고려되어야지요. 그래서 싱가포르는 말레이시아와 인도네시아 양국 모두와 긴밀한 관계를 형성하는 것이 중요합니다.

이 지역에서의 중국 영향력이 커지면서, 인도네시아-중국 관계가 어떻게 발전되리라 보십니까?

중국은 인도네시아를 깊은 존경과 예의를 갖추어 대할 겁니다. 중국은 인도네시아의 천연자원을 원하고 있으니까요. 양국관계가 더욱 좋아질 것으로 봅니다. 인도네시아는 수하르토 정부 하에서 취해진 중국어 교육과 중국 명절축제에 대한 금지 정책을 풀었어요. 중국과의 상호교류가 발전할 겁니다. 인도네시아는 자국의 중국계 사람들이 중국 본토와의 비즈니스를 장려하고 있습니다.

제마 이슬라미야

동남아시아에 이슬람 통합국가를 건설하겠다는 목표로 1990년 결성된 과격 이슬람 원리주의 단체.

싱가포르를 포함해서 해외 투자자들이 우려하는 것은 인도네시아의 자국 경제 보호주의가 강화되는 것입니다. 해외 기업들이 인도네시아 내국인의 지분율을 높이라는 압박을 받지요. 그런 일이 현실화될까요?

예. 인도네시아는 더 큰 몫을 원하고 있어요.

선생님께서는 인도네시아가 계속 테러리즘의 온상으로 남을 것으로 보십니까? 이슬람 무장세력이 인도네시아의 안정에 위협이 될까요?

말레이시아 뉴스를 보면, 제마 이슬라미야(Jemaah Islamiah)가 인도네시아 발리 나이트클럽 폭발 사건과 메리어트호텔 폭발 사건의 배후로 지목되고 있어요. 하지만 나는 말레이시아와는 다른 시각에서 인도네시아를 봅니다. 사우디아라비아의 영향 때문에 인도네시아는 미묘한 영향을 받을지도 모릅니다. 사우디아라비아의 이슬람교 양식이 중요한 표준이 되고 있어요. 왜냐하면 사우디아라비아가 이슬람 종교 회의를 조직화하고 전 세계의 신도가 회의에 참석하는 비용을 대고 있으니까요. 이 때문에 인도네시아에서 이슬람교 압력단체들이 성장하고 있는 것이지요. 하지만 이런 것은 하루아침에 변하지 않아요. 문화의 한 부분이 되어버렸으니까요.

인도네시아가 동남아시아 최초로 이슬람을 받아들였으며 좀 더 세속화된 말레이시아와 다르게 더욱 완고한 보수주의적인 이슬람 신도들이다. 그중에서 아체는 더욱 보수적이다.

태국

하층계층이 동요하다

탁신 친나왓Thaksin Shinawatra26의 등장은 태국의 정치를 영구히 바꾸어 놓았다. 탁신이 정계에 등장하기 전만 해도 방콕의 기득권층이 여야 정치권을 지배하고 있었으며 거의 수도 방콕의 이익을 대변하고 있었다. 방콕 엘리트 사이에서 의견이 다르더라도 탁신 이전에는 어느 쪽도 그렇게 격렬하지 않았다. 어떤 싸움도 탁신 등장 이전에는 그렇게 분열을 조장하지는 않았다. 탁신이 취한 조치는 그동안 수도 방콕과 방콕의 중산층 및 상류층이 독차지해오던 자원을 가난한 사람들에게 나누어줌으로써 태국 정치판을 뒤엎어버리는 것이었다. 탁신은 북부 지역과 북동지역의 농민들이 경제성장의 과실을 함께 나누는 포용적 정치 브랜드를 만들었다. 탁신이 등장하기 전에 이미, 그의 전임자들이 펼친 방콕 중심의 정책으로 인해 소득격차가 벌어져 있었다. 탁신이 한 일은 국민들로 하여금 그 격차와 그 격차의 불공정성에 눈을 뜨게 하고 격차를 완화하기 위한 정책을 내놓은 것이다. 그가 하지 않았으면 다른 누군가가 등장해서 탁신과 같은 일을 했을 것으로 확신한다.

---

26 2001~2006년 태국 총리. 2006년 9월 군부 쿠데타에 의해 축출되었고, 이후 영국으로 망명했다. 2007년 총선에서 다시 탁신 세력이 승리하자 2008년 2월 귀국하였다. 하지만 반 탁신 세력(노란 셔츠)의 반정부 시위가 극렬해지자 그해 8월 다시 해외로 도피하였다. 동년 10월 대법원에서 징역 2년형이 선고되었고 아직까지 해외 도피중이다.

2001년 탁신이 총리가 되었을 때, 그는 이미 성공한 사업가로 억만장자 갑부였다. 만약 태국 부자들 중에 그를 믿고 서로 연대를 한 사람들이 있었다면, 곧바로 그의 정책에 큰 실망을 했을 것이다. 취임하자 전례 없는 규모로 시골의 가난한 사람들에게 우호적인 정책을 실행했기 때문이다. 그는 농민들에게 대출을 확대하였고, 시골에서 올라온 학생들에게 해외장학금을 지급하였다. 또한 일자리를 찾아 도시로 왔지만 쪽방에서 겨우 살 수 있을 정도의 여력 밖에 없는 도시 빈곤층에게는 정부가 보조금으로 지은 주택을 확대 제공하였다. 의료보험을 지불할 수 없는 사람들을 대상으로 한 건강관리 프로그램은 병원 한번 방문에 30바트미국 1달러만 내면 되도록 하였다.

탁신의 반대편에서 볼 때, 그는 나라를 뒤엎어 놓은 사람이다. 탁신을 계속 그 자리에 놓아두려 하지 않았다. 대중적 인기에 영합하는 포퓰리스트이자 그의 정책 때문에 나라가 부도날 수 있다고 공격했다. 놀랍게도 탁신 반대파도 2008년 12월부터 2011년 8월까지의 그들 집권기에도 탁신의 많은 정책을 중단시키지 못했고 다른 유사 정책들을 내놓았다.27 집권 세력은 탁신을 부패와 가족기업 특혜 혐의로 고발하였다. 그들은 또한 탁신의 너무 강한 미디어 통제 – 어떤 사람은 독재적이라고 할 정도로 – 및 남부 지역에서의 마약과의 전쟁에 대해서도 불만족스러웠다. 특히 마약과의 전쟁에서는 때로 적법절차와 인권이 무시되고 있다는 논란이 일었다. 그럼에도 불구하고 수적으로 압도적인 농민들은 그런 비판을 무시하고 2005년에 그를 다시 당선시켜주었다. 방콕 엘리트들은 더 이상 탁신을 용인할 수 없었고, 2006년에 군부 쿠데타로 그를 축출시켰다.

---

27 이 시기 태국 총리는 아피싯 웨차치와(Abhisit Vejjajiva)였다.

태국의 수도는 그때부터 상당한 격변을 겪고 있다. 2008년 이래 군주제를 지킨다는 이름으로 탁신에 반대하는 노란 셔츠 군중과 탁신의 열렬한 지지자로 모인 빨간 셔츠 군중들이 시위를 벌이면서, 방콕의 길거리에는 무질서한 소요사태가 반복적으로 발생하고 있다. 하지만 2011년 선거에서 탁신의 여동생 잉락 Yingluck[28]이 총리가 되었다는 사실은 탁신이 태국을 위해 선택한 개혁의 길을 태국 유권자가 분명히 정당화시켜준 것이다. 태국 북부와 동북부 지역의 농민들은 조그만 사업자금을 지원받는다는 것이 어떤 것인지 맛을 보았고 그것을 포기하지 않을 것이다. 탁신과 그의 연합은 2001년, 2005년, 2006년, 2007년, 그리고 2011년 연이어 5번의 총선에서 승리하였다. 반 탁신 세력이 그 흐름을 막아내려고 해도 이제 소용없는 일이다.

태국 사회의 근래 소요에도 불구하고 나는 장기적으로는 태국의 미래를 낙관적으로 본다. 노란 셔츠의 반 탁신 선거구민이 자꾸 줄어들고 있어, 붉은 셔츠 부대가 앞으로 오랫동안 수적으로 앞설 것이기 때문이다. 젊은 세대는 이미 왕실에 대한 존경심이 약화되고 있다. 더구나 푸미폰 아둔야뎃Bhumibol Adulyadej 국왕이 아직까지 상당히 존경받고 있지만 국왕이 서거하면 국왕에 대한 명망과 신비함은 사라질 것이다.[29]

육군은 태국 정치에서 늘 중심 역할을 해왔다. 육군은 힘의 근원인 군주제에 반하는 어떠한 움직임도 고개를 들지 못하도록 확실히 통제해 왔다. 그러나 앞으로 육군도 변화된 상황을 수용하고 적응하는 것 이외에 다른 방도가 없다. 결국 유권자의 뜻을

---

28 잉락 친나왓 총리는 2014년 5월 군부 쿠데타로 물러났고, 현재 쿠데타로 집권한 육군참모총장 출신 쁘라윳 찬오차(Prayuth Chan-ocha)가 총리를 맡고 있다.

29 국왕은 2016년 10월 13일 서거하였다.

무한정 길게 반대하면서 버틸 수는 없기 때문이다. 언젠가 군주제를 덜 신봉하는 젊은 세대의 군인들이 승진해서 장성 계급을 채울 것이다. 군부 리더들은 계속해서 특권을 고집하고 보통 군대로 격하되는 것에 불만을 가질 것이다. 그러나 그들도 친 탁신 세력으로 구성된 정부와 공존해 나가야 한다는 것을 알게 될 것이다. 육군은 탁신이 자신들에 협력하고 복수하지 않겠다는 약속을 하면, 탁신의 영구 귀국을 수용할 지도 모른다.

방콕 엘리트들이 권력을 독점하고 있던 탁신 이전의 시대, 즉 태국의 구舊 정치로 돌아갈 수는 없다. 태국은 탁신이 처음으로 국가의 방향을 잡고 들어선 길을 따라 계속 나아갈 것이다. 전국적으로 삶의 수준에 대한 격차는 좁혀질 것이다. 많은 농민들이 중산층으로 올라설 것이고 그래서 국내 소비를 진작시키는데도 기여할 것이다. 태국은 성공할 것이다.

탁신의 등장 이래 진행된 태국의 정치 변화에 대해서 낙관적이지 않은 일부 태국 전문가들도 있습니다. 그들은 1990년대 어떠했는가를 얘기합니다. 그 때는 총리가 장기정책을 가지고 태국경제를 발전시킬 수 있었는데, 2001년 탁신이 집권한 후부터는 정부가 대중의 호응을 얻는 단기 조치와 가난한 사람 무상지원에 기대고 있습니다.

그렇지 않아요. 너무 한 쪽만 본 것입니다. 탁신은 그의 비판자들보다 훨씬 상황 판단력이 뛰어나고 영리합니다. 반대파의 저항을 극복하기 위해서 북동 농촌 지역을 활용한 것을 보십시오.

하지만 농촌 지역의 표를 많이 얻으려고 지역개발의 규제를 완화하는 정책에 대한 우려가 있다고 생각하는데요?

정부 무상지원의 재원이 어디에서 나옵니까?

바로 그것이 문제입니다.

아니지요. 지원하기 전에 재원을 마련해야 합니다. 수입이 있어야지요. 지원은 늘리는데 수입은 한정되어 있다면, 세금을 더 걷는 수밖에 없지요.

아니면 돈을 빌리면 되지 않나요?

누가 돈을 빌려줍니까? 어떤 재산을 믿고요?

그렇다면 선생님은 태국이 가문 승계 정치에서 포퓰리스트 정치로 전환되는 과정에서 국정이 장기간 마비되는 일은 없을 것으로 보시는군요?

그렇습니다. 없는 사람들의 요구에 과도하게 영합하지 않을 겁니다.

탁신에 대한 선생님의 인상은 어떠한지요?

그는 결과를 신속하게 얻기 위해서 열심히 일하는 행동파 리더입니다. 경제이론보다도 그의 사업경험과 감각을 더 신뢰합니다. 한번은 버스로 방콕에서부터 싱가포르까지 여행을 했는데 싱가포르의 발전이 어떻게 가능했는지를 알아냈다고 말하더군요. 그래서 태국에서도 같은 방식으로 할 거라고요. 한번의 여행으로 그가 어떻게 싱가포르의 블랙 박스를 이해했는지는 모르겠습니다. 그 블랙박스는 교육, 기술, 훈련, 그리고 모든 사람이 대등한 기회를 갖는 화합의 사회와 관련된 것인데 말이지요. 태국 북동지역에는 태국 사람들보다 라오스(라오족) 사람들이 더 많다는 것을 잊어서는 안 됩니다.

적어도 10년 전쯤 싱가포르 지도자들은 운송, 제조, 의료관광 허브 등의 영역에서 태국이 아주 심각한 경쟁자라고 얘기했었는데요? 아직도 그런가요?

태국의 지도를 보세요. 방콕은 우회할 수 있어요. 하지만 싱가포르는 배로 우회하지 못합니다.

비행기로는요?

태국 사람들의 기술과 교육수준이 얼마나 높나요? 우리보다 더 우수해야 경쟁에서 이길 겁니다.

우리보다 우수할 수 있는 가능성은 없나요?

첫째, 우리는 영어라는 언어의 장점이 있어요. 둘째, 우리는 기술전문교육을 받은 수준 높은 대학생을 배출하는 교육 인프라가 있습니다. 기술 없이는 누구도 사회로 진출하지 못해요. 태국이 과연 농촌 지역까지 흩어져 있는 6천만 인구를 대상으로 그 정도의 교육을 할 수 있을까요?

지역의 지정학에 대해서 얘기하고 싶습니다. 태국은 미국의 동맹이었지요. 베트남 전쟁 때 미군 주둔지로 사용되었고요. 동맹관계가 계속될까요?

그것은 문제가 되지 않습니다. 진짜 질문은 양국의 이해가 일치하느냐에 있습니다. 양국의 이해가 일치할 때만이 동맹이 가능하고 계속 유효한 것이지요. 소련이 있을 때 태국과 미국의 이해는 일치했습니다. 소련이 붕괴되자 유럽에서 나토의 효과가 없어졌다는 것을 알아야지요.

태국이 1997년 아시아 금융위기를 맞았을 때가 전환점이라는 견해가 있습니다. 태국은 그 때 미국이 구제금융을 제공하지 않는다는 것을 확인했지요. 그 이후 태국은 중국이 훨씬 믿을 만한 우방일 수 있겠다고 결정했어요.

베트남 종전과 함께 미국의 입장에서 태국의 가치는 떨어졌으니까요.

태국은 이 지역에서의 중국 영향력이 점차 확대되는 것에 어떻게 반응할 것으로 보십니까?

태국의 역사를 아십니까? 강력한 일본이 동남아시아를 공격하려고 했을 때, 태국은 일본군이 말레이시아와 싱가포르로의 이동이 용이하도록 태국 진입을 허용했어요. 결국 누가 이기는 편인지, 누가 더 힘 있는 편인지, 그것이 바로 태국이 동맹을 맺을 나라입니다.

베트남

사회주의 이념 틀에 갇히다

1980년대 중국의 개혁개방이 있은 몇 년 뒤 베트남이 시장경제로의 개혁을 결정하자 많은 사람들이 베트남에 대한 높은 기대를 가졌다. 도이모이Doi Moi, "새롭게 바꾼다"는 쇄신刷新, 창신創新, 개혁改革의 베트남어로 처음 도입할 때에는 '권장'하는 정도로 시작하였다. 사회주의 개혁의 첫 번째 조치 중에는 집단농장을 개인 농민들에게 돌려주는 것이었다. 이 조치가 취해진 후 몇 년 안 되어 농업 생산량이 수직 상승하였다. 대내외의 많은 사람들이 베트남이 올바른 방향으로 가고 있다고 생각했다. 중국의 개혁개방정책이 믿기지 않을 정도로 성공을 거둘 것이 확실하다는 식으로 전 세계에 알려지면서, 베트남을 자세히 관찰하지 않은 사람들은 베트남의 개혁 프로그램도 중국과 비슷한 궤도를 따라 성공하는 것으로 생각하기 시작했다.

하지만 좀 더 신중한 평가가 나오기 시작했다. 나도 1990년대 처음 베트남을 방문해서 가졌던 베트남 개혁에 대한 낙관적 견해를 지금은 상당히 수정한 상태이다. 지금 생각하기에 원로 세대에 속하는 공산주의 지도자들은 깊이 각인된 사회주의 생각틀을 깨기가 어려웠던 것 같다. 독립 이후 국가가 아무런 성과도 내지 못하고 있었기 때문에, 그들은 처음에는 개혁 추진에 동의하였다. 하지만 개혁이 시작된 후에는 중국에서 찾아볼 수 있는 체제정비에 대한 진정성 있는 결단을 보여주지 못하였다. 1세대 원로 수구 지도자들이 베트남을 정체시키고 있었던 것이다. 이들이 떠나기 전까지는 베트남은 현대화의 돌파구를 만들지 못할 것이다.

내가 최근 베트남 방문에서 직접 경험한 사례가 현재 베트남이 직면하고 있는 장애를 단적으로 보여준다. 고위 공무원과 고위 군 장성 여럿이 함께 자리한 회의에서 내가 하노이에 호텔 프로젝트를 추진하고 있는 한 싱가포르 회사가 겪고 있는 어려움을 자세히 설명해주었다. 회사가 지반을 다지기 위해 말뚝공사를 시작하였는데 수천 명의 주민이 몰려와 소음공해에 대한 보상을 요구하였다. 추가 비용이 발생하는 것을 막기 위해 회사는 기초공사 공법을 말뚝박기piling에서 소음이 훨씬 적은 스크루잉screwing 공법으로 바꾸었다. 이번에 회사를 찾아온 사람은 바로 프로젝트를 승인한 공무원이었다. 그는 "당신에게 그 공법으로 하라고 허가해준 적이 없다"고 말하는 것이었다. 공무원은 반대파 주민들과 충돌한 것이 분명했다. 회의에서 이런 일은 비생산적이라고 고위 관료들에게 말했다. 정말 개방을 원한다면 진정성을 가져야 한다고 그들에게 강조했다. 그들은 '에에…' 하면서 대답하지 못했고, 나는 베트남이 개혁을 건성으로 하고 있다는 것을 알았다. 그들은 한 사람의 투자자가 만족하면 더 많은 투자자를 불러들인다는 사실을 이해하지 못했다. 투자가 한 명을 낚으면 최대한 이득을 짜내겠다는 생각에 머물고 있었다.

1세대 원로들은 전쟁 중에 당의 높은 서열에 올랐고 현재도 높은 자리를 차지하고 있다. 불행하게도 이들은 경제를 잘 안다거나 탁월한 행정능력을 보여준 결과로 고위직에 오른 것이 아니다. 이들은 30년 이상 북쪽에서 남쪽까지 땅굴을 파는 데서 능력을 보여준 사람들이다. 이들이 중국의 개방 경험과 공통분모가 있다면 부패로 전락한 공직자들이 있다는 점이다. 국가로부터 배려될 것으로 믿고 있던 당 간부들이 주변에서 빠르게 부자가 되는 사람들을 본 것이다. 예를 들어, 고위 세관 공무원이 수입차를 불법으로 수입해서 부를 축적하는 것을 보면서, 이들은 국가의 공식적인 배려에 대한 환상을 버리고 돈 버는 기회를 잡는 데 참여했다. 중국과 차이가 있다면 덩샤오핑과 같이 간부집단에서 부동의 지위를 확보하고 개혁 이외에 다른 출구가 없다는 확고한 신념을 가진 인물이 없었다는 것이다. 이런 독보적 인물이 없는 이유는 베트남 전쟁에서 찾을 수 있다. 중국 공산주의자들은 평화 시기에 수십 년의 행정경험을 통해 실제 효과가 있는 것들을 실용적으로 판단해서 계속 유지·발전시켜야 할 이념과 믿음을 정교화시켜 나간 사람들이다. 반면 베트남 공산주의자들은 미국과의 참혹한 게릴라전에 묶여 국가 운영에 필요한 학습을 전혀 하지 못하였다. 더구나 월남남 베트남 출신 중에는 자본주의 작동방식을 터득한 성공한 기업인들이 있었지만, 대부분 1970년대에 월남을 떠났다.

베트남 국민은 동남아시아 국가 중에서 가장 능력있고 열정을 가진 국민에 속한다. 아세안 장학금으로 싱가포르에 와서 공부하는 학생들을 보면 학업에 진지하고 탁월한 성적을 기록하고 있다. 이런 지적 능력을 가진 젊은이들이 있는데, 그들의 잠재력을 충분히 발휘하지 못한다는 것이 참으로 안타깝다. 희망적인 것이 있다면, 전쟁 세대가 은퇴하고 젊은 세대가 등장할 때, 그들은 태국이 어떻게 발전해왔는지를 보게 될 것이고 자유 시장의 중요성에 확신을 갖게 될 것이라는 점이다.

베트남은 남중국해(남지나해)의 영토 문제로 중국과 크게 갈등을 빚고 있는데요. 2012년 아세안 각료회의에서는 45년 만에 처음으로 공동선언을 내지 못하였습니다. 그때 베트남이 중국과 심하게 대립각을 세운 나라들 중 하나였는데요.

당시 중국은 규모는 작지만 베트남과 성격이 유사한 쟁점을 가진 말레이시아와 부르나이를 분리해서 다루어야 한다는 주장을 폈지요. 이 때문에 베트남은 자신들의 입장에 대한 아세안 국가의 합의를 이끌어내지 못했어요. 하지만 베트남이 제기한 쟁점이 가장 주된 것이었고 아직도 문제가 해결되지 않고 있지요.

파네타 미 국방장관

Leon Panetta, 2011년 7월부터 2013년 2월까지 재임.

이 쟁점에 대해서 중국이 아세안 국가를 어떻게 편 가름하는지를 보여준 사례로 볼 수 있을까요?

중국이 얼마나 능수능란한지를 보여주지요. 중국은 수천 년 간 외국 또는 이민족을 다루어 왔어요. 이들을 따로따로 떼어내서 서로 연합하지 못하도록 하고 그래서 여러 국가를 하나의 집단으로 상대하지 않아도 되는 방법을 터득해 왔지요. 그들은 한 번에 한 나라씩 공략하지요.

베트남은 미국과의 관계 확장을 고려하고 있습니다. 중국과의 협상에 도움이 될 수 있을까요?

예. 파네타 미 국방장관이 2012년 캄란 만(Cam Ranh Bay)에 갔어요. 미국에 모든 옵션을 열어 놓을 수 있다는 암시를 한 것이지요. 파라셀 제도(Paracel Islands, 시사군도)에 대한 분쟁이 있다면 미국을 끌어들이는 것이 유용할 수 있습니다. 하지만 미국이 중국과 직접 부딪힐 것으로 보지 않습니다. 베트남이 기대할 수 있는 최상책은 유엔해양법회의(UN Convention on the Law of the Sea)에 제소하는 것이지요.

베트남이 미국 무기를 구입할 수도 있다는 얘기가 도는데요?

놀랄 것 없지요. 지금 미국이 중국보다 베트남에 더 가까이 다가가고 있어요. 미국은 중국보다 더 정교한 무기를 가지고 있고요.

향후 아세안 정상회의에서 남중국해 분쟁은 피하는 것이 좋다고 생각하시는지요?

이미 대열이 흐트러졌어요. 행동규범에 따르도록 되어 있지만 이제 소용없습니다.

미얀마

군부가 국가 진로를 바꾸다

막다른 골목에 부딪혔을 때 합리적으로 선택할 수 있는 행동은 하나밖에 없다. 되돌아서 간 길로 빠져나오는 것이다. 이것이 여러모로 미얀마 군사정부가 국가를 어디로 끌고 갈 것인가에 대한 2011년의 심장을 뛰게 하는 극적인 전환을 이해시켜주는 좋은 비유가 될 것이다. 이것은 깊은 자기탐구나 순수한 통찰력에서 발현된 노선 변화도 아니었고, 붕괴 직전에 몰린 권위주의 체제의 자기생존을 위한 필사적 행동도 아니었다. 싱겁더라도 그냥 평범한 설명이 더 타당하겠다. 군부 지도자들이 국가가 막다른 골목에 이르렀고 다른 대안이 있을 수 없다는 것을 깨달은 것이다.

바로 국경 넘어 태국의 번영이 군부의 생각을 바꾸는 촉진제 역할을 했을 것이다. 천연자원만 보면 비록 더 풍요하진 않더라도 미얀마가 태국에 못지않다. 그런데 양국에서 생산되는 자몽pomelo을 비교해보면 과학기술 연구를 통해 개량한 태국산이 더 크고 더 달다. 태국은 또한 자주적인 노력으로 이 지역에서 난蘭과 다른 원예 및 과일의 최대 수출국으로 성장하였다. 이론적으로는 미얀마도 같은 기후와 토양을 가지고 있기 때문에 태국과 같이 할 수 있어야 한다. 하지만 실제로는 전혀 그렇지 못했다. 양국 비교에서 미얀마의 가장 큰 취약점은 아마도 태국 국경을 넘어야지만이 미얀마 보석을 태국의 의료 물자와 교환할 수 있다는 점일 것이다. 미얀마는 점점 더 뒤처지고 있었다.

싸이클론[30] 나르기스Nargis는 체제와 국민 모두에게 보낸 또 하나의 잠을 깨우는 모닝콜이었다. 2008년의 재앙은 전국적으로 수백만 명을 노숙자로 내몰았지만 대책 없는 정부는 재해민 지원을 효과적으로 하지 못했고 미국과 프랑스 같은 외국의 도움을 받아들일 의지도 보여주지 못했다. 이와는 대조적으로 나르기스 못지않은 큰 재앙인 대지진이 중국 쓰촨성[31]에서 발생하였을 때 중국 정부는 신속하게 대응하였다. 군인이 구조를 위해 즉각적으로 투입되었고, 원자바오 총리를 포함해서 지도자들이 상황 통제와 진행을 지켜보았고, 전 국민이 힘을 합쳤다. 미얀마 전문가들은 싸이클론이 미얀마가 유지하고 있던 마지막 균형상태를 무너뜨리는 하나의 지푸라기 역할을 했으며, 그 결과 개혁의 씨앗을 뿌리게 되었다고 주장한다. 결코 잘못된 주장이 아닐 것이다.

요란하지 않게 미얀마 군부는 2011년부터 진심어린 개혁을 시작했다. 아웅산 수지Aung San Suu Kyi를 포함해서 수백 명의 정치범이 석방되었다. 노벨 평화상 수상자 수지 여사는 2012년 국회의원 재보궐 선거에 출마가 허용되었고 예상대로 당선되었다. 군사정부는 서방 국가를 설득해서 제재를 풀고 이를 통해 중요한 경제 활력을 얻고 싶었기 때문에 선거와 수감자 문제를 신속하게 진전시켰다. 서방 국가는 처음에 조심스러운 반응을 보였지만 마침내 미얀마를 인정하였다. 미얀마의 국제무대 복귀는 2012년 11월 오바마 대통령의 방문을 통해 완성되었다. 미얀마는 수지 여사가 압도적인 승리에도 불구하고 군부가 이를 인정하지 않은 악명 높은 1990년 총선 이래 처음으로 2015년 최초의 자유와 공정

30 인도양의 열대성 저기압으로 한국의 태풍에 해당한다.

31 2008년 5월 12일 발생하였으며, 진도 8.0의 대지진이었다.

이 보장된 보통선거를 실시할 예정이다.[32] 미얀마는 천천히 그렇지만 확실히 정상국가로 다시 복귀하고 있는 과정에 있다.

1960년대에 버마의 지도자 네윈Ne Win 장군은 사회주의 노선을 선택하였다. 그는 바로 인도인들을 추방하였다. 이들은 무역업자와 기업가들로 당시 버마 경제를 살리기 위해 일찍이 영국이 불러들인 사람들이었다. 이제 버마는 버마 사람들로만 운영되는 폐쇄경제 체제로 남게 되었다. 그 결과 40년을 정체된 상태에 머물러야 했다.

10년 전쯤 나는 군 장성 중에 가장 똑똑하고 개혁의 뜻을 가진 유일한 지도자인 킨뉸Khin Nyunt을 잠시 만나게 되었다. 나는 군복을 벗어던지고 정당을 결성해서 선거에 승리한 인도네시아의 수하르토를 한번 배울 것을 제안하였다. 그러면 국민의 지지를 얻고 개방에 나설 수 있다고 말했다. 하지만 얼마 뒤 킨뉸은 가택에 연금되고 말았다. 나는 지도부와의 연결이 끊겼고 미얀마에 가서 개혁의 필요성을 설득하는 것이 더 이상 싱가포르에 도움이 되지 않는다고 보았다. 많은 사람들이 그런 노력을 했지만 실패했고, 나도 더 이상 관여할 바가 아니었다.

최근 2년 사이에, 미얀마는 매우 중요한 개방의 큰 발걸음을 내디뎠다. 이번에는 군부 지도자들도 개혁에 등을 돌리지 못할 것으로 믿는다. 질문이 하나 있다면, 얼마나 신속하게 진도를 나가느냐는 것이다.

많은 사람들이 기대를 거는 인물은 아웅산 수지 여사이다. 그녀는 미얀마에서 반 군부 시위를 이끈 상징적인 인물이다. 일부는

32 2015년 11월 총선에서 수지 여사가 이끄는 민족민주연합(NLD)이 압승하였으며, 헌법 조항 때문에 수지 여사는 외교부장관과 대통령 자문역을 맡아 실질적인 국정 운영을 이끌고 있다.

향후 정부에서 지도자적 역할을 해줄 것을 주문하고 있다. 이 부분은 확신할 수 없다. 그녀는 영국인과 결혼해서 아이들도 반 영국인이다. 수지 여사는 버마를 독립시킨 아웅산의 딸이지만, 일부 국민들은 그녀를 완전한 버마 사람으로 받아들이지 않고 있다. 현행 헌법 조항에 의하면 외국인 배우자를 둔 그녀는 대통령이 될 수 없다. 1945년생으로 또한 나이도 많다. 그녀가 국가를 통치할 수 있다 하더라도 북부에서 남부까지 곳곳의 소수민족 폭동과 힘든 싸움을 해야 할 것이다. 그녀가 폭동을 잠재울 수 있을지?

해외에 거주하는 버마인들이 미얀마의 개방을 앞당기는데 힘이 될 수 있는 또 하나의 집단이다. 이들은 일찍이 망명의 길을 택한 미얀마 최고의 사람들이다. 그들 자식 세대는 미얀마에 어떤 의무감을 갖지 않지만, 젊은 나이 또는 중장년 나이에 미얀마를 떠난 사람들은 아직 조국에 정서적 연대를 가지고 있다. 정치 상황의 변화와 함께 이들이 귀국하여 사업을 하도록 설득할 수 있다면, 이들은 확실히 국가발전에 큰 힘이 될 것이다.

다른 저서(*Hard Truths to Keep Singapore Going*)에서 선생님은 버마 군부 지도자들에 대한 기대를 생전에는 단념했고 그들은 국가에 무엇이 필요한지를 이해하지 못하는 바보들이라고 말했는데요.

그들하고는 대화가 어려웠어요. 대화가 되었다가도 결국 소용없는 일이라는 것을 알았죠.

버마 사람들이 결국에는 개혁과 개방을 하지 않을 수 없도록 만든 것은 아세안의 소위 생산적 관여 때문인지, 아니면 서방세계의 제재 때문인지? 선생님의 견해는 어느 쪽인지요?

어느 쪽이냐가 뭐 그리 중요한가요? 그들이 과거와 다른 미래를 받아들이기로 결정했다는 것이 중요합니다.

미얀마가 개혁과 개방 정책을 지속해나간다면, 중국이 미얀마에 대한 지배적 영향력을 더욱 키워나갈 것으로 보시나요?

예. 중국이 고속도로를 건설했습니다. 미얀마가 고립되어 있던 오랜 기간에도 중국은 버마 사람들을 도왔습니다. 그렇게 중국은 친구 나라를 만들었고 그 관계가 오래 갈 겁니다. 인도가 일부 지원을 하면서 관계개선을 시도하고 있지만 중국과 경쟁 상대는 될 수 없다고 봅니다.

이 지역에서의 영향력을 확보하기 위한 노력의 일환으로 미국이 미얀마에 발판을 마련할 수 있을까요?

미국은 거리가 아주 멀리 떨어져 있어요. 군사력을 동원하기에 너무 먼 나라입니다. 미얀마는 중국 윈난(운남)성과 국경을 마주하고 있습니다.

말레이시아
쿠알라룸푸르
싱가포르
인도네시아
자카르타

chapter
06

싱가포르 SINGAPORE

갈림길에 놓이다

정치 문제

2011년 5월과 마찬가지로 다음 총선 결과가 나올 것이다.[1] 집권당인 인민행동당People's Action Party, PAP은 2011년 총선에서 전국적으로 60.1%를 득표하였고, 의석으로는 전체 87석 중에서 6석을 잃었다. 1965년 독립 이래 가장 안 좋은 성적이다. PAP가 거의 독식하다시피 한 과거의 결과는 더 이상 가능하지 않다. 무엇보다도 싱가포르 독립과 함께 그동안의 성장을 함께 한 세대는 아주 못살던 때부터 지금의 넉넉한 생활수준을 모두 경험하였기 때문에 여당에 절대적인 지지를 보냈다. 그러나 이제부터는 좋아지는 정도가 줄어들 것이고 눈으로 직접 변화를 실감하기도 과거와

---

1 임기 5년을 채우지 않고 독립 50주년을 맞은 2015년 9월에 조기 총선을 실시하였으며, 리센룽 총리가 이끄는 인민행동당은 69.9%의 득표를 하였으며 89석 중 83석을 차지하는 압승을 거두었다.

는 같지 않을 것이다. 이렇게 부모 또는 조부모 세대와 생활경험이 다른 신세대는 완전히 다른 관점에서 투표를 하게 될 것이다.

2011년 5월 선거에서는 PAP에 우호적이지 못한 상황을 만드는 몇 가지 단기적 요인이 있었다. 대표적으로 노동당 로티아키앙劉程强 사무총장이 호우강后港 단일선거구를 버리고 알주니드Aljunied 집단선거구에 출마하였고, 일부 정부정책에 대한 불만이 작용하였다. 앞으로 집단선거구 중 1곳을 야당에 내주는 것은 피하기 어려울 것이다.[2]

그래서 이제 더 중요해진 질문은 여기서 어디로 갈 것인가이다. 대답은 유권자의 선택만큼이나 PAP가 변화된 선거 풍토에 어떻게 대응할 것인가에 달려있다. 예측하기 어려운 요소들이 너무나 많다. 하지만 하나 분명한 것이 있다. 만약 싱가포르가 양당제로 방향을 잡는다면 우리는 평범한 국가로의 운명을 맞을 것이다. 우리 스스로, "이봐, 상관 마. 그냥 우리가 사는 지금의 도시가 어때서. 왜 꼭 다른 나라나 도시보다 더 잘 살려고 애써야 해?" 이렇게 말한다면, 싱가포르는 빛을 잃을 것이고 지도 상에서 태평양 가장자리의 존재감 없는 희미한 하나의 점에 불과한 나라가 될 것이다. 우리가 언젠가 그 길을 선택한다면 나는 정말 섭섭할 것이다.

2012년 8월 22일에 나는 싱가포르의 한 시민으로부터 감사

---

2 집단선거구(Group Representation Constituencies, GRC)란 4~6명의 의석을 하나의 선거구로 획정한 것으로 각 당은 4~6명의 후보자를 묶어 하나의 집단으로 해서 상호 경쟁을 한다. 개별 후보자간 경쟁이 아니라 집단 경쟁이며 다수 득표 정당에서 모든 의석을 독식하는 구조이다. 싱가포르에는 집단선거구 외에 1선거구 1인을 선출하는 단일선거구(Single Member Constituency, SMC)가 있다. PAP는 SMC에서 의석을 내준 적은 있지만, GRC에서 야당에 의석을 잃은 것은 2011년 총선이 처음이다.

카드를 받았다. 직접 손으로 쓴 우아한 필기체로 보아 적어도 50대의 어른이 분명했다. 요즘 젊은이들은 타이핑을 선호하고 직접 쓰더라도 글씨를 예쁘게 쓰지 못한다. 카드에는, "우리 가족은 귀하의 훌륭한 리더십과 순수한 헌신에 깊이 감사드립니다. 귀하는 우리 국민들이 평화, 행복, 번영, 통합, 안전의 전성기를 지낼 수 있도록 해주셨습니다. 참으로 감사합니다! 귀하께 진심으로 평화와 기쁨과, 지혜와, 만수무강과, 그리고 여생이 좋은 일로 가득하기를 기원합니다. 사랑하는 조국이 더없이 행복하고, 축복이 넘치며, 영원히 자비의 손길로 보호되기를 기원합니다. 하나님의 축복을 빕니다."

나는 이 카드를 보낸 분 그리고 그의 동료와 선배를 포함한 어른 세대로부터, 싱가포르의 풍요를 당연한 것으로 받아들이는 젊은 세대로의 가치관 변화가, 얼마나 심각하게 진행되고 있는가를 강조하기 위해서 카드 내용을 길게 인용하였다. 이분들 세대는 배고프고 힘든 것이 예외가 아니라 일상이었던 1960년대 빈곤의 시기부터, 좋은 일자리를 제공하고 활력 넘치는 세계적인 싱가포르의 현재 모습에 이르기까지의 모든 성장과정을 보아 왔다. 이분들은 또한 낡은 판잣집에서 시작해서 안전한 이웃과 함께 편리한 시설이 갖추어진 고층 아파트 생활까지 많은 생활의 변화를 경험하고 있다. 그들은 싱가포르가 안고 있는 취약점뿐만 아니라, 어떻게 싱가포르가 여기까지 왔고 앞으로 계속 성공을 이어가기 위해서 무엇을 해야 하는지에 대한 국가의 지상과제도 잘 알고 있다. 신세대는 이들의 견해를 공감하지 못한다. 싱가포르가 모든 것을 갖춘 다음에 태어난 젊은 세대들은 처음부터 주변의 모든 것이 이미 안정되고 갖추어진 것을 보고 자랐기 때문에 "뭐가 기적인데?"라고 묻는 것이다.

앞으로 몇십 년 동안 집권 여당은 유권자의 상당수를 차지하는 어른 세대가 있기 때문에 총선에서 완승 또는 그에 가까운 압승을 거둘 것이다. 내가 총리 재임시기인 1959년부터 1990년까지는 급속한 경제성장을 이루었고 그 결과 모든 사람이 자신의 재산이 늘어나는 것을 경험하였다. 싱가포르 국민은 몇 번을 반복해서 절대 다수의 표로 PAP를 지지해주었다. 이러한 지지는 나의 뒤를 이은 고촉통吳作棟 총리 재임시기인 1990년에서 2004년까지도 이어졌다. 하지만 이후 성장은 최고점에 이르렀고 이제 유권자가 만족할 만한 정도로 이전의 성장 최고점을 능가하기가 매우 어렵다. 나이든 분들은 과거의 기억이 있고 경제가 성숙기에 들어선 이후에도 좋은 국정운영 시스템의 중요성을 이해하기 때문에 우리에게 많은 표를 주었다. 하지만 2011년 총선에서 보았듯이 젊은 유권자들은 우리를 지지하지 않았다. 우리가 이미 이룬 것은 안전하다고 믿기 때문이다.

이들 젊은 세대의 유권자가 늘어나면서 지지도의 변화는 계속될 것이다. 고촉통 총리 재임시 마지막으로 실시된 2001년 총선에서 PAP는 75%의 득표로 의석은 2석만 내주는 완승을 거두었다. 이때만 해도 싱가포르 독립 이전에 출생한 유권자가 독립 이후 출생한 유권자를 2:1로 앞섰다. 10년 뒤인 2011년 총선에서 이 비율이 49:51로 역전되었다. 2011년 총선에서 PAP의 득표율은 60%로 떨어졌고 6석을 야당에 내주었다.

물론 선거에서는 이러한 유권자 분포뿐만 아니라 선거 당시 발생하는 많은 상황이 영향을 미친다. 이런 요인들이 지난 두 선거에서 작용한 것으로 보인다. 2001년 선거에서는 미국에서 9.11 테러가 발생한 결과 글로벌 불확실성이 커지면서 여당에게 할 일을 하라는 유권자 결집 현상이 있었다. 2011년 총선에서는 적어도 다음 두 가지 요인이 중요하게 작용하였다.

첫 번째 요인은 로티아키앙 노동당 사무총장이 국제 변호사 첸쇼마오陳碩茂를 배출할 수 있었다는 사실이다. 첸은 탁월한 능력을 가진 사람으로 믿음이 있어 보였고, 로티아키앙 사무총장은 첸 그리고 노동당 당수 실비아 림과 함께 알주니드 GRC에 한 팀을 이루어 출마하기로 하였다. 유권자에게 "우리 당의 최고 인재가 여기 다 모였습니다. 우리에게 지역구GRC 하나는 주십시오"라는 분명한 메시지를 보냈고, 그들은 알주니드 집단지역구에서 2011년 승리하였다.[3]

하지만 뚜껑을 열어보니 첸은 그렇게 뛰어난 인물은 아니었다. 의회에서 그는 미리 써 온 준비된 연설은 잘 했지만 이어진 질의응답에서는 엉망이었다. 주제를 사전에 깊이 생각해서 날카로운 대답을 했더라면, 첸은 인터뷰에서 무능을 감출 수 있었을 것이다. 이것은 나만의 얘기가 아니다. 언론인이나 유권자도 같은 생각을 했을 것이다. 그의 인상적인 이력을 보고 높은 기대를 했던 것이 아마 더 큰 실망을 낳았는지도 모른다.

2011년 총선결과에 영향을 미친 두 번째 요인은 늘어난 외국인에 대한 불만이었다. 불행하게도 출산율이 낮은 상태에서 이에 대응할 수 있는 다른 대책이 별로 없다. 이민을 막고 외국인 노동자를 받아들이지 않는다면 싱가포르는 망할 것이다. 정부는 시민이 불편하게 느끼는 정도를 최소화할 수 있는 수준으로 외국인 유입을 조정하고 있다. 하지만 국민 불만은 당분간 계속될 것 같다. 특히 대중 운송수단을 이용하는 시민들의 경우, 공급을 확대한다 하더라도 출근 시간 때의 혼잡함 때문에 짜증나게 하루를

3 노동당은 2015년 9월 총선에서도 알주니드 지역구에서 승리하였다.

시작해야 할 것이기 때문이다.

그러나 장기적 안목을 가지고 제대로 길을 가려면 이런 단기 요인들에 너무 함몰되어서는 안 된다. 이런 요인들을 해결한다고 해서 다음 선거에서 2011년 총선 이전의 지지율을 회복할 수 있을까? 나는 절대 그렇게 믿지 않는다. 문제의 핵심은 어느 특정 후보나 어느 특정 정책의 실패에 있는 것이 아니다. 젊은 유권자들의 저변에 정치가 더욱 경쟁적이기를 원하는 갈망이 자리 잡고 있기 때문이다.

향후 어떤 정치상황이 전개될 것인지는 부분적으로 여당과 야당의 행동에 따라 달라질 것이다. 야당이 지금까지 약속하고 부풀려온 국민적 기대를 충족시킬 수 있을까? 야당이 능력 있는 인재를 유치하고 당선시켜 많은 의석을 차지할 수 있을까? 글쎄다. 사업가나 대학교수나 전문직업인으로 성공한 사람 중에 집권해서 정부를 구성하기까지 적어도 네다섯 번의 임기를 야당 의석에 앉아 기꺼이 기다리겠다는 사람은 거의 없을 것이다. 정치를 하고 싶다면 이미 잘 조직화되어 있고 역사로 입증된 집권 여당에 합류하는 것이 더 나을 것이다.

여당 PAP도 변화하지 않고 머물러 있지만은 않을 것이다. 젊고 진지하고 믿을 만한 유망주를 찾아 신세대 유권자와 소통하고 그들의 신뢰를 얻기 위해 지속적으로 노력할 것이다. 2011년에 우리는 아주 뛰어난 후보자 몇 사람을 총선에 내보내 당선시켰다. 지금 교육부장관 헹스위킷王瑞杰은 나의 수행비서 출신 중 가장 우수한 인물이다. 아쉬운 점이 있다면 군중 속에서 돋보이는 풍채를 갖지 못한 것이다. 하지만 내가 지금까지 함께 일한 공무원 중에서 가장 훌륭한 머리를 가진 한 사람이다. 이외에도 지난 총선에서 당선되고 현재 내각에 합류한 찬춘싱陳振聲, 탄추안진

陳川仁, 로렌스 왕Lawrence Wong 등의 젊은 리더들이 있다. 우리는 유권자들에게 당당히 말한다. "이 젊은이들이 우리가 유치한 우수한 인재들입니다. 우리는 그냥 현실에 안주하다 없어지는 그런 정당은 되지 않을 겁니다." 야당이 총리나 부총리에 관심 갖기 이전에 우선 여당의 젊은 세대 장관과 같은 급의 우수한 인물을 배출할 수 있을까?

그럼에도 불구하고 젊은 세대는 단순히 현재의 정치현상에 경쟁이 좀 더 강화된 정도가 아니라 온전한 양당제를 원할 수도 있다. 그 모든 선택권은 그들에게 있다. 결국 어떤 국가를 세우고 어떤 사회를 만들어 갈 것인가는 싱가포르 국민인 각 세대가 스스로 결정할 문제이다. 하지만 나는 우리 젊은이들이 가볍게 결정하지 말고, 잘못하면 잃을 수도 있는 모든 것을 신중하게 고려해서 결정하기를 희망한다. 어떠한 결정이든 그 결과를 안고 살아가야 할 사람은 젊은이들이지 나도, 우리 세대도 아니다. 결과가 나타날 때쯤, 우리 세대는 이 세상 사람이 아닐 것이다.

양당제도의 가장 큰 문제는 일단 제도가 정착되면 가장 우수한 인재들이 정치에 참여하지 않을 것이라는 점이다. 당선이 불확실하고, 선거전은 근거도 없이 야만적이고 악랄하기까지 하다. 지금까지 경력을 잘 유지해온 인재라면 자신이나 가족에게 도움이 되지 않는 선거에 출마하는 그런 위험을 감수하겠는가? 이들은 그런 정치는 다른 사람에게 맡기고 자신은 편안한 삶을 유지하기를 더 원할 것이다.

현재도 총선 때마다 최고의 인재를 설득해서 출마시키기가 너무 힘들다. 안정된 직장에서 이미 자기 분야의 성공적인 경력을 포기하고 정치를 하려는 사람을 찾기가 너무 어렵다. 양당제가 된 뒤에 어려움은 이보다 훨씬 심할 것이다. 양당제는 최고 A급 한 팀이 A급 두 팀으로 양분되는 것이 아니다. 임기의 반은 A급 팀이 맡고 나머지 반은 B급 팀이 집권하는 것도 아니다. 이 두 시나리오보다 훨씬 나쁜 결과를 생각해야 한다. 최고 A급 팀은 물론 어쩌면 B급 팀까지도 정치를 떠나 다른 일을 할 수 있다. 이제 A급, B급보다 훨씬 못한 C급, D급, 또는 E급의 팀이 빈자리에 뛰어들 것이다.

예로써, 우리가 림킴산林金山[4]을 당선시킬 수 있을지 없을지 확신할 수 없었다면, 그에게 정치를 하라고 설득하기가 무척 어려웠을 것이다. 어떤 결과가 나올지 불확실한 경우에 일반적인 반응은 제3의 인물을 찾는 것이다. 림킴산의 경우에 해당 지역구에서 승리를 확신할 수 있었기 때문에 우리는 그의 출마를 이끌어낼 수 있었다. 그가 우리 당에 들어오지 않았더라면 싱가포르로서는 큰 손실이었을 것이다. 림킴산은 공공주택 공급을 책임지는 주택개발청Housing and Development Board, HDB을 창설한 인물이다. HDB가 아니었더라면 싱가포르는 지금과 매우 다른 국가가 되어 있을 것이다. 만약 싱가포르가 보통사람들이 정부운영을 담당하도록 허용한다면, 싱가포르는 침몰하고 보통의 도시국가가 되어버릴 것이다.

양당제를 채택하고 있는 다른 국가들도, 내가 말한 것에 동의할 것이다. 영국에서 옥스퍼드 대학이나 캠브리지 대학을 우등으로 졸업한 학생의 경력을 추적해보면, 이들이 정치가 아니라 금융, 재정, 그리고 전문직 업체에서 경력을 마무리한다는 것을 알게 된다. 의사당의 맨 앞줄에 앉는 집권 여당의 정부 각료[5]들은

---

4 1916~2006. 1963년부터 1980년까지 의회 의원을 역임하였다.

5 frontbencher라 한다. 영국 의회의 경우 의원 중에 내각 장관직을 수행하는 사람들이 맨 앞줄에 앉는 데서부터 frontbencher라는 이름이 발생하였다.

최고의 변호사나 의사 같은 일류 집단에서 나오는 것이 아니다.

이런 양당제의 영향은 미국에서도 발견된다. 포춘Fortune 500에 해당하는 기업체 CEO가 훨씬 풍족한 삶을 산다. 미국 대통령이 되겠다고 나서는 사람들보다 더 우수한 사람들이 당연히 이들 자리에 더 매력을 느낄 수밖에 없다. 그래도 미국이나 영국은 규모가 크고 민주주의 선진국들이기 때문에 최고의 인재가 정부로 들어오지 않더라도 우수 인재 풀의 여유가 있어 계속 잘 해나갈 것이다. 하지만 싱가포르는 그렇지 않다. 역사적으로 지정학적으로 불확실성이 높고 천연자원이 없는 작은 나라이다. 특별한 리더십이 싱가포르에서 요구되는 이유이다.

이런 차원에서, 최근 장관의 보수를 삭감한 결정[6]은 최고의 인재를 유치하는 시스템에서 벗어난 것으로 아쉬운 부분이다. 내가 이 문제가 논의될 때 각료였다면, 나는 아주 강경한 입장을 취했을 것이다. 하지만 젊은 세대의 장관들이 당시 여론을 따라 결정했다. 세계 어떤 나라도 싱가포르만큼 장관의 보수를 많이 주는 곳은 없다. 하지만 세계의 어떤 섬도 싱가포르만큼 화려하고, 깨끗하고, 안전하고, 부패가 없고, 범죄율이 낮은 곳이 없다는 것도 사실이다. 싱가포르에서는 밤에 산책하고 조깅을 할 수 있다. 여성이 강도를 당하는 일도 없을 것이다. 경찰도 뇌물을 받지 않는다. 뇌물을 받으면, 뇌물을 준 사람도 책임을 묻는다. 우연의 일치로 이 정도 국가가 된 것이 아니다. 부패의 유혹을 받지 않도록 장관에게 고액의 연봉을 제공함으로써 가능한 생태계를 만들었기 때문이다.

---

6 소득 격차에 대한 국민적 불만을 반영하여 2012년 1월 총리의 연봉을 36% 삭감하였는데 그 연봉이 1.7백만 US달러였다. 장관의 연봉은 37% 삭감하여 연봉 약 85만 US달러 수준이었다.

보수 삭감으로 자신의 전문직이나 금융직을 포기한 장관들의 금전적 희생이 매우 커졌다. 일부 장관 중에는 이렇게 생각하는 사람이 있을 것이다. "국가 봉사직이다, 임기의 반인 2년 반, 아니 그 이상을 보장한다. 당연히 감사해야겠지만, 사양하겠습니다." 이렇게 되면 결국 회전문 정부[7]가 될 것이고, 따라서 공직자들이 쟁점을 깊이 이해하지 못하고 장기적인 시각에서 문제를 생각할 인센티브가 없어질 것이다.

싱가포르가 100년 뒤에도 생존할 수 있을까? 글쎄, 확신이 서지 않는다. 미국, 중국, 영국, 호주, 이들 국가는 지속 가능할 것이다. 하지만 싱가포르는 최근까지 국가가 아니었다. 싱가포르 초기 세대는 아무 것도 없는 상태에서 국가를 세워야 했다. 얼마나 훌륭하게 일을 해냈는가? 내가 처음 국가지도자가 되었을 때 나는 싱가포르의 이익을 확고히 하기 위해 최선을 다했다. 2대 총리 고촉통도 그랬다. 지금 리센룽李顯龍과 그의 각료 팀도 향후 10년, 15년은 잘 해나갈 것이다. 그러나 그 이후 우리의 진로는 다음 젊은 세대의 선택에 달려있다. 어떤 선택을 하든, 내가 분명히 말할 수 있는 것은 무능한 정부를 갖게 된다면 우리가 망한다는 것이다. 싱가포르라는 국가의 존재가 사라질 것이다.

7 공직에 재직 중 민간업체에 특혜를 주고 퇴직 후 그 대가로 취업을 제공받는 등 공공부문과 민간부문 간의 건전하지 못한 거래관계를 지칭한다.

2011년 총선 이후 싱가포르 정부가 좀 더 포퓰리스트적 경향을 보인다고 생각하시나요?

아니요. 그렇게 보지 않습니다. 우리는 지난 총선에서 하나의 집단지역구를 잃었고, 의석수로는 6석을 잃었어요. 재앙은 아닙니다.

선생님께서는 집권당 PAP가 우수 인재를 영입해서 당선시키고 헹스위킷(王瑞杰) 같이 각료로도 진출시켰다고 말씀하셨는데요. 하지만 젊은 세대에서는 각료의 능력에 불문하고 야당의 각료를 더 원하는 것으로 보이는데요.

그들이 결국 어떤 결정을 할지 예측할 수도 부인할 수도 없습니다.

하지만 그런 경향은 우려되는 것 아닌가요?

아니요. 이제 내가 할 일은 마쳤어요. 이제 89살입니다. 이제 나에게 죽음이 언제 올까를 걱정하고 있어요. 나의 일은 끝났어요. 나의 임무는 깨끗하고 능력중심의 열린 국가운영 시스템을 정착시킨 것으로 되었어요.

2013년 인터뷰 당시 나이이며, 2015년 91세를 일기로 서거하였다.

하지만 젊은 세대가 양당제를 결정하게 되면 싱가포르는 어쩔 수 없이 그냥 보통의 도시국가로 전락할 것이라고 하셨는데요?

필수불가결입니다. 수차 얘기했지만, 젊은 세대가 계속 보통의 도시나 나라에 만족한다는 생각을 가지고 있다면 그렇게 되겠지요.

그런 시점이 오기 전에 PAP는 정권을 잃을까요?

그런 정치 변화가 일어나면, PAP가 이후 세 번, 네 번, 다섯 번의 선거에서 계속 이긴다는 보장은 없어요.

PAP가 계속 변신하고 국민들의 기대에 부응한다면요?

불가능합니다. 그들이 어떻게 변신하고 국민의 기대가 무엇인지 말해보세요.

예를 들어, 많은 국민들이 좀 더 가슴으로 가까이 와 닿는 국정운영을 원한다고 할까요?

가슴으로? 자세히 풀어서 얘기해줘 봐요.

우선 각료들이 너무 상의하달식으로 보이지 않았으면 하고요. 둘째는 사회적 이슈에 좀 더 신경을 쓰는 것이지요. 물론 이것은 재정부담이 따르지만요. 핵심은 이 두 가지가 국민이 요구하는 것이라고 봅니다.

상의하달, 무슨 뜻입니까?

일방적으로 하지 말라는… 정책을 개발할 때 좀 더 협의한다 할까요?

테오치헤안(張志賢) 부총리와 샨무감 자야쿠마르(Shanmugam Jayakumar) 부총리가 그런 역할을 해왔던 것이지요.

2011년 총선 후에 PAP의 개혁 필요성에 대한 얘기가 있었는데요?

아닌데요. 누가 그런 얘기를 했지요?

조지 요(George Yeo) 장관이 그런 코멘트를 했던 사람 중 한 사람 아닌가요?

아닙니다. 요는 선거에서 패배했어요. 패배 하나하나 철저한 분석과 반성이 뒤따라야겠지요. 하지만 그것이 핵심가치와 정책의 변화까지를 의미하는 것은 아닙니다.

장관 연봉 삭감에 대해서, 정부가 너무 대중적 정서에 영합했다고 보시는 건가요?

아니요. 인기에 영합했다는 말은 아닙니다. 국민 정서의 변화에 맞추려고 노력했다는 정도로 이해합니다.

하지만 선생님 관점에서는 그로 인한 손실이 따를 것이다?

절대적으로.

아주 높은 연봉에도 불구하고, 많은 장관들이 민간부문이 아니라 공직 내부에서 선발되고 있는데요.

그렇지 않습니다. 림킴산을 비롯해서 민간부문에서 발탁된 인물이 상당수가 있지요.

하지만 그 때와 지금은 다르다고 봅니다. 돈이 전부는 아닌 시대가 되었어요.

아니요. 그렇게 말하면 안 됩니다. 보수가 중요합니다. 림킴산도 금전적 희생이 너무 컸다면 임기 한 번 마치고 떠났을 겁니다. 하지만 그는 공직에 계속 남아 주택개발청을 설립하고 그래서 지금 모든 시민이 집을 소유하게 되었지요. 임기가 끝났지만 계속 남아 일할 만한 가치가 있다고 느꼈던 것입니다.

싱가포르에 대해서 가장 우려하는 것이 있다면 무엇입니까?

우려하는 것 없습니다. 내 일을 마쳤으니까요. 후계자를 찾았고 다음 세대에 물려주었어요. 이제 더 할 일이 없습니다. 젊고 힘이 넘치던 40~50대로 영원히 살 수는 없어요.

하지만 싱가포르의 미래를 생각해보면 때로 슬퍼질 때도 있지 않을까요?

솔직히 앞으로 일어날 일은 운명이라고 봐요. 슬퍼할 필요 없어요. 지금 성장하는 세대가 어떻게 할지에 달려 있습니다. 젊은 세대가 부모 세대가 가지고 살았던 가치를 공유할까요? 내가 묻고 싶습니다.

지금까지의 압도적인 PAP 1당 지배도 아니고 양당제도 아닌 그 어느 중간에 균형을 찾아볼 수는 없을까요? 집권당이 3분의 2, 야당이 3분의 1 의석 비율을 가진다든지…

그게 가능하다고 보세요? 세 자녀가 있다고 할 때, 두 명은 PAP에 투표하고 한 명은 야당에 투표하도록 설득할 수 있을까요?

인구 문제

내가 지금 싱가포르를 책임지고 있다면, 나는 일반 시민이 받는 평균 연봉의 2년 치를 출산수당으로 주는 프로그램을 도입할 것이다. 그 정도면 적어도 초등학교 입학할 때까지 아이를 돌보기에 금전적으로 충분할 것이다. 그렇다고 출산이 획기적으로 증가할 것으로 기대하지 않는다. 아무리 큰 금전적 유인책도 출산율을 높이는 데는 제한적이라는 것을 나는 확신한다. 그렇지만 나는 지금의 낮은 출산율이, 높은 생활비용이나 부모에 대한 정부 지원 부족과 같은 경제적 또는 재정적 요인과는 아무런 관련이 없다는 것을 확실히 증명하기 위해서라도, 출산수당을 적어도 1년간은 추진할 것이다. 저출산율은 생활양식과 인식이 변화한 결과이다. 만약 아이를 더 갖도록 하는 데 있어 금전적 인센티브로 효과가 없다면, 몇 세대 이후에 우리 사회가 사라지지 않도록 하기 위해서 무엇을 할 수 있는지 보다 현실적으로 접근할 필요가 있다.

1959년 처음 총리가 되었을 때 당시 싱가포르에서는 1년에 62,000명의 아이가 태어났다. 그 이후 50년 만에 기적 같은 현상이 일어났다. 인구는 2배 이상으로 증가하였는데 아이 수는 급락한 것이다. 2011년에 39,654명이 태어났다. 1980년대 2.0이던 출산율이 2010년에 1.15로 떨어졌다. 인구를 유지하려면 출산율이 2.1이 되어야 한다. 매 12년마다 용의 해1988, 2000, 2012에는 출산율이 약간 오르긴 했지만, 장기적인 하강 추세는 변함이 없다.

어떤 방식으로 인구를 분석해 보아도 모든 민족 집단에서 출산율이 떨어지면서 인구가 완만하게 줄어들고 있다. 출산율을 보면 중국계가 1.18, 인도계 1.14, 말레이시아계 1.69이다. 대략적으로 계산해도 중국계와 인도계는 한 세대 내려갈 때마다 거의 반으로 줄고, 말레이시아계는 5분의 1이 준다는 얘기다. 더 많은 싱가포르 사람들이 결혼을 하지 않거나 늦추거나, 결혼을 하더라도 아이를 적게 갖거나 아예 안 갖기로 결심하고 있다. 30에서 39세에 한번이라도 결혼한 여성의 출산율은 10년 만에 1.74에서 1.48로, 40에서 49세의 여성층은 2.17에서 1.99로 떨어졌다. 30에서 34세의 나이에 혼자 사는 남성의 비율은 45.6%로 증가하였고, 여성의 비율은 32.3%로 증가하였다.

이민 없이 현재의 출산율로는 노인층이 젊은 층에 지우는 부담을 한 세대 이상 지탱할 수 없을 것이다. 65세 이상 노인 1인을 지원하는 생산가능인구[8]가 2012년 5.9명에서 2030년에는 2.1명으로 낮아진다. 오직 팬다 곰만이 종족 유지에 있어 비슷한 어려움에 처해있다. 하지만 팬다 곰들은 나이 든 팬다 곰을 먹여 살릴 걱정을 하지 않아도 된다.

일부는 너무 성공했다고 말할 수 있는 “둘만 낳기” 운동이 현재 싱가포르의 낮은 출산율의 원인이라고 주장하기도 한다. 말이 안 되는 주장이다. 출산 문제에 있어 싱가포르도 예외는 아니다. 변화된 생활양식이 일본에서 유럽까지 전 세계 선진사회 어디든 확산되어 나타나고 있다. 여성이 일단 교육을 받고 균등한 취업기회를 갖게 되면, 그들의 우선적인 관심과 역할은 아이를 기르고 집안을 살피는 일이 아니다. 남성이 늘 직업에 올인할 수 있었던 것처럼 여성도 경력에만 완전히 집중할 수 있기를 원한다. 더 많은 여가의 시간을 원하고, 아이에 대한 부담 없이 여행하고 세상을 구경하고 싶어 한다. 여성이 교육 받을 기회는 계속 증가할 것

---

8 15~64세 인구.

이고, 여성의 생활양식 변화를 알리는 시계는 과거로 되돌리지 못할 것이다.[9]

많은 서방국가에서는 동거뿐만 아니라 혼외자식을 인정하는 문화가 형성되어 왔다. 이런 문화가 아이를 가질 수 있는 여백을 만들어 출산의 문제를 다소 개선해 왔다. 미혼모가 겪어야 하는 낙인 효과도 아시아보다 훨씬 덜하다. 어떤 국가에서는 미혼모에 대한 추가적인 지원을 – 의도하지 않게 비혼非婚을 장려할 우려에도 불구하고 – 효과적으로 제공하고 있다. 이런 문제에서 싱가포르는 여전히 전통적인 아시아 사회에 속한다. 동거까지는 받아들이는 사람들이 있기는 하지만, 미혼모에 대한 금기가 아직 강하기 때문에 이를 수용하는 사람의 비율이 매우 낮다. 사회적 규범이 상당히 변한다면 출산율이 증가하는 하나의 요인이 될 것이다. 하지만 사회적 규범이 매우 천천히 변할 것이고 정부가 국민 정서보다 앞서 나갈 수는 없다. 더구나 혼외 출산의 증가는, 한부모 비율이 높은 사회에서 나타나듯이, 다른 사회적 문제를 야기할지도 모른다.

싱가포르 국민은 이민을 받아들이는 문제에 상당히 유보적인

---

9 한국에서도 여성의 학력이 높을수록 미혼인구 비율이 높다는 결과가 통계청 발표(2016. 12. 19) 2015년 인구주택총조사로 확인되었다. 이 통계에 따르면, 학력별 미혼인구 비율은, 초등학교 1.4%, 중학교 2.7%, 고등학교 7.7%, 2·3년제 대학교 16.3%, 4년제 이상 대학교 18.9%, 대학원 23.4%로 조사되었다. 남성의 경우 이들 학력 구간별 미혼인구 비율은 각각, 6.2%, 10.5%, 18.2%, 24.3%, 20.2%, 10.6%로 2·3년제 대학 졸업자 집단에서 최고로 높았다. 소득이 높을수록 출산율이 낮다는 점도 출산이 소득 내지 양육비의 문제이기보다 생활양식과 가치관의 변화 때문이라는 저자의 주장을 뒷받침해 준다. '2015년 기준 신혼부부 통계 결과'에 따르면 "맞벌이 부부의 경우 소득 1,000만원 미만의 경우 출생아 수가 0.89명으로 높았다. 하지만 3,000~5,000만원 미만에서는 0.75명으로 줄어든다. 맞벌이 부부 비중이 가장 많은 소득 5,000~7,000만원 미만(27.4%)은 0.69명이다. 1억원 이상의 맞벌이 부부(16.5%)는 0.63명의 아이만 낳고 있다"(서울경제, 2016. 12. 26).

입장이다. 하지만 우리는 아닌 것부터 하나씩 제거하는 방식으로 출산 문제에 접근하고 있다. 우리와 모습이 다르고 소리가 다르고 행동이 다른 사람들에 대해 불편함을 느끼는 것은 당연한 일이다. 나도 익숙한 얼굴을 보는 것이 좋다. 하지만 우리들끼리 자손의 대를 이어갈 수 있는가? 이제 현실을 인정하고 어느 정도 이민을 받아들일 것인가, 아니면 그냥 싱가포르가 작아지고, 고령화되고, 활력을 잃도록 내버려 둘 것인가?

이민 정책에는 세 가지 고려할 점이 있다.

첫째, 정치적으로 소화 가능한 속도로 받아들여야 한다는 점이다. 그렇지 않으면 국민의 상당한 반발이 있을 것이고 역효과가 클 것이다. 한 사회에서 그 정도가 어디까지인지는 합의가 필요하다. 지금 상태에서는 연간 1.5만 명에서 2.5만 명 정도는 부담이 되지 않을 것이다. 이보다 작으면 현재의 출산율로는 수학적으로 인구 감소를 막을 수 없다. 만약 정부가 성공적으로 상황의 심각성을 분명히 국민에게 이해시킬 수만 있다면 이민자 수를 더 늘리는 것이 이상적이다. 특히 앞으로 고령화 문제가 더 심각해질 때는 더욱 그럴 것이다.

둘째, 싱가포르 국민도 이민에 대한 관용의 마음을 열어야겠지만, 이민자 수가 너무 많다고 여겨지는 수준이 아직은 존재한다는 점이다. 싱가포르의 문화와 정서가 외국인에 의해 현저히 바뀌는 것을 원하지 않기 때문이다. 이민자 집단이 정착지의 인구에 비해 훨씬 규모가 작다는 것을 알면 이들은 원래 주민에 동화하고 기존의 문화에 섞이고 싶어 하는 경향이 있다. 이민 1세대에서 통합이 완성되지 않더라도 그들 자식 세대에서 완료될 것이다. 하지만 이민자 수가 어느 규모 이상이 되면, 자신들의 입장을 단호하게 주장하고 독립적인 집단이 되고자 하는 욕심이 때로 생기게 된다. 심지어, 그 규모가 충분히 커지면, 수적으로 지역문화를 바꿀 수 있다는 생각조차 가질지 모른다. 냉정하게, 이러한 변화는 당혹스러울 수 있겠지만 긍정적인 부분도 있을 수 있다. 하지만 그런 상황에 이르면, 이민자 문화의 어느 부분이 긍정적이고 그렇지 않은지를 통제하지 못할 것이다. 우리는 이미 이들 문화에서 이러한 부정적인 요소가 드러난 분명한 사례들을 목격했다.

일례로, 새로 이민 온 사람들이 단일민족 국가출신이라서, 다른 민족의 사람들과 살아가는 데 익숙하지 않을 수도 있다. 사회의 서로 다른 계층에서 온 사람들의 인간관계는 싱가포르와 같이 단일 계층에 가까운 사람들의 인간관계와 다를 수도 있다. 이민자들의 사회적 태도는 무의식 차원에서 자기도 모르게 싱가포르의 사회적 규범과 실제 행동에 잘 맞지 않을 수도 있고 그래서 마찰을 일으킬 수도 있다. 우리는 싱가포르 사람들의 삶의 방식을 부당하게 침해하는 이런 이민자의 행태가 발생하지 않도록 조심할 필요가 있다.

마지막으로, 이민만으로 출산율을 높이지 못한다는 사실이다. 기존의 연구에 따르면 이민자들도 싱가포르 국민과 마찬가지로 아이를 적게 가진다. 이민자들은 우리에게 부족한 청장년을 얼마간 채워주지만, 이들도 아이를 적게 낳기 때문에 출산을 통해 자신들의 인구를 유지시키지는 못한다. 즉, 이민 각 세대는 인구문제를 근본적으로 해결해주지 못하고 잠시 문제를 완화시켜줄 뿐이다. 이민의 흐름이 단절 없이 계속 이어져야 한다는 얘기다. 따라서 우리에게 정말 필요한 발상의 전환은 기꺼이 생활양식을 바꾸고 더 많은 아이를 갖도록 만드는 것이다.

그러나 이민의 이러한 한계를 깨닫더라도 단기적으로 다른 대안이 없다는 것 또한 이해하여야 한다. 우리는 새 이민자들이 불러들이는 다양성을 열린 마음으로 받아들여야 한다. 이러한 변화를 효과적으로만 이용하면, 학교나 직장 내에서의 다양성이 우리의 시각을 넓히고 아이디어를 생산적으로 개발시켜줄 수 있다. 영주권자는 잠재적 국민이다. 정부도, 어쩌면 그들도 아직 싱가포르 국적에 대한 최종 결정을 하지 않은 상태이다. 우리는 이들을 싱가포르 사회에 통합할 수 있고 그들이 우리의 가치와 규범에 적응할 수 있는 속도와 규모를 고려해서 국민으로 받아들여야 한다. 그럼으로써 그들은 국민이 될 수 있는 후보자 그룹을 형성하게 된다. 한시적 해외 근로자들의 경우에는 싱가포르를 건설하고 발전시키는 데 있어 긍정적인 역할을 인정한다. 하지만 그들은 여기에서의 몇 년 일을 마치면 자기 나라로 돌아갈 것이고 우리의 고령 인구를 증가시키지는 않는다.

나는 7명의 손주가 있는데 모두 20대이고 아직 누구도 결혼을 하지 않았다. 이들 중 어느 누구도 30대 이전에 결혼을 할 것으로 보지 않는다. 30대라면 많은 아이를 갖기에는 너무 늦을지도 모르는데 말이다. 하지만 이 아이들의 선택은 같은 또래의 선택과 크게 다르지 않다. 삶에 대해서 다른 기대를 가지고 사는 우리와 다른 세대이다. 불행하게도 모든 젊은이들이 각자의 합리적 계산과 세계관에 따라 삶을 결정하게 되면, 사회 전체적으로는 위험한 곳으로 서서히 다가갈 수도 있다. 우리는 이런 시나리오가 던지는 경고를 아주 냉혹하게 받아들여야 한다. 인구가 감소하는데 번영하는 나라를 이 세상에서 보았는가? 싱가포르의 생존을 가장 위협하는 하나의 위험요인을 지목하라면 바로 이것이다. 나는 이 문제를 풀 수 없고, 손을 들었다. 나는 이제 자리를 다음 세대의 리더들에게 넘겨주었다. 바라건대, 그들 또는 그 승계자들이 최종적으로 해결책을 찾기를 기대한다.

이번 세대의 지도자들이 인구문제를 해결할 수 있다고 생각하시나요?

직접 그들에게 물어보는 것이 더 낫겠지요. 어떤 다른 묘책이 있을까요? 테오치헤안(張志賢) 부총리가 백서를 내놓았습니다. 정책이 집행될 때까지 몇 년 기다려주고 효과가 있는지 나중에 평가해보지요. 언론에서도 우리에게 아이디어를 좀 주세요. 실용적이라고 생각되면 채택해야지요. 이것은 생활양식의 변화라는 근원적인 문제입니다. 독일 사람들은 스스로 자체 인구를 유지하지 못해서 결국 터키 사람들을 불러들여 일을 하게 했지요. 소위 아시아의 용 어느 나라도 현 수준의 인구를 유지하지 못합니다. 오직 미국만이 가능한데 라틴계의 높은 출산율이 크게 기여를 하고 있지요. 1가구1자녀 정책을 펴온 중국은 젊은이 1명이 4명의 어른을 부양해야 한다는 사실을 알고 뼈저리게 후회하고 있지요.

우리도 북유럽 스칸디나비아 모델을 고려해 보아야 할까요? 그들은 보육시설, 유치원 등 상당히 포괄적인 영유아 · 아동 지원책이 있어 아이들을 가진 부모들의 재정적 부담을 덜어주고 있습니다.

아니요. 내가 주장했지만 스칸디나비아 사회는 부족사회와 유사하게 기능하고 있습니다. 서로 가진 것을 나눌 준비가 되어 있어요. 우리는 이들 국가처럼 개인에게 아주 높은 세금을 부과해야 한다고 믿지 않습니다. 더구나 많은 보조금이나 무상보육 서비스를 제공한다고 해도 출산율이 오르지 않을 가능성이 매우 높습니다.

출산과 연결시켜 생각하는 또 하나의 이슈가 주택문제인데요. 집값이 너무 비싸다는 거지요. 주택구입 비용이 소득의 상당 부분을 차지하다 보니 가족 부양을 더 어렵게 만들고 있어요. 더구나 주택 규모도 자꾸 작아지고 있습니다.

땅이 제한돼 있어요. 거듭 말하지만 이것은 그런 요인보다 생활양식에 관한 문제입니다. 과거에 싱가포르 사람들은 지금보다 훨씬 좁은 공간에서 살았어요. 그래도 더 많은 아이를 낳았고요.

50층짜리 고층 아파트를 지으면 되지 않나요?

콰분완(許文遠)을 아시나요? 그가 책임을 맡고 있고, 몇 년 내로 문제를 해결할 거라고 말하는데요. 하지만 고층 아파트를 짓는다는 얘기는 아닙니다. 땅이 좁으니

하늘로 올리자는 얘기인데요. 그렇게 되면, 엘리베이터 비용, 관리비용, 설치비용 모두 비싸집니다.

콰분완(許文遠)
2004년 8월부터 2011년 5월까지 보건부장관, 2011년 5월부터 2015년 9월까지 국토개발부장관을 역임하였다.

누군가를 기다리겠다는 겁니다. 그 사람이 나타나지 않고 그래서 싱글로 계속 있는 거지요.

그런 비용을 줄이는 방법을 찾아야 하는 것 아닌가요?

아니요, 내가 말하는 것은 아이를 더 갖게 하는 방법을 찾아야 한다는 것입니다. 공간은 더 넓고 비용은 싼 주택이면 더할 나위가 없겠지요. 하지만 그래도 아이가 하나라는 것이지요. 쟁점은 일종의 생활양식에 있어요. 결혼한 부부가 자신들 2인을 대체할 자녀를 낳지 않습니다. 출산율 2.1에 도달하지 못합니다. 30대 초반 여성 3명 중 1명이 결혼하지 않는 상황에서, 결혼 부부는 2명이 아니라 3명을 낳아야 비혼자를 벌충하게 됩니다.

결혼하지 않은 절대 다수는 결혼을 하고 싶어한다고 생각해요. 어떤 이유가 되었든 자기에 맞는 배우자를 찾지 못하는 겁니다.

"어떤 이유"란 바로 그들이 아쉬운 것 없이 편안한 삶을 살고 있다는 거지요. 독립적으로 생활할 수 있고 이상적인 남자, 가급적이면 자신보다 소득이 더 많은

체외수정을 지원하는 프로그램이 몇 개 있습니다. 이 영역의 지원을 확대해야 할까요? 특히 결혼 연령이 늦어지면서 최신 의료기술의 도움이 필요할 수 있으니까요.

위험할 수 있습니다. 다둥이 출산과 조산확률의 증가 등 모든 종류의 복잡한 문제가 생깁니다. 균형 또한 유지해야지요. 체외수정이 아이 갖는 문제를 해결해줄 거라는 잘못된 믿음에 근거해서 결혼을 미루도록 부추기는 결과가 되어서는 안 되지요.

이민자를 받아서 싱가포르 사회에 변화가 있다고 가정한다면, 그 중에 우려할 만한 변화는 무엇이겠습니까?

이민자가 누구냐에 따라 다르겠지요.

다수의 이민자가 중국에서 온다고 가정하지요.

중국이라도 한 곳이 아니라 여러 지역에서 온다고 봐야겠지요. 그러면 여러 언어를 사용하는 커

뮤니티가 생길 거고요. 물론 표준 중국어 만다린을 쓰겠지만 배경이 서로 다르겠지요. 초기 정착할 때는 싱가포르에 적응하겠지만 다수가 되면 우리를 변화시킬 지도 모릅니다.

현재 중국계 싱가포르 국민이 주로 중국 남부 지역 출신이기 때문에 이들 지역 출신의 이민자를 차별적으로 우대하는 것이 도움이 될까요? 예를 들어 중국 남동부 푸젠성에서 새로 온 이민자들이 북부 지역 사람들보다 싱가포르 사회에 더 잘 융화하는 경향이 있다는 얘기도 합니다.

아니요. 우리는 출신 성에 의거해서 판단하지 않습니다. 동질성, 경제적 기여, 자질이 우리가 고려해야 할 핵심요소입니다. 이런 기준으로 이민을 받아들이면 한 세대 안에 적응할 겁니다. 그들 자식 세대는 싱가포르 사람이 되겠지요. 우리는 타이완어나 광둥어를 사용하기 때문이 아니라 똑똑하고 유능한 사람을 원합니다.

이민을 통한 인구 문제 해결은 민족구성에도 영향을 줄 텐데요?

그렇습니다. 우리는 지금까지 서로를 포용해왔다고 느끼기 때문에 지금의 균형을 유지하려고 노력하고 있습니다. 만약 어느 한 집단의 유입으로 균형이 깨진다면 문제가 발생하겠지요. 실제로 그런 문제가 발생하고 있어요. 인구 수로 시민권자와 영주권자를 합치면 인도계가 말레이계를 따라잡고 있어요. IT 고급 인력을 영주권자로 많이 받아들였고 인도 학교가 4개나 있어요. 약간의 동요가 일어나고 있지요.

인도계가 말레이계를 앞설까요?

아니요. 그러지 못할 겁니다. 우리는 그런 일이 일어나게 방임하지 않을 겁니다.

경제 문제

싱가포르는 매우 앞서가는 개방경제 국가이다. 말레이시아에서 분리될 때부터, 싱가포르는 자연 그대로의 내륙지역과 차단된 항구 도시로서 운명적으로 세계의 모든 국가와 아주 광범위한 교역망을 만드는 것 이외에는 다른 길이 없었다. 우리는 이들 교역망을 이용해서 제2차 세계대전 이후 굉장한 규모로 성장한 세계경제의 등에 올라타 번영을 이루었던 것이다. 세계무역기구WTO의 2009~2011년 통계에 따르면, GDP 대비 교역규모 비율이 싱가포르는 416%로서 수출주도형으로 경제 근대화를 이룬 대만135%, 한국107%, 태국138%은 물론 주변국 말레이시아167%와 인도네시아47%보다도 훨씬 높다. 오직 홍콩392%만이 우리 수준이지만 이것은 중국과의 무역을 포함시킨 수치이다.

싱가포르의 이러한 높은 무역 의존도 때문에, 우리는 세계 다른 곳에서 일어나는 우리가 통제할 수 없는 요인들에 매우 취약한 경제 구조를 가지고 있다. 그래서 어느 한 외부 요인에 의해 충격을 받지 않도록, 분산을 통해서 위험에 대비하는 최선의 노력을 하고 있다. 하지만 세계경제가 침체되는 상황에서 싱가포르만 흔들리지 않기를 바라는 것은 비현실적이다. 그래서 서양의 선진국들이 연 평균 2~3% 성장하고 중국이 7~8% 성장률을 보여줄 수 있다면, 우리는 2~4%대의 성장에 그런대로 만족해야 할 것이다.

동남아시아에 격변이 일어난다면 우리는 타격을 입게 된다. 다국적 기업이 이 지역 전체를 불안하게 여기고 기존의 투자를 회수하거나 추가적인 투자를 보류할 수도 있다. 현재 그런 결과가 초래될 가능성은 감사하게도 희박하다. 말레이시아는 조용해

보이고, 인도네시아는 수카르노 시절의 거만하고 공격적인 발언을 중단한 지 오래이다. 미얀마는 이제 개방을 시작하였고, 태국은 계속 자유 시장경제를 유지하고 있다. 지역 정세가 조용하고 이런 상황이 계속된다면 싱가포르에는 득이 될 것이다.

국내 상황도 안정 상태를 유지시킬 필요가 있다. 싱가포르도 1950년대에는 중국인 학교 학생들과 노동자들이 연좌농성과 파업을 하고, 정치공작과 분열된 사회를 보여주는 플래카드가 곳곳에 걸려 있었던 적이 있다. 싱가포르가 그 시대로 돌아간다면 어느 곳에 투자가 이루어지겠는가? 싱가포르에 올 이유가 무엇인가? 오늘날 노사관계는 과거 수십 년간 그래왔듯이 상대적으로 평화롭다. 여기에는 노동자 복지뿐만 아니라 공동체 복리를 함께 고려한 1세대 노동조합원들이 열심히 일한 덕분이다. 그들은 국가에 해를 주거나 필수 공공서비스를 중단하지 않으면서 조용하고 효과적으로 노사분규를 해결하려고 하였다. 산업평화는 외국 회사가 싱가포르에 오는 실질적인 매력이다. 노사정 삼각관계를 강화시키기 위해서 우리는 각료에 노동조합원을 늘 포함시키고 있다. 노사정이 공유하는 특별한 이해가 무너지면 싱가포르는 매우 위험한 상황에 빠질 것이다.

마지막으로 우리는 새로운 현실을 신속하게 받아들임으로써 경쟁에서 뒤지지 않도록 해야 한다. 20~30년 후에 어떤 현실이 눈앞에 나타날지 나도 모르겠다. 하지만 영어와 중국어가 가능한 우수한 인력, 법치주의와 지적재산권의 존중, 모든 분야에 최신 기술을 받아들이는 열의, 투명하고 부패 없는 깨끗한 정부, 사업 편의성 등등 우리가 그동안 쌓은 장점을 더욱 공고히 한다면 우리는 큰 문제없이 어떤 난관도 헤쳐 나갈 수 있을 것이다.

불행하게도 우리가 계속 성장하는 만큼, 소득격차도 심화되는 현실에 부딪힐 것이다. 이 문제는 싱가포르에만 특유한 현상은 아니다. 글로벌 세계에서 기술력이 없는 하위계층의 임금은 더욱 억제의 압박을 받게 되고, 수요가 많고 직장의 유동성을 가진 고급 인력은 전례 없는 고연봉을 받는 것이 경쟁의 본질이기 때문이다. 하지만 싱가포르는 비판가들이 말하는 것보다 실제로는 훨씬 양호하게 상황을 관리하고 있다. 예를 들어, 유럽이 복지체제가 잘 구축된 것으로 유명하지만, 유럽에서 싱가포르만큼 주민의 80% 이상에게 공공주택을 제공하는 국가가 어디 있는가? 더구나 이들 공공주택 거주자 중 대다수가 주택을 자기 것으로 소유하고 있다.

물론 소득격차 문제에 대해서 우리가 잠시 현실에 안주해도 된다는 의미는 아니다. 싱가포르가 이 문제에 대해서 고심하지 않는다면 국민 모두가 통일된 하나로 남지 못할 것이다. 관건은 어떻게 우리의 전반적인 경쟁력을 손상시키지 않고 문제를 해결할 것인가이다.

나는 자유시장에 너무 관여하는 것에는 반대한다. 이것은 시장의 자율적 인센티브 구조를 왜곡시키고 비효율을 만들어 낼 것이고, 나중에 이를 바로 잡기가 너무 힘들기 때문이다. 최저임금이 대표적인 사례이다. 훨씬 더 좋은 방법은 자유시장 방식으로 경제가 돌아가도록 놔둠으로써 총생산 차원에서 최상의 성과를 내도록 하고, 그 뒤에 부자에게서 더 많은 세금을 거두어 빈곤층에게 배분하는 방식으로 정부가 개입하는 것이다. 싱가포르 정부는 어느 정도까지 그렇게 하고 있다. 개인소득세, 부가가치세, 재산세 등 단연코 부자한테서 훨씬 더 많은 세금을 거두어서 저소득층에게 소비세 환불, 공공요금 지원, 공공주택 보조금, 근로복지 정부 지불금 등의 형태로 재배분하고 있다. 하지만 세금을 너무 올리지 않도록 주의하여야 한다. 그렇지 않으면 다른 나라로 이주할 수단을 가진 부자들은 싱가포르를 떠날 것이다. 노인 세대는 이미 뿌리를 여기에 내렸기 때문에 그들은 묶어둘 수 있을지 모른다. 그런데 젊고 유능한 인재들은 다른 나라에서 손짓할 때 떠나고 싶은 유혹을 뿌리치기 어려울 것이다.

일부는 지난 10년에 걸쳐 유입된 외국인 노동자들이 국내 저소득층의 임금 상승 기회를 약화시킴으로써 소득격차가 더 벌어졌다는 주장을 한다. 이런 주장이 어느 정도 사실이라는 점을 부인하지 않는다. 하지만 또 하나의 사실은 외국인 노동자들을 받아들이지 않았다면 국내총생산GDP의 거의 반 그리고 근로자의 70%를 차지하고 있는 중소기업 부문이 붕괴했을지도 모르고, 그로 인해 저소득층 지역민에 더 심각한 영향을 주었을지도 모른다는 점이다. 이제 외국인 노동자를 수용할 수 있는 한계에 다다르고 있다. 국민의 불안감도 있고 그들이 거주할 주택 공급에도 어려움이 있기 때문이다. 그래서 정부는 지난 2년에 걸쳐 외국인 노동자를 축소하는 조치를 취한 것이다. 그로 인한 비용이 따르는 것도 사실이다. 상당한 규모의 축소는 심각한 경기후퇴로 이어질 수도 있기 때문이다. 이 문제에 대해 정부가 취하는 적절한 균형이 다수 국민의 전폭적인 지지를 얻지 못할 수 있다. 국민은 당연히 많은 사람들에게 인기 있는 결과를 선호하기 때문이다. 하지만 정부는 장기적으로 건전한 경제를 유지하도록 계속 유념할 책임이 있다.

경제성장에 대한 우리의 전략에서 특별히 고려해볼 만한 변화가 있나요?

국내 소비 진작을 생각해볼 수 있지요. 하지만 우리와 같이 인구가 적은 나라에서는 의미가 없지요. 중국이나 인도는 국내소비를 촉진시키는 전략을 쓸 수 있지만 우리는 그렇지 않아요.

생명과학처럼 미래에 대비해서 어떤 산업을 찾아 육성할 만한 영역이 있을까요?

있을 수 있습니다. 하지만 그 분야를 상당히 정확하게 찾아야 합니다. 또한 우리에게 성장 가능성이 있고, 계속 우위를 유지시킬 수 있고, 그럴 수 있는 인재를 가지고 있다는 확신이 있어야지요.

우리가 생명과학에 뛰어들었을 때, 생명과학에 대한 상당한 확신이 있었나요?

아니요. 지금도 본 궤도에 제대로 진입하지 못한 것이 걱정입니다. 우리는 생명과학 분야에서 연구개발을 수행할 수 있는 많은 고급인력을 양성해왔지만, 아직 경제적 수익을 취할 정도의 탁월한 연구는 수행하지 못하고 있어요.

생산성 경쟁에서 우리는 선진국에 뒤떨어져 있습니다. 제조업과 서비스업에서 싱가포르의 생산성은 일본과 미국의 55~65% 수준밖에 되지 않습니다.

우리의 경우 경제활동에 쉽게 적응하지 못하고 영어를 사용하지 못하는 상당수의 이민자들이 있기 때문입니다. 일부는 취업허가증을 가지고 있지만 기술을 배운 뒤 오래 일하지 않고 몇 년 있다가 싱가포르를 떠납니다.

소득 불평등 문제로 주제를 옮겨볼까요? 싱가포르가 직면하고 있는 현실에도 불구하고 저소득층의 임금을 인상하기 위한 추가적인 조치가 가능했을까요?

기술이 필요 없는 단순 일자리에는 중국과 인도의 본토에서 엄청난 노동력의 공급이 가능하기 때문에 소득 불평등은 어쩔 수 없어요. 그래서 기술을 가지고 있지 않는 한 소득격차는 본인에게 불리하게 더 벌어집니다. 한편으로는 외국인 노동자 유입을 막을 때 얼마나 많은 중소기업이 짐을 싸야 할지도 생각해보아야지요.

하지만 닭이 먼저냐 계란이 먼저냐, 그런 상황 아닌가요? 외국인 노동자를 고용하는 것이 쉽고 또 인건비도 적게 들기 때문에 중소

기업은 이들에 의존하는 것이지요. 외국인 노동자 규제가 엄격하게 이루어진다면, 중소기업들도 새로운 작업방식을 강구하겠지요. 일부는 문을 닫겠지만 기업의 생산성을 높이기 위해서는 안주하지 않도록 경각심을 갖도록 하는 것도 필요하지 않을까요?

외국인 노동자를 막으면 중소기업은 망하는 것을 보게 될 거요.

그게 나쁜 건가요? 기업의 체질 변화를 위해 필요한 조치로 볼 수는 없는 건가요?

중소기업이 무너지면 우리 경제의 반 이상을 잃게 됩니다.

정부는 지금 외국인 노동자의 증가 규모를 줄이는 노력을 하고 있는데요?

그렇습니다. 싱가포르 국민이 외국인 노동자의 규모에 불안감을 느끼기 때문입니다. 경제적 이유는 아니지요. 경제적 관점에서 보면 우리는 성장해야 합니다.

이제 외국인 노동자 유입을 엄격하게 관리하기 시작했는데 어떻게 마무리가 될까요? 우리 경제의 반을 잃게 될까요?

취업허가증을 가진 현재의 노동자들을 출국 조치하면 경제는 위축되겠지요. 하지만 현재의 외국인 노동자 수준을 유지할 겁니다. 다만 새로운 유입을 줄여나가는 거지요. 유입을 아예 중단하면 그 때는 문제가 되지요.

현재 세율이 선진국에 비해 낮은데요. 세율을 올릴 가능성은 없나요?

세율을 많이 올리면 최고 인재는 떠날 겁니다. 이미 우리는 인재를 잃고 있어요. 싱가포르 최고의 인재들이 미국으로 유학을 가서, 대기업에 스카우트되어 돌아오지 않고 있지요. 중년 그리고 중년이 넘은 사람들은 여기에 계속 살겠지요. 선택의 여지가 없으니까요. 하지만 중년이 안 되고 아직 가능성이 많은 젊은이들은 많은 숫자가 싱가포르를 떠날 겁니다. 최고의 우수한 인재를 지키지 못한다면 싱가포르는 더 이상 과거의 싱가포르가 아닐 겁니다. 우리 세대가 아니었더라면 지금의 싱가포르는 없었을 겁니다. 당시 고촉통, 림킴산 같은 인재가 있어 지금의 싱가포르를 세웠습니다. 그들이 오늘날의 글로벌 세계에서 젊은 시절을 살았다면 그들은 어쩌면 미국으로 건너가 마이크로소프트 같은 회사에 취업해서 돌아오지 않았을지도 모릅니다.

하지만 선생님 세대 분들은 외국의 유명 대학에서 유학을 마치고 귀국하였지요. 지금의 젊은 세대도 모국애나 목적의식을 가지고 있으면 다시 돌아올 수 있는 것 아닌가요?

우리 세대는 공부를 마치고 미국이나 영국에 남는 것이 아예 허용이 안 되었지요.

영국에서 변호사로 남을 수는 없었나요?

불가능했어요. 우선 생계를 꾸려나가지 못 했을 테니까요. 영국에서 일을 하지 않았습니다. 귀국해서 여기서 일하기 시작했어요.

림총야(林學芥)

싱가포르의 저명한 경제학자로 1979년부터 싱가포르 국가임금위원회(National Wages Council) 의장직을 29년간 수행하였다.

리센룽 총리 세대는 어떤가요? 제 말의 요지는, 아마도 귀국하기로 한 결정이 꼭 경제적인 이유에서만은 아니라는 것이지요.

그렇습니다. 자식들이 들어오는 유일한 이유는 부모님 때문이지요.

그것이 큰 이유 중 하나로 봅니다. 하지만 애국심은 어떤가요? 아니면 조국에 기여해야 한다는 어떤 의무감 같은 것 말입니다.

세계화된 세상입니다. 무엇이든 할 수 있고, 원하는 곳 어디든지 갈 수 있는 세상입니다.

싱가포르는 그런 특별한 곳 중의 하나일 수도 있지 않을까요?

아니요. 우리 시대에는 세계화가 안 된 때입니다. 지금은 다르지요.

선생님께서는 새로운 임금 혁명의 필요성에 대한 림총야(林學芥)의 코멘트로 촉발된 논쟁을 아시나요?

림총야는 학자입니다. 논쟁을 일으키고 싶어 하지요. 한번은 정책제안서 하나를 들고 와 이렇게 말하더군요. "여러분들이 정말로 진지하게 생각한다면, 제 아이디어를 채택하실 겁니다. 이 방식대로 실행에 옮기실 겁니다." 총리와 다른 각료들이 그의 주장을 진지하게 받아들이지 않았어요. 한 장관이 그런 얘기를 그에게 했더니 바로 수긍하더군요. 자신은 다른 사람이 공을 쫓아가도록 공을 찬 것뿐이고 자신이 직접 공을 드리블해서 골대까지 가는 것은 아니라고요.

그의 신분에서 공을 드리블할 수는 없지 않나요.

물론입니다. 하지만 체계적인 계획을 가지고 있었다면, 1단계, 2단계, 3단계, 4단계, 5단계, 그리고 최종 목표, 이렇게 실행계획을 낼 수 있지요.

점점 더 지식경제로 전환되면서, 트위터나 페이스북처럼 시장 판세를 뒤집는 혁신적인 아이디어와 인재에 대한 의존도가 높아졌는데요. 싱가포르는 어떨까요?

싱가포르에서는 안 되죠. 싱가포르에서 빌 게이츠 같은 사람을 몇 명이나 배출하겠습니까? 싱가포르 국민은 3백만 명입니다. 중국은 13억 명 인구를 가지고도 미국만큼 혁신적이지 못해요. 인도도 그렇고요. 이유가 뭘까요? 미국은 1600년대 영국의 청교도단부터 시작해서 고급 인력이 이주해왔고, 그 뒤를 최고의 다른 사람들이 이어가고 있지요.

스페인
이탈리아
아제르바이잔
포르투갈
터키
그리스
튀니지
시리아
이라크
요르단
모로코
이스라엘
알제리
리비아
사우디아라비아
이집트
아랍
에미레이트
모리타니
말리
니제르
차드
수단
에리트레아
예멘

chapter
07

중동 MIDDLE EAST

여름 없는 봄

소위 아랍의 봄Arab Spring에 대한 질풍노도 같은 흥분이 가라앉으면서, 세계는 아마도 중동 지역의 정치체제가 이전과 크게 달라진 것이 없다는 사실을 냉엄하게 깨달았을 것이다. 당시 상황 전개가 극적으로 보이고 기자의 선정적인 보도에도 불구하고, 우리가 수십 년의 긴 렌즈를 가지고 사태를 되돌아볼 때, 그 어떤 것도 이 지역에서의 대중정치를 향한 본질적이고 영원한 변화의 일부로 믿기가 매우 어렵다. 중동에서의 민주적 실험이 오래 가지 못할 것이라는 것이 훨씬 더 맞는 말일 것이다. 나는 1인1표제 민주원리에 일시적으로 요동쳤던 많은 국가들이 오래지 않아 1인 지배나 1당 지배로 되돌아갈 것으로 예상한다.[1] 다시 말해, 봄 다

1 실제로 아랍의 봄을 경험한 중동국가들이 현재 보수적인 원리주의자 집단에게 정치

음에는 여름, 가을, 그리고 겨울이 뒤따른다. 생명은 과거 수천 년간 이어져 왔듯이, 앞으로도 계속 이어갈 것이다.

중동 국가들은 머릿수를 세어 결정을 내리는 역사가 결여되어 있다. 고대 이슬람 시대, 최근의 식민지 시대, 그리고 식민지 이후 민족주의 시대 등 그 어느 때도 민주주의 전통이 존재하지 않는다. 영국과 프랑스의 보호국들이 독립과 함께 여러 개별 국가로 분열되었을 때, 이들은 모두 1인 지배 국가가 되었다. 그것은 우연의 일치가 아니라 중동 국가의 오랜 문화적·사회적 배경이 유사했기 때문이다.

물론 민주주의는 인류 역사에서 상대적으로 늦게 등장한 현상이지만, 지금은 전 세계에서 어느 정도 보편적으로 받아들이고 있다. 특히 다수의 아시아 국가를 포함한 많은 국가를 보면 민주주의 전통이 다들 없음에도 불구하고, 민주주의가 뿌리를 내렸거나 아니면 적어도 뿌리를 내리는 과정에 있다고 주장할 수도 있다. 그러나 한 가지 확실한 차이가 있다. 중동은 대의제 정치에 대한 과거의 경험이 없다는 것 이외에, 민주주의를 지탱하는 데 필수적인 사회적 요소도 결여되어 있다는 점이다.

첫 번째 결여된 요소가 평등에 대한 시민의식이다. 이것은 사람들마다 재산, 사회적 지위, 업적, 육체적·정신적 특성 등의 차이가 있음에도 불구하고 모두 한 국가의 국민이라는 이유 하나만으로 어느 수준에서 평등하다는 사상이다. 국가가 국민 개개인에게 동등한 권리와 책임을 부여하고, 따라서 모든 사람은 법적으로 평등하고 도덕적으로도 그러하다. 이러한 평등 사상이 바로 민주주의 행동과 제도의 발전을 이끄는 힘이며, 이것은 지식인이

권력이 넘어간 상태다.

나 진보 집단뿐만 아니라 사회 전반에 걸쳐 용인되어야 한다.

그런데 중동의 많은 국가에서 우리가 보는 것은 부족주의 또는 봉건주의 제도이다.[2] 사우디아라비아에서 부족의 장은 1년에 한번 왕에게 선물을 바친다. 고대 중국에서처럼, 왕은 부족의 장에게 더 비싼 선물을 하사한다. 국가라는 개념이 없기 때문에 일반인이 보일 충성심의 대상은 국가나 동료 시민이 아니라 부족인 것이다. 사우디아라비아에서 공직을 마치고 미국으로 돌아온 지 얼마 안 된 외교관과 함께 얘기할 기회가 있었는데 그도 나의 견해에 공감하였다. 그는 사우디아라비아 사람들은 봉건주의 제도 하에서 산다고 말했다. 리비아도 마찬가지로 통일된 국가가 아니라 지역을 기반으로 한 여러 부족을 모아놓은 연합체이다. 이들 부족국가 체제에서는 한 정권이 무너지면 누가 무엇을 어떻게 결정할 것인가의 통치구조와 규정에 대한 대대적인 재조정 작업이 뒤따른다. 하지만 이들 정부형태에서 가장 기본 단위는 국민이 아니라 부족이기 때문에 민주주의는 등장하지 않는다.

두 번째 결여된 요소는 경제성장에 실제로 필요한 수단, 즉 돈이다. 이집트, 모로코, 튀니지와 같이 현대적 의미의 국가로 발전한 일부 아랍 국가들이 있다고 주장하기도 한다. 하지만 이들 국가조차도 민주주의가 성숙해지고 국민이 선거 결과를 받아들이는 데 필요한 이 두 번째 필수적 요소를 결여하고 있다.

이들 국가는 여성이 전면에 나서는 것을 강하게 거부하고 있기 때문에 그 자체로 경제성장의 잠재력을 약화시키고 있다. 아

2 중동에서는 부족에 따라 각기 다른 종교와 풍습을 가지고 있다. 그리고 자신이 어느 부족 출신임을 가감없이 말한다. 예를 들어 예멘에서 후티족은 시아 무슬림으로 정부 수니 무슬림과 대립각을 세우고 있으며, 이라크에는 야지디교를 믿는 야지디족이 있다.

랍 국가는 일반적으로 남성 지배적인 사회이다. 그들은 여성에게 동등한 교육의 기회를 주거나 여성이 사회에서 남성만큼 생산적인 일에 참여하는 것을 반대하고 있다. 이것이야말로 이들 국가의 잠재력을 깨우고 경제를 현대화하는 데 꼭 필요한 부분인데 말이다. 문제는 해결되지 않은 채 한 세대에서 다음 세대로 계속 넘어가고 있다. 교육을 덜 받은 여성은 아빠보다 엄마가 아이들과 함께 보내는 시간이 많기 때문에 자녀의 교육 수준도 그만큼 뒤떨어진다. 반면 교육을 잘 받은 여성은 자녀를 세계관이나 태도가 바뀐 신세대로 양육하는 적극성이 있다.

여성의 대학 진학률이 남성과 비슷한 중동 국가에서조차 여성은 자신들이 가진 능력을 충분히 발휘할 기회가 여러 가지 방식으로 제한되고 있다. 대학에서 과학, 공학, 법학 등 중요한 과목의 수강이 거부되고 교사와 같은 전통적인 여성의 직업에 관련된 과목을 수강하도록 요구받고 있다. 교육시스템을 평등하게 만든 경우에도 여성의 노동 참여 비율은 남성에 비해 크게 낮다. 일부 여성은 차등 보수에서 성희롱까지 차별적인 직장 관행을 감내해야 한다. 다른 여성들 역시 모르는 사람들이 모인 장소를 혼자서 여행하지 못하는 불편함을 참는다든지 집에서 가사를 돌보는 대신 사회생활을 하는 기혼 여성에 대한 사회적 편견을 그냥 수용하는 이유는 싸워봐야 소용이 없다는 것을 알기 때문이다.

실질적인 경제 성장 없이 새로 들어서는 민주 정권이 오래 버틴다는 것은 불가능하다. 결국 길거리의 국민들에게 민주주의가 가시적인 결과를 가져다주지 못한다면 민주주의가 무슨 의미가 있겠는가? 장담하건대, 몇 년마다 투표소에 줄서서 기다리는 것 이상이 되기 힘들다. 한두 번의 선거를 거치면서 새 정치제도에 대한 환상이 깨지고 또다시 어떤 형태로든 과거의 권위주의 통치로 되돌아가게 된다.

이집트에서 처음으로 이슬람 정권을 잡은 무슬림 형제단the Muslim Brotherhood[3]은 대표단을 외국에 보내 국가발전을 위해 무엇을 해야 하는지를 배워오도록 했다. 국가과제의 우선순위를 이해하는 것 같았고, 그들의 진지함을 엿볼 수 있었다. 하지만 과연 성공할까? 너무 근본적인 개혁이 필요하고, 개혁을 실행에 옮길 시간은 너무나 짧다. 개혁을 전면적으로 추진하는 과정에서 구 정권에서 넘어온 사람들도 심각한 장애가 될 것이다. 예를 들어 공직은 무바라크 전 대통령이 임명한 관료들로 아직 채워져 있다. 관료조직을 완전히 해산하고 새로 만들고 싶어도 국정의 공백이 생겨 어렵다. 구 정권에서 임명된 관료는 새로운 국정운영 시스템에서도 그대로 남아 있게 된다.

세계가 점점 더 글로벌화되면서 중동국가도 그에 따라 점진적이긴 하겠지만 변화하지 않을 수 없다는 것을 안다. 사우디아라비아에서 여성은 대중 앞에서 자신을 가려야 하고 운전이 허용되지 않는다. 많은 공중 장소가 여성에 차별적이다. 하지만 정통 이슬람교의 사회적 특성을 유지해온 사우디아라비아에서도 변화는 시작되고 있다. 예를 들어, 2009년에 설립된 왕립 압둘라 과학기술대학교The King Abdullah University of Science and Technology, KAUST는 매우 보수적인 사회 안에서 자유 민주가치가 어느 정도 보장되는 특별한 캠퍼스이다. 이 대학은 싱가포르 국립대학 부총장을 지낸 시춘퐁施春風 교수를 초대 총장으로 영입하였다.[4] 캠퍼스 안에서는

3 2011년 아랍의 봄 이후 무바라크 정권이 붕괴되고 무슬림형제단이 정당을 창당하여 선거에서 다수당이 되고 2012년 대통령도 당선시켰으나 2013년 군부 쿠데타로 실권하였다.

4 2013년 2대 총장에는 전 미국 캘리포니아 공과대학교(California Institute of

남녀가 동등하게 대우받고 서구화된 사회에서처럼 생활한다.

이것은 진일보한 것임에는 분명하지만, KAUST 졸업생이 사우디아라비아를 변화시킬 것으로 기대하지는 않는다. 소수의 똑똑하고 교육을 잘 받은 젊은 남녀로 봉건적 시스템을 바꿀 수는 없다. 아랍세계에서 가장 강력하고 가장 보수적인 성직자 집단인 와하브Wahhabi 사제단을 상대해야 하기 때문이다. 이들은 왕실 권력과 공생 관계를 이루면서 단단히 자리 잡고 있다. 왕실이 국가의 부를 관리한다면, 사제단은 모든 종교적인 문제에 대해 거의 전권을 행사한다. 다만 내가 압둘라 왕을 만나본 바로는 사우디아라비아 왕실도 국가를 옛날 시대에 계속 가두어 놓는다는 것이 불가능하다는 것을 이해하고 있다. 변화를 허용할 것이다. 다만 변화의 속도는 모르겠다. 아마도 KAUST에서의 사회적 규범이 주변으로 퍼지고 결국 도시 전체로 확산되어 나갈 것이다.

하지만 현재로서 중동의 장기적 진로는 매우 불안정하다. 투표와 선거에 대한 현재의 실험이 어느 정도 마무리된 후에는, 어떻게 성장을 지속하고 3.5억 명의 인구에 좋은 일자리를 제공할 것인가 하는 과제가 남을 것이다. 이 지역의 천연자원은 분명히 타의 추종을 불허할 정도로 풍부하다는 점을 생각하면, 이해하기 힘든 역설이다. 하지만 중동의 많은 지역이 무기력 상태에 빠져 있는 것이 현실이다.

이 지역 국가들이 직면하고 있는 진짜 중요한 도전은 유한한 자원이 고갈되었을 때, 어떻게 외부 세계와 적절한 관계를 형성해나갈 것인지에 있다. 이들은 풍부한 석유자원 중심의 경제에서 장기적으로 지속 성장할 수 있는 경제로 전환하여야 하고, 그것

Technology) 샤묘(Jean-Lou Chameau) 총장을 임명하였다.

도 몇 십 년 이내에 해내야 한다. 이들은 석유추출과 같은 전통 산업에서, 금융, 관광, 소비재, 또는 이들을 융합한 새로운 산업으로 신속하게 경제구조를 바꾸어 경쟁우위를 확보하여야 한다. 한 가지 방법은 젊은 인재를 미국이나 유럽의 경쟁력 있는 도시로 보내서 경험을 쌓도록 하고 이들을 다시 불러들여 모국에도 비슷한 수준의 실력자를 양성하도록 만드는 것이다. 그런데 이들 국가의 풍부한 석유자원이 그런 생각을 무디게 만들고 있다. 이들은 중동의 석유로 살아가는 다른 나라 사람들이 자신들에게 신세를 지고 있다는 의식을 가지고 있다. 정부는 국민들을 움직여서 체질을 약화시키는 국민의 이런 의식을 제거해야 하는 어려운 과제를 안고 있다. 정부는 석유 판매 수익금을 특별기금으로 관리하고 신중하게 투자하지만 그래도 석유자원이 무한정 계속 나오는 것이 아니라는 것을 국민들에게 납득시켜야 한다. 사실은 이것이 더 힘든 일이다.

몇 년 전에 중동 국가에서 장학생을 선발하여 우리 싱가포르에 유학을 보냈을 때의 일이다. 나는 이들 학생이 신세대라서 변화의 가능성을 기대했다. 하지만 그런 일은 일어나지 않았다. 그들은 싱가포르의 문화나 직업윤리를 받아들이지 않았다. 그들은 싱가포르를 구경하러 온 듯했고, 그들에게 싱가포르는 이상한 곳이었을 뿐이다. 그들은 속으로 "즐겁게 시간 보내다가 돌아가자"고 생각했던 것 같다. 누구든 발밑에 엄청난 재산을 묻어두고 있다면, 열심히 일할 필요성을 느끼지 않는 것이 당연한지도 모르겠다.

중동은 다채로운 문화와 길고 매력적인 역사를 가진 아름다운 곳이다. 모로코와 튀니지 같은 유럽 남부에서 가까운 일부 국가들은 다른 중동 국가에 비해 세련되고 덜 폐쇄적이다.

내가 이란의 팔레비 왕실이 무너지기 전에 국왕의 초대로 이란을 방문했을 때, 왕궁 안에서 묵게 되었다. 그 때 본 양탄자를 지금도 기억하고 있다. 너무나 아름다워서 내 것이었다면 바닥에 깔지 않고 아마 벽에 걸어두었을 것이다. 하지만 왕실에서는 사람들이 그냥 그 위를 걸어 다녔다. 이번에는 팔레비 국왕이 싱가포르를 답방했을 때인데, 당시 싱가포르 벤자민 시어스Benjamin Sheares 대통령은 큰 양탄자를 나는 작은 양탄자를 선물로 받았다. 문양이 같고 비단으로 짠 것인데 지금은 아들리센룽 총리 집에 있다. 바닥에 깔려 있지만 맨발로 다니고 항상 깨끗하게 관리하고 있다.

내가 가장 잘 아는 중동국가는 이집트이다. 나세르Gamal Abdel Nasser 대통령의 초청으로 이집트를 방문했을 때 파루크 국왕King Farouk의 왕실에서 머물게 되었다. 나세르 대통령은 이집트 국민에게 자유를 주는 데는 성공하지 못했지만, 이집트를 근대화시켰고 평범한 삶을 산 지도자였다. 그는 러시아의 도움을 받아 아스완 댐을 건설하였는데, 전기를 생산하고 홍수를 통제하는 대단히 큰 업적으로 평가받는다. 나는 대통령의 전용기로 아스완 댐에 가서 매우 건조하고 고요한 곳에서 며칠을 지냈다. 고비 사막이나 그랜드 캐니언을 다녀온 경험이 있다면 거기서의 느낌과 비슷할 것이다. 한 가지 차이점이 있다면 고비 사막을 떠나면 바쁘게 움직이는 사회로 내려와 사람들의 생기와 일하는 모습을 보게 되고, 그랜드 캐니언을 내려오면 미국의 드림이 펼쳐져 있는 모습을 보게 된다는 것이다.

중동 국가에 대해 회의적인 생각을 가지고 계신 것 같습니다. 하지만 터키는 어떤가요? 이슬람 국가이지만 민주적이고 개방적인 국가의 모델인데요.

이슬람 국가들이 국가를 운영할 수 없다는 말이 아닙니다. 오스만 제국(Ottoman Empire)은 이슬람 국가였지만 매우 성공했지요. 터키는 엄밀히 말해 아랍 세계에 속하지 않아요. 그들은 터키 사람입니다. 그들은 오히려 아랍을 정복했다고 생각하는 오스만의 일부입니다. 그리고 터키가 다른 아랍국가에 비해 여러모로 더 발전한 것은 교육을 더 잘 받은 국민이 많이 있기 때문이지요.

아랍의 봄과 그것이 지역에 미친 영향에 대해서, 일부 전문가는 그동안 미국과 아주 가까운 관계를 유지해왔던 무바라크 이집트 대통령을 너무 빨리 내친 것이 아니냐는 의견이 있습니다. 이들은 미국이 취한 일련의 행동이 미국을 우방국이나 동맹국으로 신뢰할 수 없게 만드는 사례라고 주장하고 있습니다.

미국이 어떻게 무바라크를 구할 수 있습니까? 군대를 보낼 수 있습니까? 이것은 이집트 내란입니다. 미국이 개입하려고 했으면 성조기를 불태웠을 겁니다. 미국이 돕기 때문에 안전할 거라는 가정도 맞지 않아요. 대만은 예외에 속하지요. 중국이 대만을 재흡수하고 싶어 하지만 미 7함대가 중국 본토와 대만 사이에 있는 대만해협에 버티고 있지요. 하지만 그것조차 영원히 지속되지는 못할 겁니다.

아랍의 봄이 일어난 이후 미국은 지정학적 의미에서 승자로 보아야 하나요, 패자로 보아야 하나요?

글쎄요. 미국이 지원했던 정권이 무너졌으니까 미국의 영향력이 어쨌든 약해졌지요. 하지만 새로 집권하는 실력자도 국가를 운영하기 위해서는 얼마 뒤에 미국의 지원을 필요로 할 것이고 미국도 다시 돌아오겠지요. 원조는 결국 이들 국가의 재정에서 아주 중요한 비중을 차지합니다.

힘의 상호작용이 이 지역에서 어떤 식으로 나타날까요? 중동도 아시아와 마찬가지로 미국과 중국의 경쟁 무대가 될까요?

중동에 영향력을 행사하려는 지역의 강국은 이란이 유일한데요. 중국은 너무 멀어서 그곳에 갈 수 없어요. 미국은 잘못 개입하면 성조기가 불타는 것을 보게 될 것이고 리비아에서 발생했던 외교관 살해의 위험을 감수해야 합니다.

그러면 미국은 이 지역에 대한 관심이나 영향력을 잃게 될 거라는 뜻인가요?

아니요. 미국은 이 지역의 자원 때문에 항상 관심을 갖지요. 미국은 자국의 셰일가스를 개발해서 에너지 자주국이 될 겁니다. 하지만 모든 나라가 셰일 가스를 가진 것은 아니지요. 그리고 석유는 여전히 중요한 상품입니다. 비행기, 선박, 그리고 대부분의 운송수단이 석유로 움직입니다.

중국은 중동에서 한 몫을 원하는 것이 분명해 보이는데요.

맞아요. 하지만 거리가 너무 멀어요. 군사력으로 그곳까지 영향력을 확장할 수는 없습니다. 중동에 가서 투자하고 자원을 추출하겠지요. 지금 아프리카에서 하는 방식대로요. 석유 그리고 다른 1차 산업자원을 더 많이 확보할 수 있도록 중국은 중동국가에 컨퍼런스 홀과 궁전을 지어주고 우의를 다지겠지요.

선생님께서 말씀하신 것이 정말 중동에서 미국의 지속 가능한 정책일까요?

두고 봐야지요. 이들 중동 국가에서 누가 정권을 잡고 누가 그와 친구가 될지?

이슬람 정당인 경우에도요?

집권하고 잠시 지나면, 그렇게 되겠지요.

중동의 화약고: 이스라엘-팔레스타인 분쟁

이스라엘-팔레스타인 분쟁은 중동을 괴롭히는 가장 큰 문제이다. 그것은 항상 고름이 흘러내리는 상처와 같다. 분쟁을 종식시키기 위해서는 2국가 해결안two-state solution이어야 한다. 하나는 이스라엘 국가이고 또 하나는 팔레스타인 국가이다. 팔레스타인 국가 역시 경제적으로나 정치적으로 성공 가능성이 있어야 한다. 팔레스타인 국민 개개인이 자신들도 팔레스타인 국가에서 성공할 상당한 기회가 있다고 느껴야지 개인적 이해가 생기고 그래야 이 분쟁지역에서 평화 유지의 필요성을 인정할 것이다.

유대인 로비에 의한 미국의 친 이스라엘 정책 때문에 이스라엘에서는 강경노선을 취하는 리더십이 우세를 보인다. 이것은 평화 프로세스에 역효과와 돌이킬 수 없는 결과를 초래할 수 있다. 예를 들어, 점령지에 정착촌을 세움으로써 이스라엘은 향후 양측의 협상에서 어쩌면 팔레스타인에 넘겨주어야 할 땅을 조금씩 하지만 분명히 병합해가고 있는 것이다. 이스라엘의 극우파들은 정착촌이 구약성경에 나오는 합법적·역사적 국경에 더 가까이 간 것이라고 믿는다. 그들은 잃어버린 땅을 되찾는 것이야말로 하나님의 명령이라고 믿는다. 정착촌은 이미 복잡하게 얽혀 있는 지금 상황을 더 힘들게 만드는 변화이다. 그것은 미래에 가능할 수 있는 교섭의 전망을 어느 때보다 더 희박하게 만드는 것이다.

시온주의 운동Zionist movement의 초기에, 유대인의 이상을 적극적으로 지원한 것은 영국이었다. 영국은 시온주의자들이 궁극적으로 독립 국가를 세우도록 한다는 생각으로 유대인의 팔레스타인 정착을 지원하였다. 1917년의 밸푸어 선언Balfour Declaration[5]은 이러한 입장을 공식적으로 발표한 것이다. 선언문에는 이런 내용이 포함되어 있다: "국왕 폐하의 정부는 팔레스타인에 유대 민족을 위한 고국을 설립하는 것을 찬성하며, 이 목적의 달성이 가능하도록 최선의 노력을 기울이겠다." 팔레스타인에 유대인의 유입이 시작되기 전만 해도, 이 지역에 살던 유대인 수는 그렇게 많지 않았다. 6백만 명의 유대인 대학살이라는 홀로코스트Holocaust의 트라우마外傷를 겪은 뒤, 유대인에 대한 유럽 사람들의 동정심은 최고조에 달했으며 유럽 국가의 정부정책은 유대인에게 유리한 쪽으로 기울었다. 제2차 세계대전 이후 영국의 강대국 지위는 기울어 갔다. 하지만 그 빈자리를 미국이 들어와 채워주었고, 이스라엘은 1948년 국가가 된 이후 미국을 최우선 동맹국으로 의지했다. 이후 미국은 지금까지 이스라엘을 계속 지원하고 있다.

하루하루 날이 갈수록 분쟁의 영구적인 해결은 가능성이 점점 희박해지고 있다. 유엔은 이스라엘 정착촌을 "살금살금 병합creeping annexation"이라는 표현을 쓰면서 국제법 위반이라고 선언했다. 하지만 이스라엘은 미국이 인준하지 않은 이러한 선언은 실질적인 효력이 없다는 것을 잘 안다. 예를 들어, 이스라엘이 정착촌 건설을 중단할 때까지 미국이 재정지원1949년 이래 지원한 금액이 1,150억 달러이나 다른 군사적·정치적 지원을 중단하는 의지를 보여준다면, 이스라엘은 미국의 뜻대로 행동할 수밖에 없을 것이다. 이스라엘에 대한 미국의 압력 없이는 분쟁의 끝이 보이지 않는다.

이 모든 것은 장기적으로 미국에 도움이 되지 않는다. 이것

5 영국 외무장관 밸푸어가 시온주의운동을 재정적으로 후원하던 로스차일드 경에게 보낸 편지에서 밝힌 내용이다.

은 초강대국의 전반적 신뢰를 해치고 모든 아랍 국가들을 화나게 하고 미국에 반기를 들게 만들 것이다. 결과적으로 이 지역에서의 외교적 목표도 달성하기가 더 어려워진다. 이스라엘 – 팔레스타인 분쟁은 또한 이슬람 성전주의자들지하디스트, jihadist이 젊은 테러 지원자를 모집하기 위한 선전에 이용할 수 있는 새로운 명분을 계속 제공한다. 팔레스타인 난민의 고통 받는 모습이 텔레비전 영상을 통해 중동 전역과 아시아 일부 국가에 퍼지면서 테러의 명분이 계속 생명력을 갖는 것이다.

이스라엘–팔레스타인 분쟁은 중동의 폭력과 불안의 복잡한 거미줄 한 가운데에 있다. 이스라엘–팔레스타인 분쟁은 중동 질서의 암적 존재라서 이것만 제거하면, 많은 다른 문제까지 해결되어 이 지역의 정치풍토를 바꿀 것이다. 이스라엘–팔레스타인 평화는 중동 전체의 평화를 위한 충분조건은 아니지만 필요조건은 분명하다. 만약 미국이 2국가 해결안을 모색함에 있어 엄격한 중립성과 진지함을 보일 수 있다면, 많은 중동국가 특히 수니파가 다수인 나라는 미국 정책을 공개적이고 적극적으로 지지할 준비가 되어 있다고 본다. 이것이 이 지역에 대한 미국 외교정책의 최우선 순위가 되어야 한다.[6]

이런 평화협상을 위태롭게 하는 나라가 이란이다. 이란 정부는 이스라엘의 붕괴를 반복적으로 공언하고 있다. 시아파가 지배하는 이란은 천 년 이상 수니파와 벌이는 중동 지역의 지배력을 확보하기 위해 이스라엘–팔레스타인 분쟁은 피할 수 없다는 입장이다. 수니파는 중동 전역에 퍼져 살고 있는 시아파의 뒤에서

6 하마스(수니파 원리주의)가 팔레스타인을 통치하고 있지만 그들은 시아파 헤즈볼라(시리아, 이란)의 협력 지원을 받고 있으며 가자지구에 헤즈볼라 지부인 알시비린을 허용하였다.

이란이 영향력을 발휘하고 있다고 생각하기 때문에 이란을 상당히 불신한다. 이집트 무바라크 전 대통령이 말한 것처럼, "시아파는 자기가 살고 있는 나라가 아니라 항상 이란에 충성하고 있다." 이라크의 사담 후세인이 한때는 이란의 중요한 평형추 역할을 했지만, 이제 그가 없기 때문에 미국이 이 지역에서 군림하려는 이란에 중요한 방어벽이라 할 수 있다.

이란의 야망은 부분적으로 다른 중동국가와는 다르게 스스로를 페르시아 문명을 일으킨 민족이라는 역사관에서 나온다. 몇 해 전 BBC 프로그램에서 이란의 한 장관이 "아시아에서 얘기할 가치가 있는 문명은 중국과 페르시아 두 문명밖에 없다"고 말하는 것을 듣고 깜짝 놀란 적이 있다. 이란 사람들의 인식이 어떠한지를 알 수 있었다. 그들은 페르시아 왕국의 영광스러운 시대를 갈망하고 있는 것이다.

이란은 특히 핵개발에 관심이 있고[7] 핵전쟁이나 적어도 핵무기 경쟁에 나설 것을 상상해볼 수 있기 때문에 이란과의 충돌이 세계 평화에 미치는 지정학적 충격은 엄청난 것이다. 이란이 핵을 가지면, 이집트도 원할 것이고 어쩌면 파키스탄으로부터 확보할 수도 있을 것이다. 그렇게 되면 이집트, 사우디아라비아, 이스라엘, 이란 등 4개국이 핵을 보유하게 되어 중동을 매우 위태로운 상황에 빠뜨릴 것이다. 이것은 또한 핵물질과 핵개발 기술이 다른 나라 심지어 비국가 활동 세력에게 넘어갈 가능성을 높이게 될 것이다. 나는 이스라엘이 이란의 핵무기 확보를 막아낼 수 있다는 확신을 하지 못한다. 미국은 그럴 수는 있지만 지상 공격을 감행할 준비가 되어 있어야 한다. 하지만 미국이 이라크에서 철

---

7 2015년에 미국은 이란의 농축우라늄 제거 등의 내용을 포함한 핵합의를 이루었다.

수한지 얼마 안 된다는 점을 고려하면 실제로는 불가능한 것이다. 그러고 보면 세계는 계산착오를 일으킬 수 있는 무서운 가능성과 함께 더욱 불안정해지고 있다. 제2차 세계대전 이후 처음으로 이 지역에서 핵무기의 사용을 볼 수도 있다.

우리에게 유일하게 위안이 되는 것은 만에 하나 핵무기가 사용되더라도 원자 구름이 동남아시아까지 도달하지 않을 수 있다는 것이다. 구름은 중동의 대부분 지역을 덮을 것이고, 유럽까지도 퍼질지 모른다. 싱가포르는 약간의 낙진이 있을 수 있다.

오바마 대통령은 「정치자금법」을 개정해서 거액의 현금을 가진 로비스트 집단의 영향력을 제한하겠다고 말하고 있는데요. 그러면 미국 정치의 역학관계를 다소 바꿀 수 있을까요?

그런 일이 없을 겁니다. 그렇게 하고 싶어도, 상원과 하원에서 법을 통과시키기가 너무 어렵다는 것을 알게 되겠지요.

팔레스타인에 대한 유럽인의 동정심이 확대되고 있다는 것을 주목해서 보아야 하지 않을까요?

동정심, 무슨 의미가 있습니까? 매일 땅을 뺏기고 있는 상황인데, 동정심만으로 무슨 효과가 있겠습니까?

이란이 핵을 손에 넣으면 이스라엘을 향해 사용할 수 있다는 가능성을 선생님께서는 배제하지 않는 것 같은데요?

배제하지 않습니다.

다른 견해도 있는데요. 이란이 핵을 가졌을 때가 그렇지 않을 때에 비해 실제로는 더 안전하고 협상의 가능성도 높기 때문에 이란이 핵무기 사용 단계 그 이상의 고도화가 오히려 지역에 그렇게 나쁜 것만은 아니라고 보는 것이지요. 선생님 생각은 어떻습니까?

위안을 주는 말이네요. 하지만 이란은 미국이나 러시아와 다른 인식의 틀을 가지고 있다고 봅니다. 자, 봅시다. 상대방이 공격하면 나도 공격할 거고, 그러면 또 우리를 공격할 테고. 1차 공격, 2차 공격, 3차 공격, 양쪽이 모두 초토화되고, 일부 유럽 지역도 피해를 보게 될 테고요. 이스라엘, 이란, 이집트 이들 국가가 이런 냉철한 사고를 할까요? 아주 근본적인 질문입니다. 우리는 "그래, 나 죽어도 좋아. 하지만 너희들 더 많이 죽일 거야" 이런 자살 폭탄 테러를 양산하는 그런 체제에 대해서 얘기하고 있습니다. 이 지역에서는 어떤 일도 배제할 수 없지요.

바로 그런 관점에서, 이란이 농축우라늄을 개발하고 핵능력을 갖추기 전에 이스라엘이 선제 공격해야 한다는 논리가 정당화되고 있습니다. 이스라엘의 선제 공격이 이란의 핵무기 개발을 늦추는 데 더 효과적이라고 보시는지요.

그런 쪽으로 주장하는 압력단체가 있지요. 하지만 문제 해결 방법은 아닙니다. 이란을 완전히 제거할 수 있나요? 그렇지 못하면 오래 안 가 이란이 두 번째 핵폭탄을 만들 것이고 그러면 또 공격해야겠지요. 하지만 이번에는 핵폭탄을 아주 깊은 지하에 숨길 겁니다.

결국 이스라엘은 이란의 핵무기 개발을 막지 못할 거라는 말씀인가요?

예. 저의 지식으로는 그렇습니다.

그러면 이 문제 해결에 가장 좋은 방법은 무엇일까요?

미국의 2천 명 유대인이 대답해야 할 질문입니다. 최상의 해결은 이스라엘 – 팔레스타인 분쟁을 영구히 종식시키는 방안의 도출입니다. 하지만 오늘 현재로는 해결할 수 있는 방안이 없습니다.

미국 독립선언 당시의 유대인 인구가 2천 명 수준이었으며 현재 미국 내 유대인 수는 650만 명 정도이다.
(Wikipedia)

기회의 땅

중동에서 일어나는 일들은 세계평화 이외에 싱가포르를 포함한 다른 나라의 기업활동에도 중요한 영향을 미친다. 싱가포르 기업들은 태생적으로 조심하는 편인데도 불구하고 근래에 중동에 진출하기 시작했다. 중동이 신흥 시장임을 감안하더라도 싱가포르 기업들은 좀 늦게 진출한 편이다. 싱가포르 기업들은 그동안 확실한 경쟁 우위가 있는 중국, 인도, 동남아시아에서 좀 더 편안하게 사업을 해왔다. 문화, 언어, 거리 등의 이유 때문에 중동 지역을 자연적으로 멀리하게 되었던 것이다. 하지만 싱가포르 기업들이 아랍어를 할 줄 아는 인도계 사람들과 협력하여 중동에서 기회를 찾고 있다. 중동은 싱가포르가 놓쳐서는 안 될 떠오르는 시장이다. 아예 진출하지 않는 것보다 늦게라도 진출하는 편이 낫다.

많은 신흥시장의 경우 투자한 자본과 노력을 회수하려면 오랜 시간이 걸린다. 이들 시장에 비해 중동은 현금이 풍부하고 회수가 빠르다는 매력을 가지고 있다. 어려움이라면 전문성과 능력에 맞는 사업기회를 찾는 것이다. 싱가포르 기업들은 카타르Qatar와 아부다비Abu Dhabi처럼 위계성은 강하지만 작은 나라에서 잘 나가고 있다. 사우디아라비아는 수백 명의 왕자와 공주들이 서로 복잡하게 얽혀 있는 관계 구조이기 때문에 신흥기업이 복잡한 상황을 헤쳐 나가기가 좀 더 어렵다. 하지만 사우디아라비아조차도 3천만 평 규모의 압둘라 왕 경제도시King Abdullah Economic City를 건설하려 할 때, 우리에게 계획단계와 금융산업 프로젝트에 참여해줄 것을 요청하였다. 여러 해에 걸쳐서 사우디아라비아 관계자들이 때로는 우리도 모르게 싱가포르를 조용히 방문하기도 하였다. 우리가 세운 깨끗하고 안전하고 효율적인 현대 도시에 인상을 받은 것 같다.

하지만 중동은 국제무대에서 싱가포르의 경쟁자이기도 하다. 특히 두바이Dubai는 항공, 관광, 금융, 그리고 세계적인 대회 유치 등에서 싱가포르와 치열한 경쟁을 벌이고 있다. 셰이크 모하메드 라시드 알 막툼Sheikh Mohammed Rashid Al-Maktoum의 리더십 아래 두바이는 완전히 변신하고 있다. 아랍에미리트UAE는 두바이를 우리가 추진하고 있는 것들과 필적할 만한 중동 지역 허브로 개발하기 위하여 막대한 자금을 투입할 준비가 되어 있음이 분명하다.

UAE 항공은 싱가포르 항공에 비해 티켓을 약간 저렴하게 판매하는 것으로 널리 알려져 있다. 금융위기 중에도 UAE 항공은 풍부한 현금 동원력을 과시하듯이 32대의 A380 초대형 항공기를 주문하였다. 항공기가 모두 인계 완료되면 UAE는 A380만 90대를 넘게 보유하는 초대형 항공사가 된다. 싱가포르 항공은 이에 비해 현재 19대의 A380을 보유하고 있고 5대가 주문 상태에 들어가 있다.[8]

런던 항만 개발 프로젝트 입찰에서 싱가포르는 다시 두바이에게 지고 말았다. 싱가포르는 신중하게 계산해서 손익분기점 이하로 입찰가를 써내지 않았다. 반면 두바이는 입찰에서 이기기 위해 위험을 감수하는 의지를 보였다. 세계는 충분히 크고 우리에게 다음을 노릴 다른 기회가 있다는 것을 알기 때문이다.

중동과 러시아 같은 시장은 싱가포르에게 있어 전략적으로 중요하다. 전 세계에 노출되어 있는 우리로서는 일정한 수익이 지속적으로 창출되도록 투자를 다변화해야 한다. 석유자원이 풍

8 2016년 말 기준 대한항공과 아시아나항공의 A380 보유 대수는 각각 10대와 5대이다.

부한 국가와 빈약한 국가 모두에 투자함으로써 국제시장의 속성상 어쩔 수 없이 나타나는 경기변동 주기에 대비해서 보험을 들어놓는 것이다.

chapter
08

글로벌 경제

GLOBAL ECONOMY

다음 차례는?

자본주의 체제가 근본적으로 결함이 있는 것은 아니다. 반대 진영에서 그럴듯한 비판의 소리가 커지고 있지만 자본주의를 폐기하거나 재설계할 정도는 아니다. 2008년 글로벌 금융위기가 세계경제에 미친 충격의 여파를 생각하면 그 원인에 대한 깊은 반성과 향후 그런 위기를 사전에 방지하기 위한 노력은 놀랄 일이 아니다.

하지만 너무 과잉 반응을 해서도 안 된다. 2008년 위기와 같이 충격과 정신적 고통을 안겨준 최근의 사태에 너무 큰 비중을 두어 우려하는 경향이 있다. 그렇다고 자본주의 체제를 부정하거나 자유시장을 엄격히 통제하는 것은 잘못이고 위험하기조차 한 결론이다. 빈대 잡겠다고 초가집 태우는 격이라 할 수 있다.

자본주의의 불확실성은 우리에게 낯설지 않다. 마르크스 시대 때부터 예측 불가능한 변동을 보여주는 많은 기록이 남아 있다. 자본주의 속성상 경기변동이 있고 극단적인 현상조차 나타나는 것을 알지만 그래도 비용보다 이익이 크기 때문에 받아들이고 있는 것이다. 자본주의 대안은, 지난 세기 말 동유럽 사회주의 체제의 갑작스런 붕괴를 고려할 때, 정도의 차이는 있겠지만 사회민주주의 형태가 될 것이다.

2008년 우리가 경험한 글로벌 금융위기는 자유시장에 대해서 우리가 이미 이해하고 있던 것에서 많이 벗어난 결과는 아니었다. 미국에서 주택을 담보로 대출된 부실 융자가 위험수위를 넘어섰던 것이다.[1] 당연히 미국은 직격탄을 맞았지만 글로벌 경제가 서로 맞물려 돌아가다 보니 그 여파가 유럽과 아시아에까지 미쳤다. 다행히 미국 경제가 다시 살아나고 있고 세계경제도 회복 기미를 보이고 있다. 다만 유럽 경제가 회복되는 데는 좀 더 시간이 걸릴 것이고, 이번에 유럽이 안고 있던 숨겨진 문제들이 노출되었다. 그런데 이들 문제는 유럽대륙의 금융통합의 문제이고 사회복지비용의 문제이지 자본주의와 관계 있는 것이 아니다. 장기적으로 세계경제는 자본주의 체제하에서 더 좋아질 것이고 훨씬 빠르게 성장할 것이다. 자유시장이야말로 생산 자원을 가장 효과적으로 동원하는 방식임을 역사가 분명하게 증명해주고 있기 때문이다.

한 가지, 미국에서 시장의 힘으로 해결하지 못하면서 재정·경제 위기를 심화시키고 장기화시킨 요인은 국가채무이다. 국가채무가 꾸준히 증가하는 것을 오랫동안 용인해 왔기 때문에 금융위기 이후 시장에서의 신뢰가 상실된 것이다. 이러한 국가 채무와

1 서브프라임 모기지(sub-prime mortgage)를 의미한다.

지출에 대한 태만과 심지어 오만하다 싶은 미국 정부의 태도는 정치적 리더십의 부재 때문이지 자유시장의 실패 때문이 아니다.

우리 모두 잘 알듯이 "대마불사大馬不死"는 자본주의 체제에 대한 또 다른 비판이다. 대기업, 특히 거대 금융사가 망하면 그 파장이 국가 경제 전체에 미치는 영향이 워낙 크기 때문에 국가가 볼모로 잡혀 있다는 주장이다. 대기업은 성공하면 어마어마한 이득을 취하고 망하더라도 국민세금으로 지급보증이 될 것이기 때문에 스스로 감당하지 못할 정도의 위험에 투자하는 도덕적 해이가 나타난다고 비판자는 주장한다.

이러한 일련의 비판이 모두 일면 타당한 측면이 있지만, 2008년 금융위기는 오히려 기업의 규모가 커서 망하지 않는 그런 기업은 없다는 것을 잘 보여주었다. 리만 브라더스Lehman Brothers는 당시 미국에서 4번째로 큰 투자회사였지만 부도를 맞도록 정부가 내버려 두었다. 연방 예금보험이 있어 개인예금에 대한 지불은 보증하지만 모든 은행을 구제하는 종합보험은 아니다.

금융시장에 더 큰 파장을 미치는 더 큰 규모의 은행이었더라도 부도를 내버려두었을까? 리만 브라더스가 아니라 시티뱅크였으면 어떠했을까? 시티뱅크가 아니라 그 어떤 금융회사도 무제한의 위험을 보증해주는 백지 보험을 든 회사는 없다고 확신한다. 어떤 은행이 정부의 도움을 받느냐 하는 것은 은행의 책임이 얼마나 되고, 다른 은행이 얼마나 건전한 상태인지, 그리고 당시의 정치적 환경이 어떠한지에 의해 영향을 받는 것이다. 은행에 대한 구제금융이 어느 정도일지에 대한 불확실성은 곧 금융계의 책임있는 행동을 이끌어 내는 데 중요한 요인이 될 것이다.

그렇다고 정부의 역할이 없다는 것은 아니다. 때때로 인간의 탐욕을 이겨내지 못한 회사 보스가 나타나 자기 이익을 위해 시스템을 악용하기도 한다. 정부의 과제는 그런 사례를 찾아내서 단호한 조치를 취하는 일이다. 정부의 역할은 경쟁이 공정하게 이루어지도록 경쟁하는 운동장을 최대한 평평하게 유지하는 일이다. 런던은행간금리London Interbank Offered Rate, 소위 리보Libor를 둘러싼 스캔들은 상대적으로 최근의 일이다. 리보 스캔들[2]은 은행의 신뢰를 버리고 다른 시장 참여자들에게 손해를 입히는 금리 조작 사건이었다. 바클레이즈 뱅크Barclays Bank 회장과 행장이 사임하고 미국과 영국에 수억 달러의 벌금을 물었다. 이 사건은 분명히 정부와 규제기관이 금융기관을 방임해서는 안 되며, 누구의 감시도 받지 않고 방대한 이익이 걸려 있을 때 이들이 나서서 기업 임원의 윤리적 행동을 보장해주어야 한다는 것을 보여주는 사례이다.

많은 정부가 금융위기 이후 상업 및 투자 은행의 규제에 대해서도 재검토하고 있다. 이 이슈에 대해서는 원론적으로 재정과 금융 문제에 대단한 통찰력과 경륜을 갖춘 전 미국 연방준비제도이사회 폴 볼커 의장[3]의 다음 말에 동의한다. "우리가 정규 상업은행과 투기성 및 위험성을 가진 투자은행을 구분해야 한다면 우리는 좀 더 안전한 은행 체제를 택해야 할 것이다." 하지만 그 기준을 실행하기가 지극히 어렵다. 은행들은 아마도 외국에 나가 영업을 할 것이다. 돈은 볼커 원칙을 지키는 나라에서 그렇지 않은 나라로 빠질 것이기 때문이다. 일례로 세계 금융의 허브인 런던에 국가경제를 많이 의존하고 있는 영국으로서는 은행 규제를

2 런던은행간금리 리보는 대형 은행이 단기 자금을 조달할 때 적용되는 금리이다. 2012년에 바클레이즈 뱅크, UBS(Union Bank of Switzerland), 도이치 뱅크 등 다수의 대형 은행들이 자신들에게 유리하도록 금리를 조작한 사건으로 미국, 영국 등의 정부에 수 조원의 벌금을 물었다.

3 Paul Volcker, 1979년 8월부터 1987년 8월까지 재임하였다.

약하게 유지하려는 것이 확실한데 과연 다른 국가에서 영국에 비해 자국의 경쟁력을 떨어뜨리는 일을 할 지 의심스럽다.

그러나 경제 시스템 전체를 안정시켜야 하는 상황이 오면, 정부의 개입이 바람직하고 효과적일 수 있다. 미국은 경기후퇴 압박을 지연시키기 위해서 양적 완화를 통해서 유동성을 증대시키는 조치를 취했다. 미국이 이번에 사용한 방식은 다소 비전통적이고, 투입한 통화량의 규모가 역사적으로 매우 큰 규모라는 특징은 있지만, 느슨한 금융통화정책은 불경기에 대처하는 전통적인 정책수단이었다.

그렇다고 모두가 이 방식을 찬성하는 것은 아니다. 오스트리아 신자유주의 경제학자 하이에크를 따르는 비판가들은 정부개입은 경쟁력 없는 기업이나 산업의 생명을 연장시켜 경제의 체지방을 잘라내지 못하고, 결국에 어떤 해결도 못하고 문제만 뒤로 미루는 결과를 가져온다고 지적한다. 궁극적으로 시장에서는 자율적인 조정이 이루어져야지, 양적 완화를 통해서 경기후퇴를 막는 것은 잘해야 경기 조정에 필요한 기간을 연장시킬 뿐이고 최악의 경우에는 경제의 비효율을 초래해서, 뒤에 더 큰 경기침체는 아니더라도, 장기적인 경기 부진을 가져오게 된다고 주장한다.

위기를 대처하는 대안으로 통화정책이든 재정정책이든 정부의 지원정책은 차악의 선택[4]이라고 믿는다. 미국의 대공황 시기에 많은 국가들이 하이에크의 신자유주의에 따라 차악의 선택조차 하지 않았고 결과는 비참했다. 지금 이 시대는 전 세계 교역체제가 고도로 통합되어 있기 때문에 전 세계적인 긴축정책은 모든 대륙에 연쇄효과가 발생해서 모두를 공포로 몰아넣는 위험한 일이다.

---

4 나쁜 것 중에 덜 나쁜 것을 선택하는 것(the lesser of two evils).

그래서 어느 국가도 미국이 경착륙하는 것을 원하지 않았다.

미 달러는 세계의 준비통화이기 때문에 미국은 양적 완화정책을 펼 수가 있다. 미국은 다른 부작용을 크게 발생시키지 않으면서 장기간 적자를 내는 것이 가능하다. 만약 다른 국가가 미국과 같은 정책을 편다면 바로 해외자본이 빠져나가고 환율이 폭락하는 위험을 감수해야 한다. 미국은 양적 완화로 생기는 비용 일부를 다른 나라로 이전시키기 때문에 자국이 부담하는 비용이 줄어든다. 또한 미국은 다른 국가에서 현금 준비금과 자산을 달러로 보유하려는 수요가 강하기 때문에 보다 유리한 이자율로 자금을 차입할 수 있다. 달러가 준비통화라는 장점이 여기에 있다.

영국도 한때는 파운드화가 국제무역에서 결재통화로 인정받았기 때문에 비슷한 혜택을 누린 적이 있었지만 지금은 그 지위를 잃었다. 어쩌면 미국도 언젠가 그 지위를 잃을 것이다. 상상하기 어렵겠지만 개연성은 있다. 지금으로서는 달러를 대체할 준비통화는 없다. 유로화는 아직 위험하고, 중국의 위안화는 준비가 덜 되어 있다.

나는 중국이 미국을 대체하려는 의도가 있다고 믿지 않는다. 중국은 더 많은 것을 고민하고 있다. 자국의 자본 계정을 개방한다는 것은 돈의 흐름을 자유롭게 허용한다는 뜻이다. 이것은 갑자기 돈이 대량으로 유입되기도 하고 유출되기도 해서 경제를 불안하게 만들 수 있어 한 국가를 취약하게 만든다. 미국 경제는 그런 불안을 이겨낼 만큼 성숙되어 있다. 나는 중국이 그런 위험을 감수할지 장담하지 못한다. 무엇 때문에 그렇게 하겠는가? 중국은 준비통화가 아니더라도 상당히 잘 성장하고 있다. 위험을 정당화시켜줄 정도의 충분한 이점이 없다. 나라면 그렇게 하지 않을 것이다.

프랑스 경제학자 자크 뤼에프Jacques Rueff는 미국 달러에 기반을 둔 국제 금융시스템을 불공정하다고 보았기 때문에 금본위제도로 돌아갈 것을 강력히 주창했었다. 미국은 이에 반대하면서 "달러를 받아들이거나 아니면 거부해도 좋다"는 식이었다. 미국이 최강의 경제대국이기 때문에 사람들은 그것을 받아들이고 있다. 실제로 현재의 통화 질서가 가까운 미래에도 계속될 것이라는 확신이 국제무역 시스템에 안정과 확실성을 제공하고 있다. 준비통화의 어떠한 변화도 현재로서는 이루어지기 힘든 가정이지만, 경제대국들 간에 준비통화에 대한 어느 정도의 합의에 도달하는 경우 짧은 기간이나마 금융시장의 혼란을 가져올 것이 분명하다.

현재 글로벌 경제의 건강을 해칠 수 있는 더 큰 단기과제는 자유무역의 억압이다. 우리는 늘 보호주의자들이었다. 우리는 1930년대의 대공황이 여러 국가들 사이에 고립주의 성향이 나타나면서 상황이 그렇게 악화되었다는 것을 잊어서는 안 된다. 예를 들어 미국의 정치인들이 유권자를 의식해서 중국의 저가 제품에 보호관세를 부과하기로 한다면, 중국도 이에 대응하여 어떤 형태로든 관세 보복에 나설 것이다. 일단 그 길로 들어서면 오래지 않아 유럽과 일본을 포함해서 다른 무역국들도 그 충돌 속으로 끌려들어가고 유사한 조치를 취하지 않을 수 없는 입장에 놓이게 된다. 그 때는 전체 무역시스템이 무너지기 시작할 것이다. 전 세계가 모두 후퇴하게 될 것이고, 특히 가난한 국가일수록 더 큰 타격을 입게 될 것이다.

자유무역협정이 성공으로 가는 하나의 길이다. 서로 합의만 이끌어낼 수 있다면 합의 당사국 모두가 예외 없이 이득을 볼 것이다. 도하 다자간무역협상[5]이 최종 합의에 이르렀더라면 싱가포

5 2001년 카타르 수도 도하에서 열린 각료회의로 무역자유화를 위한 다자간 무역협

르를 포함해서 모든 국가에 커다란 혜택을 주었을 것이다. 불행하게도 협상이 시작된 이래 10년 이상이 지났는데도 농업보조금이 가장 큰 걸림돌로 남아 있은 채 협상은 진전을 보지 못하고 있다. 협상의 성공에 필요한 양보를 허용하는 정치적 의지가 부족하였다. 일부 미국인들은 해외 업무 위탁 때문에 피해를 입어 왔다. 미국 정치인들은 이들을 설득하기 어려웠을 것이고 좀 더 조정하는 것이 도움이 될 거라는 생각을 했을 것이다. 물론 미국 기업들이 해외에 업무를 위탁하지 않으면 독일, 프랑스, 영국, 일본 기업들보다 경쟁에서 불리할 수 있음에도 말이다.

한편 대부분의 국가는 당연히 양자간 자유무역협정FTA을 추진하느라 바쁘다. 비록 1등보다 못하지만 그래도 2등 상이다. 지금까지 싱가포르는 미국, 중국, 일본, 인도, 그리고 호주 등의 주요 경제국과의 FTA를 포함해서 19개의 지역 또는 양자 FTA를 체결하였다. 이들 FTA는 도하 교착상태를 감안해볼 때 무역 자유화의 동력이 되고 있음이 점차 확인되고 있다. 우리의 전략이 보상을 받았다고 할 수 있다.

태평양 연안국들 간 논의되고 있는 높은 수준의 무역협정 환태평양경제동반자협정 TPPTrans-Pacific Partnership 역시 환영할 만한 진전이다. 현재 협상에 참여하고 있는 12개 국이 협정에 따라 자국의 시장 개방을 진지하게 이행한다면, 현재의 무역을 한 단계 끌어올림으로써 수만 개의 기업들과 수억 명의 소비자들에게 혜택을 가져다 줄 것이다. 미국의 참여와 함께 TPP는 분명히 참여국 모두에게 가치 있는 제안이 될 것이다.[6]

상이다.

6 트럼프 미국 대통령은 2017년 1월 24일 TPP 탈퇴를 선언하였다.

선생님께서는 글로벌 금융위기 중에 발생한 몇몇 사건들이 자본주의 체제가 작동하는 과정에서 나타나는 본질적인 현상이라고 생각하시는 건지요?

미국 자본주의가 작동하는 방식의 중요한 현상입니다. 유럽식 자본주의는 사회적 경제를 수용하기 때문에 미국과 좀 다르게 작동하지요. 즉 사회보장을 더 강조하고 그래서 미국에 비해 경제의 역동성이 덜한 편이지요. 영국은 무상 의료서비스를 제공합니다. 가장 대표적인 나라는 독일인데요. 독일은 국가가 건강과 실업수당 등의 부담을 떠안는 것을 상당히 중시합니다. 나는 유럽이 미국만큼 경쟁적이라고 생각하지 않아요. 즉, 미국 시스템은 극단으로 흐르고 잘못되기도 하지만 시간이 지나면 회복됩니다. 반면 유럽 시스템은 극단으로 흐르지는 않지만 미국의 경쟁우위를 갖지는 못하지요.

하지만 자본주의 체제 전반에 대해 회의적인 경제학자들이 있습니다. 그들이 보기에 경기 주기가 짧아지고 경기후퇴는 깊어지는 등 자본주의 체제에 근본적인 개혁이 필요하다는 주장입니다. 2007년 금융위기 이후 미국경제는 근래 들어 가장 긴 침체국면의 하나로 볼 수 있을 정도로 아직 완전히 회복되질 않고 있어요.

미국이 어떤 조치를 취해야 할지는 모르지만, 미국인의 다수가 영국이 도입하고 있는 그런 복지국가 형태를 지지한다고 보진 않습니다. 영국을 보세요. 실패하는 사람들에게 정부가 집을 줍니다. 무료로 의료서비스를 제공하고, 아주 적은 등록금으로 대학을 보내줍니다. 이런 것들이 영국에 분명한 성과를 가져다주지 못하고 있습니다. 하지만 이제 그것으로부터 빠져나올 수도 없습니다.

당분간 미국의 달러가 중국 위안화의 도전 없이 세계의 기준통화 역할을 계속한다고 가정할 때 우리 싱가포르의 외환보유액을 투자하는 데 있어 전략은 무엇이어야 할까요?

나라면 US 달러로 보유할 겁니다. 만약 자원 수요가 계속 높아진다면, 일부는 호주 달러로 보유하겠고요. 중국이 자국의 경제를 유지하기 위해서 철강, 석탄 등등 거대한 자원을 필요로 하는 한, 호주는 광활한 영토와 많은 자원을 가지고 있고 인구는 적기 때문에 호주 달러의 강세가 예상됩니다. 중국이 필요로 하는 자원을 가진 나라가 또 어디인가요? 콩의 주 생산지인 브라질이지요. 중국은 계속 성장하고 있기 때문에 앞으로 몇십 년 동안은 자원의 최대 소비국입니다. 인구는 어마어마하고 1인당 소득은 낮습니다. 중국은 이들 자원을 모두 국내에서 확보하지 못하기 때문에 수입해야만 합니다. 신장과 티베트에 거대한 빈 땅이 있지만 경작이 불가능한 땅들이고요.

한 국가에 자금이 유입되고 유출되는 자본 이동에 대한 규제 문제에서 총리께서는 어떤 견해를 가지고 계신가요?

우리는 작은 나라이기 때문에 규제가 적을수록 우리에게 더 유리합니다. 동시에 조지 소로스와 같은 투자가들이 우리 통화를 공격하는 경우에 대비해서 높은 수준의 외화보유액을 유지해야 합니다. 실제 싱가포르를 공격하지는 않았는데 그 이유는 우리가 충분한 보유액을 가지고 있다는 것을 알았고 잘못하면 자신들이 손실을 볼 수도 있다고 생각했기 때문이겠지요.

자유시장 체제가 작은 나라에 더 유리한 이유가 뭔가요? 오히려 막대한 자본의 유입으로 외국에 압도될 위험이 있는 것 아닌가요?

압도되지 않을 겁니다. 사람들이 우리 기업과 부동산에 투자한다는 것은 싱가포르 시장을 신뢰한다는 의미입니다.

부동산 거품의 위험은 없나요?

너무 지나치면 손해 볼 수도 있지요. 특히 많은 사람들이 부동산을 주거의 목적으로 매입하는 것이 아니라 단기 수익을 노리고 구매하는 경우에는 그럴 수 있습니다.

결국 시장의 자율적인 조절 장치가 작동할 거라는 말씀인데요.

작은 문제들이 있을 수는 있지만, 장기적으로는 그렇습니다.

정치적 관점에서 보았을 때, 단기적으로는 그런 작은 것들이 시장을 상당히 불안하게 만들지 않을까요?

우리에게 선택은 시장을 개방해서 글로벌화하느냐 시장을 폐쇄해서 고립되느냐 둘 중의 하나입니다. 중국은 거대한 국내시장이 있기 때문에 고립을 선택할 수 있어요. 우리는 그럴 수 없습니다. 싱가포르의 1인당 GDP는

1965년에 500달러이던 것이 지금은 52,000달러입니다. 개방경제를 선택하지 않았다면 50년 만에 이정도 수준에 도달하지 못했습니다. 국제경제에서 우리 스스로 장막을 친다면 우리는 작아질 수밖에 없겠지요.

싱가포르의 1인당 GDP

IMF(International Monetary Fund), World Economic Outlook(October-2016) 통계에 따르면 싱가포르의 2016년 1인당 GDP는 53,053달러이고, 한국은 27,633달러이다.

말레이시아의 경우, 마하티르 전 총리가 1997년 아시아 금융위기 중에 **자본통제(capital control) 정책**을 도입했어요. 당시 논란이 되었던 정책인데, 지금 그때를 생각해보면 체제를 안정시키기 위해 필요한 결정이었다고 보는 학자들도 있습니다.

자본통제(capital control) 정책

자기 나라의 경제를 보호할 목적으로 단기투기성 자본의 유출입 규모를 규제하는 정책.

(NEW 경제용어사전)

당시 결정이 옳았는지, 틀렸는지 말레이시아 사람들의 논쟁에 관여하고 싶지 않습니다. 우리는 개방적인 금융체제를 유지하고 있고 변동환율제도도 영향을 받지 않고 있어요. 우리는 이익을 보았어요. 모든 국가는 자국의 처한 상황을 모두 고려해서 자본과 투자의 유출입을 자유롭게 허용할 것인가 여부를 결정해야 합니다. 금융제도가 아직 성숙하지 못한 일부 국가에서는 문제가 발생할 수도 있습니다. 싱가포르의 경우에는 개방이 도움이 된다고 판단한 것이지요. 중국은 자본시장이 아직 발달하지 않았기 때문에 자본의 자유로운 이동이 국가경제를 불안하게 할 것이라는 우려를 하는 것이고요. 장기적 관점에서 중국이 잘하고 있다고 보지만, 시장 안정을 위해 잠재적인 경제 역량을 최대한 이용하지 못하는 대가를 지불해야 합니다. 자본계정을 폐쇄하고 자본의 유출입이 정부의 승인에 의해서만 가능하기 때문에 투자의욕을 꺾게 되고 투자가 그만큼 적게 이루어지는 것이지요.

핫머니(hot money)

국제금융시장을 옮겨 다니며 단기의 투기적 수익을 노리는 큰 규모의 자금

핫머니(hot money)가 부동산 매입에 흘러들어 가격을 상승시킴으로써 싱가포르 사람들이 시장에서 밀려난다는 우려가 있는데요?

우리는 국경을 개방하거나 폐쇄하거나 둘 중의 하나를 선택

해야 합니다. 외국인이 매입한 부동산이 5년이나 10년 뒤에 비싸게 산 것인지, 싸게 산 것인지 누가 지금 말할 수 있겠습니까? 시장이 결정하도록 놔두어야 합니다. 그들은 안전자산이라고 믿고 투자한 것이지요. 하지만 위험이 따릅니다. 악재가 터져서 가격이 하락하고 유동성이 묶일 수도 있어요. 즉각 현금화할 수 없을 수 있습니다. 은행에 예금한 돈은 유동성이 있지요. 온라인 뱅킹으로 키보드 몇 개로 파운드화나 유로화로 환전해 놓을 수도 있어요. 부동산은 그럴 수 없습니다. 어떤 경우든 싱가포르에서는 국민이 아닌 외국인은 부동산의 경우 정부의 승인을 받아야 취득할 수 있습니다. 또한 이들 외국인이 구입하는 부동산에는 취득세, 가산세를 적용해서 높은 세율을 부과하고 있습니다.

부동산 가격 상승이 임금 상승보다 더 높게 놔두어서는 안 된다는 주장이 제기되곤 했습니다. 그렇지 않으면 평균 임금 노동자들은 부동산을 매입할 수가 없으니까요. 부동산 시장이 전적으로 내국인에 의해 형성되는 경우에는 균형을 맞출 수도 있습니다. 그런데 부동산 시장을 외국인에게 개방하면, 부동산 가격과 임금은 분리가 되어 전자가 후자보다 훨씬 더 상승할 가능성이 높습니다. 그런 상황이 발생하게 되면 위험한 것이 아닌가요?

하지만 싱가포르 국민도 부동산을 팔아서 큰 이익을 남기게 됩니다. 지금 부동산에 거품이 끼어있어 하락할 것으로 보이면 팔아서 현금화하는 가능성이 그들에게 있습니다. 소유했던 집을 팔고 얼마 동안 세 들어 살다가 집값이 떨어지기를 기다리는 거지요. 집값이 오를 것 같으면 계속 보유하면 되고요. 결국 부동산 시장이 어떻게 작동하느냐 하는 것은 한 국가 내지 그 국가의 정치 체제에 대한 신뢰의 문제입니다.

부동산을 소유한 사람들에게는 처분할 기회가 있겠지요. 하지만 새로 주택을 구입해야 하는 사람들에게는 그런 옵션이 없습니다.

싱가포르 시민으로서 주택 미보유자는 주택개발청이 정한 자격을 충족시키면 주택개발청이 공급하는 주택을 정부의 보조금 지원을 받아 매입할 수 있습니다.

세계화(globalization)

세계 경제의 구심력이 대서양에서 태평양으로 확실히 이동하고 있다. 태평양은 오늘날 세계에서 가장 큰 무역 네트워크가 만들어지는 장이다. 히틀러의 독일이 정치적 또는 산업적인 의미에서 세계의 지배력을 가졌던 때가 그리 오래전이 아니다. 하지만 독일은 전쟁에서 패하고 미국이 몇십 년간 패권을 쥐고 있다. 30년 후에는 중국이 가장 큰 경제규모로 성장하게 된다. 유럽이 하나로 통합하면 2위일 수 있지만 그렇지 못하면 자신들의 운명을 결정할 수조차 없는 27개의 개별 경제체제가 될 것이다. 그때는 중국과 미국이 가장 중요한 두 경제대국이 될 것이고, 그들의 결정이 전 세계에 일으키는 파급을 전 세계가 예의주시할 것이다.

태평양의 아시아 쪽을 보면 성장은 아주 강해 보이지만 소비가 미국의 수준에 이르기에는 수십 년은 더 기다려야 할 것이다. 중국 사람들은 전쟁과 예측하기 힘든 자연재해를 겪으면서 생존해왔기 때문에, 개인이든 가족이든 위험에 처했을 때 잘 나가던 시절에 모아둔 것을 의지해서 다시 일어서야 한다는 것이 몸에 배었다. 그래서 중국 사람들을 마구 소비하도록 설득한다는 것이 쉽지 않다. 싱가포르 사람들도 만약의 경우를 준비하는 문화적 유사성이 있기 때문에 큰 몫의 재산을 별도로 준비해두는 경향이 있다.

아시아 국가의 사람들이 자신이 번 것 중에서 상대적으로 많은 부분을 미래를 대비해서 모아둔다 하더라도, 아시아가 전 세계의 경제성장에 동력을 제공하는 중요한 엔진 역할을 할 것이 분명하다. 우리는 앞으로 아시아 주식시장의 상승과 하락이, 미국이나 유럽의 중앙은행 또는 경제통계 발표보다도 중국, 인도, 일본, 한국의 발표에 의해서 더 큰 영향을 받게 되는 것을 보게 될 것이다. 중국의 국내시장 규모가 확대되면서 나타난 중국경제의 활황은 2008년, 2009년의 경기침체를 겪은 아시아 국가들의 빠른 경제회복에 도움을 주었다고 생각한다. 아시아가 반드시 미국 경제로부터 곧 분리되는 것은 아니라고 본다. 아시아 국가의 상당한 물량이 아직 미국으로 수출되고 있다. 하지만 아시아와 미국의 관계는 훨씬 더 균형 상태로 진화할 것이다. 즉 아시아 국가들은 미국의 경제가 좋지 않더라도 어느 정도 괜찮은 성장을 할 수 있다는 상당한 자신감을 갖게 될 것이다.

경제의 구심력이 태평양으로 이동한다 하더라도, 우리의 일상적인 삶과 직장생활의 방식에 지속적인 변화는 통신과 교통의 기술발전에 의해 이루어질 것이다. 우리는 전 세계 어디에 있는 누구와도 그 자리에서 대화할 수 있고, 인터넷을 통해서 세계의 반대편에서 무엇이 일어나는지를 정확하고 풍부한 지식으로 계속 업데이트할 수 있는 시대에 살고 있다.

1920년대 내가 학교도 가기 전 어린애였을 때, 10리도 안 되는 거리에 있는 할아버지 댁에 가는 데 1시간이 걸렸다. 1930년대 초등학생 때는 매주 목요일이나 금요일에 영국에서 5~6주 걸려 들어오던 배를 기다렸던 기억이 난다. 대학 때는 극동에서 영국으로 군인을 귀환시키던 대서양 횡단 여객선 브리태닉Britannic호를 타고 런던에 가는 데 3주가 걸렸다. 영국에 도착해서 가족에게 가장 빠르고 저렴하게 소식을 전할 수 있는 방법이 항공우편이었는데 1실링[7]이었다.

7 1971년까지 사용되던 영국 주화로 20실링이 1파운드였다. 지금 한화로 74원 정도이다.

오늘날 런던과 싱가포르는 비행기로 12시간 걸린다. 1950년대 초기에 수상비행기로 영국에서 싱가포르를 오려면 이집트 카이로, 파키스탄 남부 도시 카라치, 스리랑카 콜롬보를 경유해서 4~5일이 걸렸다. 기술 발전은 우리 생활에 심대한 변화를 가져왔다. 우리는 속도와 편안함과 안전이 확보된 상태에서 어디든 갈 수 있고, 아침에 빠른우편으로 편지를 보내면 저녁에 목적지에 도착될 수 있다. 하지만 그렇게 하는 사람도 이제 많지 않다. 빛의 속도로 전달되는 핸드폰 문자나 이메일을 사용하는 것이 더 편리하다. 아프리카에서조차 옥수수 거래 가격에 대한 최신의 정보를 아이폰으로 받아보고 있다.

기술발달과 함께 사람들은 다른 사람들이 어떻게 살아가는지를 다 안다. 아시아와 아프리카에서 가장 가난한 사람들이 같은 나라에서 잘 사는 부자는 물론이고 미국사람, 유럽사람과 비교해서 자신들이 얼마나 못사는지를 빈틈없이 알고 있다. 이런 정보를 보고 많은 사람들이 더 나은 직업과 삶을 찾아 더 잘 살고 경제적 기회가 더 많은 나라로 합법 또는 불법으로 국경을 넘고 있다. 특히 불법 이민자들의 유입은 기발한 수단을 동원하여 몰래 잠입시켜 주는 전문 브로커들의 도움으로 계속 이어지고 있다. 때로는 용기에 담아 이동하던 중에 질식하여 사망하는 비극적인 결과도 종종 발생한다. 하지만 불법이민의 욕망이 너무 강하다. 빗물이 그냥 아래로 흘러 내려 모든 것이 더 푸르고 비옥한 계곡에 고이는 것에 비유할 수 있다. 불법 이민은 국경을 마주한 국가들의 미래에 커다란 도전이 될 것이다.

이 모든 변화는 신흥 경제, 특히 아시아 국가들에 전례 없는 기회를 열어주고 있다. 시장친화적인 정책, 교육, 근면, 법치질서 등이 잘 확립된 국가는 글로벌 세계에서 새롭게 제공되고 있는 기회를 활용해서 훨씬 빠르게 성장할 수 있다. 물론 모든 것이 어지러울 정도로 흔들리는 이러한 발전에 부정적인 측면이 없는 것은 아니다.

세계화가 초래할 수 있는 첫 번째 부정적 측면은 금융시장의 위험 노출도가 커지는 문제이다. 대표적인 사례가 1997년의 아시아 재정위기 때였다. 발단은 지속가능하지 않은 환율을 유지했던 태국에서 출발하였고, 좀 작은 규모의 원인은 인도네시아와 한국에 의해서 제공되었다. 태국은 달러를 포함한 단기성 자금을 빌려서 플랜트와 부동산 등 장기투자에 투입하였다. 태국의 수출에서 오는 수입이 상환기한을 준수할 수 없다는 판단이 시장에서 분명해지자 투자가들과 투기자본들의 태국 바트화에 대한 지불청구가 쇄도하기 시작했던 것이다. 태국 중앙은행이 나서 시장을 안정시키기 위해 단호하게 맞섰지만 순식간에 외환보유액이 부족하다는 것이 확인되었다.

태국이 미국에 도움을 요청했지만 미국은 단호한 반응을 보여주지 않았다. 이것이 잘못된 것이었다. 미국은 자신의 신뢰와 영향력을 걸고 기꺼이 위기를 해결하려는 의지가 없다는 신호를 시장에 보낸 것이다. 이것이 갑작스런 신용 부족사태를 촉발시켰다. 위기는 바로 다른 아시아 국가로 며칠 사이에 퍼졌고 싱가포르를 포함해서 많은 국가의 중앙은행들이 자국의 통화도 공격대상임을 확인하였다. 국제적인 금융자산관리자들은 아시안 경제를 신흥emerging이라는 범주로 분류하였고 펀드멘탈fundamental[8]이 좋은 국가들조차 충격을 피하지 못했다.

1997년 외환위기를 통해 아시아 국가들이 배운 중요한 교훈

8 경제의 건전성을 보여주는 기본 지표들.

중 하나는, 금융제도가 아직 취약하거나 중앙은행의 감독이 아직 적절하지 않다면, 자본시장 자유화는 서둘러서는 안 된다는 점이다. 세계시장에의 개방은 금융제도가 어느 정도 성숙하고 튼튼한 수준에 도달한 다음에 이루어져야 한다. 또한 개방을 하자마자 준비금을 가지고 자국 통화를 뒷받침할 수 있어야 한다. 2008년의 글로벌 금융위기 때는 아시아 국가들이 1997년의 교훈을 통해 상당한 준비금, 부채규모 제한, 은행 건전성 등 펀드멘탈을 튼튼하게 유지해왔기 때문에 상대적으로 혼란을 겪지 않고 위기에서 빠져나왔다.

세계화의 또 다른 부정적인 측면은 불평등의 문제이다. 재능이 뛰어난 인재는 유동성이 있어 세계 어느 곳에서나 직장을 잡고 여유있는 생활을 할 수 있다. 따라서 기업이 이들 인재를 계속 붙들고 있으려면 고액의 연봉을 주지 않을 수 없다. 반대로 미숙련 저임금 노동자들은 중국, 인도, 기타 신흥경제국가로부터 밀려드는 싼 임금에도 기꺼이 일하려는 배고픈 노동자들과 경쟁하여야 한다. 경제를 떠받치는 이 부문의 임금은 자연스럽게 하락하게 된다. 그나마 일부 일자리는 외부 위탁으로 없어지고 있다.

이런 부작용 때문에 중앙정부는 매우 심각한 도전에 직면해 있다. 불평등 문제를 해결하는 것도 중요하지만 어느 정도의 불평등은 세계화된 자본주의 체제에서 피할 수 없는 한 측면이라는 것도 알고 있기 때문이다. 부분적으로는 인간의 지적 능력, 노력, 순전히 운에도 차이가 있고, 또 다른 한편으로는 오늘날의 경쟁이 국경을 넘어 일어나기 때문에 불평등은 발생하기 마련이다. 그 차이를 줄이고자 한다면 사회주의로 전환하거나 다른 나라와 담을 쌓아야 하는데 그 어느 것도 행복한 결과를 보장해 주지 않을 것이다. 기업 최고경영자의 고액 연봉과 연말 보너스를 보면 너무 불공정한 것 같다. 그런데 이들이 탁월한 성과를 보여주지도 않았는데 회사가 그만큼 고액의 보상을 제공했을까? 정말 그렇다면, 아니 그보다 적게 받고도 일을 하겠다는 우수한 사람이 있다면, 주주들이 언제든 문제를 지적하고 연봉 삭감에 나설 수 있다. 만약 최고경영자가 성과를 내고 배당금을 올려준다면 주주들은 행동에 나서지 않을 것이다.

동시에 사회는 균형감각을 가져야 한다. 무분별한 자본주의는 폭동을 일으키고 사회계약을 붕괴시키는 위험한 요소를 내포하고 있다. 만족할 만한 균형의 길을 가야 한다. 그러기 위해서는 최하층의 사람들조차 품위 있는 삶의 수준을 유지할 수 있어야 하고 공동체의 일원이라는 소속감을 느낄 수 있을 정도가 되어야 한다.

내가 싱가포르 투자청Government of Singapore Investment Corporation, GIC 의장을 맡고 있을 때, 내 연봉의 5배를 받는 투자 매니저들이 함께 근무하고 있었다. 이해할 수 있을까? 우리가 그 정도의 연봉을 주지 않았다면, 그들은 그만한 지적 능력과 전문성을 가진 인재였기 때문에 다음날 사표를 내고 그만한 대우를 해주는 민간투자은행과 인터뷰를 했을 것이다. 내가 이런 생각을 했다고 하자. “좋아, 그 친구들이 그 정도 받는다면, 나는 이 투자청 전체를 책임지고 있으니까 내가 더 받아야지.” 이렇게 생각하면 끝이 없을 것이다. 사회가 통합을 유지하려면 반드시 공정과 형평에 대한 어떤 공감을 갖도록 해야 한다. 싱가포르는 저소득층에게 공공요금 감면, 노동복지workfare 형태의 소득보전, 공공주택 구입 보조금 등의 정책을 통해서 이 문제를 접근하고 있다.

우리는 이제 과거로 되돌아갈 수 없다. 비행기, 인터넷, 아이폰, 아이패드 등 우리가 발명한 문명의 편리함을 다 버리고 그 이전으로 돌아갈 수가 없다. 우리가 살고 있는 세계의 현실을 그대로 받아들이고 유무형의 자기 재산을 극대화하는 최선의 방법을 찾아야 한다. 그렇지 않으면 다른 모든 곳에서 변화가 끊임없이 진행되기 때문에 자신만 뒤처지게 된다. 세계가 당신 한 사람을 위해서 그동안의 변화를 멈춘다는 것은 도저히 불가능한 일이기 때문이다.

경제활동의 축이 아시아로 이동하면서 30년 이내에 중국에서 IMF나 세계은행(World Bank)의 수장이 나올 수 있다고 보십니까?

가능하지요. 하지만 중국이 그 자리를 계속 요구하지는 않을 겁니다. 중국은 현재 시스템에서 자신감을 가지고 신속하게 성장하고 있어요. IMF 수장에 프랑스 여성, 세계은행 수장에 미국인의 현재가 그들에게 그렇게 불리하지만은 않지요.

중국이 그 자리를 계속 요구한다고 가정하면 서양 선진국의 반응은 어떠할까요?

그때까지 중국은 서양 선진국과의 관계에서 강력한 채권국 지위에 있을 겁니다. 서양 국가들은 채무국이라서, 중국을 막아낼 힘이 있다고 나는 생각하지 않습니다.

중국이 언젠가는 외환보유액을 평균보다 수익률이 낮은 미국 달러에 투자하는 것에 싫증이 나지 않을까요?

어쩌면요. 아마도 비밀리에 투자를 점차 분산시킬 수가 있지요. 하지만 미국 달러를 대체하려 들지는 않을 것으로 봅니다.

국제화의 부작용으로 불평등을 지적했는데요. 어떤 조치를 추가적으로 취해야 할까요?

한 경제체제 안에서 각국은 사회를 통합시키기 위해서 세금과 보조금의 방식으로 저소득층과 고소득층의 소득을 재조정해야 하는데요. 하지만 국경을 넘어서 전 세계적으로 보면 문제가 더 복잡해집니다. 우선 세계정부를 만들기로 합의하고 모든 국가가 흑자의 일부분을 세계정부 재무부나 세계은행에 출연하고 그 기금으로 가난한 국가를 지원하는 방식이 있지요. 물론 불가능한 일입니다. 우선 엄청난 외환보유액을 가진 중국이 "우리가 옛날 가난했던 때처럼 아직도 가난한 나라들이 있으니 이제 우리가 그들을 도와야겠다"고 생각하지 않을 겁니다. 여기까지 오는데 그들도 열심히 일해서 얻은 결과이니까요. 또 현 상황에서는, 원조가 가난한 사람들의 생활을 개선하는 프로젝트에 사용되지 않고 가끔 정치인의 주머니에 들어가는 경우도 있기 때문에, 비효율적인 지원 방식과 심지어 부패한 정부를 돕는 원조에 근본적인 질문이 제기되지요.

이상적으로 국가들 간에 이런 방식으로 서로 돕는 것이 환영할 만하다고 보시는지요?

싱가포르에 이상적이다? 그러면 우리의 1인당 GDP가 52,000달러에서 30,000달러로 떨어지겠지요. 어떤 이유로 우리가 그렇게 하겠습니까? 왜 우리가 다른 나라를 지원합니까? 싱가포르 유권자들이 투표로 정부를 몰아낼 것이 확실합니다.

코즈웨이(Causeway)

싱가포르와 말레이시아 조호르(Johor)주를 연결하는 둑길.

하지만 지역과 세계의 안정을 위해서 필요하지 않을까요?

그렇지 않습니다. 우리는 우리 문제를 먼저 해결해야 합니다. 안정은 강한 군사력이 제공하는 것입니다. 그렇지 않으면 코즈웨이(Causeway)를 건너 행진해오는 수많은 사람들을 막아낼 방도가 없습니다. 말레이시아 연방에 가입했던 2년 동안에 모든 철도 궤도가 말레이시아의 노숙자들에 의해 가득 메워졌습니다. 그들은 궤도 주변이 도시이고 시설도 괜찮았기 때문에 그곳에 판잣집을 지었지요. 결국 우리가 연방에서 분리되어 나오면서 말레이시아 사람들을 말끔하게 정리했지요. 그것은 우리의 책임이 아니지요.

chapter
09

에너지ENERGY & 기후변화CLIMATE CHANGE

최악의 상황을 대비할 때

사람 때문에 이 지구가 점점 온난화되고 있다는 사실이 설득력을 가진다. 지구 온난화를 연구해온 과학자들 사이에 광범위한 합의가 있는 것으로 보인다.

반대의 시각도 있다. 최근의 온도 상승은 45억년 지구 역사에서 때때로 발생하는 정상적인 변화 주기의 일부분으로서 인간의 탄소 배출과는 연관성이 없다는 주장이다. 이것이 사실이라면 주기에 따라 다시 온도가 내려가기를 앉아서 기다리는 것 외에 우리가 할 일은 없다. 하지만 나는 지금 우리가 경험하는 변화가 "정상"이 아니라는 것을 보여주는 강력한 증거가 있다고 믿는다. 온도 상승이 너무 가파르고, 우리 눈 바로 앞에서 극지방의 빙원이 녹아내리고 있다. 과거에 눈으로 뒤덮여 있던 캐나다, 알래스카, 러시아의 연안을 따라 형성되어 있는 태평양 북서항로가 지금은 개설되어 여름에 선박여행이 가능하게 되었다. 이런 일이 과거에는 결코 없었다.

지구 온난화와 기후변화는 인간의 생존을 위협한다. 모든 국가가 힘을 모아 탄소 배출 총량을 현저하게 감축할 것이 요구되는 이유이다. 불행하게도 그것이 실현될 가능성은 희박하다. 2000년에 코펜하겐에서 열린 UN기후변화협약에는 세계 주요국가의 지도자들이 한 자리에 모였음에도 불구하고 합의를 도출하지 못하고 종료되었다. 후속 회의도 두드러진 성과를 내지 못하였고, 앞으로 그런 성과를 도출할 것으로 기대하지 않는다.[1]

핵심적인 쟁점은 충분히 생각할 수 있듯이 탄소배출감축과 경제성장이 피할 수 없는 교환관계에 있다는 것이다. 각국의 정부가 일단 협상 테이블에 앉으면, 자국의 국민이 생각하는 정도보다 너무 앞으로 나갈 수가 없다는 것을 안다. 합의 내용이 소득과 일자리에 미치는 고통이 너무 크다면 공직에서 쫓겨날 위험을 감수해야 하기 때문이다.

지구 온난화의 영향에 대한 우려가 크기 때문에 기꺼이 비용을 지불하려는 의지를 가진 사회도 있다. 유럽 사회가 바로 이 범주에 속한다. 나는 제2차 세계대전이 끝난 직후 4년을 영국에서 살았다. 당시는 유럽대륙과 마찬가지로 영국의 기후도 그런대로

1 주요 기후변화 협약으로는 1997년에 채택된 교토의정서(Kyoto Protocol)가 있다. 37개 선진국이 기간별 온실가스 감축 목표량을 정했지만, 제2차 감축공약기간(2013~2020년)의 목표량을 정한 2012년 회의에 미국과 일본이 불참하였고 법적 구속력이 없는 한계가 있었다. 교토의정서를 대체하여 2021년부터 적용되는 기후변화협약이 2015년 채택된 파리협정(Paris Agreement)이다. 선진국뿐만 아니라 195개 협약 당사국(전 세계 온실가스 배출량의 90% 이상 차지) 모두에게 온실가스 감축의무를 지우는 구속력이 있으며, 교토의정서에 비해 협약 내용이 포괄적이고 구체적이다. 한국은 2016년 11월 3일 파리협정 비준안이 국회에서 통과되었다.

일정했고 예측 가능했다. 하지만 그것이 변했다. 지중해에서 북유럽까지 상대적으로 온건한 날씨에 익숙하게 살아왔던 사람들이 지금은 재산피해는 물론 사상자까지 발생하는 홍수, 폭우, 강풍, 폭염의 험한 기후를 자주 경험하고 있다. 그 결과 유럽 사람들은 기후 문제를 해결해야 한다는 위기의식을 더 강하게 가지고 있다.

미국사람들은 전통적으로 나쁜 날씨에 겁을 덜 내며 살아왔다. 항상 태풍과 같은 허리케인과 토네이도를 자주 경험하기 때문이다. 하지만 미국에서도 이들의 발생 빈도가 잦아졌다. 그래도 미국사람들에게 이것은 큰 문제가 아니다. 재난지역으로 선포해서 연방정부의 지원이 이루어지고, 보험회사의 보험금을 받아 새집을 구입하면 된다. 미국은 교토의정서 비준을 분명히 반대하고 있다. 오바마 대통령은 기후변화가 우선 정책과제이지만 포괄적 기후변화 법안을 의회에 계속 요구하지는 않을 것이라고 선언하였다. 그럼에도 불구하고 미국이 서서히 입장을 바꾸기 시작한 것이 감지된다. 미국이 유럽의 수준까지 수용하는 데는 긴 시간이 걸리겠지만 점진적으로 그 방향으로 나아가고 있다. 미국의 셰일가스 혁명은 환경오염에 가장 안 좋은 석탄에서 벗어날 수 있는 기회를 만들었다. 미국은 세계 제1의 에너지 소비국으로서 전 세계가 기대하는 책임 있는 역할이 있고, 그것을 보여주어야 한다.[2]

중국, 인도, 그리고 기타 신흥경제국들은 탄소배출량을 국가 단위가 아니라 1인당 계산하면 산업화된 선진국에 비해 실제 더

---

2 트럼프 행정부는 '파리기후변화협정'의 폐기를 공론화하는 등 전임 오바마 행정부의 기후변화 및 환경 정책을 폐기할 움직임을 보이고 있다. 실제로 2018년 회계연도 예산안은 환경규제기관인 미국환경보호청(Environmental Protection Agency)의 예산을 25%, 인력을 20% 삭감하는 내용을 담고 있다.

낮다는 점을 방어 논리로 내세우고 있다. 그리고 이들 국가는 성장이 더 시급하고 선진국들이 정직하지 못하다는 점을 지적한다. 즉, 선진국들은 과거에 환경을 해치면서 성장한 결과 지금처럼 잘 살게 된 것인데, 이제 와서 자신들을 따라오는 개발도상국들에게 과중한 탄소 배출 목표량을 부과하고 있다는 것이다. 현재 대부분의 오염은 개발도상국이 아니라 선진국에 의해서 발생되고 축적된 것이라고 주장한다. 이러한 국가들의 입장을 고려할 때 이 문제가 해결될 희망이 잘 보이지 않는다.

설상가상으로 세계 인구가 꾸준히 증가하고 있다. 2012년에 70억 명을 초과하였고 2050년에는 90억 명에 이를 것으로 예상된다. 기술발달 덕분에 식량생산 능력이 향상되고 또 좁은 공간에 더 많은 사람이 살 수 있게 된 것도 사실이지만, 그것도 분명히 한계가 있을 것이다. 지구는 우리 인간의 서식지와 생물다양성을 파괴하지 않는 범위 안에서 그 많은 사람들을 견뎌낼 수 있다. 우리는 어떻게 이 멈추지 않는 성장을 중단시킬 수 있겠는가? 나의 견해로는 인구증가율이 높은 국가의 여성을 교육시켜서 아이를 덜 원하도록 만드는 것이다. 빠르면 빠를수록 인구밀도가 적은 세상이 그만큼 빨리 올 것이다.

그러면 그 사이에 또 어떤 일을 해야 하는가?

첫째는, 다른 나라에 탄소배출량을 감축하라고 강요하는 대신에, 각국이 전심전력全心全力해서 몇십 년 안에 닥칠 인류의 재앙에 우선 대비하는 것이다. 각국은 해수면 상승, 극한 날씨, 식량과 물 부족, 등등의 실제 문제에 대비하여 대책이 준비되어 있는가? 중앙아시아와 중국의 빙하가 녹아내린다면 저지대에 위치한 도시들이 홍수범람을 겪고, 더 이상 녹아내릴 눈이 없다면 물공급이 줄어 가뭄을 겪게 될 것이다. 또한 강물이 줄어 더 이상 많은 사람들이 강 유역에 몰려 살기 힘들 것이다.

더구나 해수면이 상승하면 저지대 주민들은 집을 옮기지 않을 수 없다. 한 연구에 따르면 해수면이 1m 상승하면 1억 4,500만 명이 이주해야 하고 수백만 명이 마실 식수를 오염시킬 수 있다고 한다. 상당한 넓이의 육지, 어쩌면 도시 전체가 물 밑에 잠길지도 모른다. 농사짓는 데 적합한 충적토를 잃고 높은 지대로 옮겨 가면서 생계가 위협받을 수도 있다.

선진국들은 이런 문제에 대비하여 살 길을 찾을 것이다. 예를 들어, 런던은 조류가 밀려들 때 홍수범람을 막기 위하여 템스 방벽Thames Barrier[3]을 이미 설치하였다. 향후 방벽을 더 높이는 일이 아주 어려운 일은 아닐 것이다. 해안에 제방을 쌓은 도시, 또는 싱가포르 및 몰디브와 같은 섬 나라에 있어 해결책은 간단치 않다. 국내가 아니라 국경을 넘어 이주 문제가 발생한다면 문제는 훨씬 복잡해진다. 예를 들어, 중국의 연안 지대가 해수면 상승의 영향을 받게 되면, 주민들은 내륙으로 이주하는 선택이 가능하다. 경제적인 여파는 있겠지만 정치적으로 미치는 영향은 덜 심각하다. 그러나 방글라데시의 저지대가 침수되는 경우 사람들은 인도로 넘어가야 하는 상황이 올 수도 있다. 국경이 길고 경비가 엉성한 상황에서 들어오는 사람들을 모두 막아낼 수는 없다. 목숨을 걸고 달아날 때 몰려드는 이재민을 멈추게 할 수가 없다. 그 파장은 어마어마해서, 대량 이재민이 유입되는 경우 충돌의 위험은 극도로 증가할 것이다.

둘째는, 친환경의 경제적 효과를 적극 고려하는 것이다. 친환경이 항상 이타심의 문제만은 아니다. 오염을 줄이는 것은 지역

3 영국 런던을 동서로 가로지르는 템스강의 홍수를 조절하기 위한 구조물.

환경과 보통 사람들의 삶을 개선시켜 준다. 탄소배출 감축은, 특히 에너지 비효율이나 낭비로 인한 배출을 감축하는 경우 경제적으로도 합리적일 수 있다. 일본 사람들은 어떻게 하면 제품 생산에 쓰이는 에너지의 양을 최소화시킬 수 있는지에 대한 연구에 많은 공을 들이고 있다. 그것이 바로 제품의 비용을 줄이고 경쟁력을 높이는 길이라는 것을 알기 때문이다. 다른 예로는 연료 보조금이다. 보조금을 지급하면 최적의 상태보다 더 많은 연료를 소비하는 경향이 있다. 낭비가 발생한다. 따라서 보조금을 없애는 것, 정말이지 가능하다면 다른 사람에게 발생시키는 사회적 비용을 반영해서 연료사용 세금을 부과하는 것이 경제적 차원과 환경적 차원에서 올바른 선택일 것이다.

이런 이유에서 많은 국가들이 이미 독자적으로 행동에 나서고 있다. 중국에서 환경에 대한 자각이 일어나고 있다는 것이 이런 변화를 설명해준다. 중국은 현재의 에너지 비효율 상태로 제품 생산이 계속 이루어진다면 그들이 쓸 수 있는 에너지가 충분하지 않다는 단순한 이유만으로도 1인당 GDP에서 결코 미국을 따라잡지 못한다는 것을 깨달은 것 같다. 더구나 자국민이 공해와 수질오염으로 고통을 받고 있고 중국 내 자연환경이 무서울 정도로 변하고 있다는 것을 직접 경험하고 있다. 호흡기 질환자가 늘고 있고, 모래폭풍이 더 빈번하게 일어나고 있으며, 티베트 고원의 빙하가 매년 줄어들고 있다. 2008년 북경 올림픽 중에 자동차 2부제를 도입하고 도시 인근의 공장 일부를 가동 중단시켰을 때 대기의 질이 눈으로 확인할 수 있을 정도로 좋았다. 사람들이 무엇이 가능한 지를 한번 경험하고 또 경험하고, 그래서 삶의 기대수준이 올라가면, 정부도 환경을 개선하는 데 필요한 조치를 취해야 한다는 압박을 받게 될 것이다.

인도는 중국에 비해 도시화와 산업화가 느리고 환경 문제가 덜 심각하기 때문에 녹색운동을 진행시키는 데 좀 더 시간이 걸릴 수 있다. 하지만 세계 각국에서 유럽이 그랬던 것처럼, 사람들이 어느 순간 지구 온난화의 영향이 눈에 보이고 그들 생활에 실제 위험이 느껴진다는 것을 깨닫게 될 것이다. 그 때까지는 단지 이론 차원의 문제로 인식될 것이다.

한편 에너지 생산 기술의 발전은 우리에게 좀 더 시간을 벌어줄 것이다. 셰일가스를 이용하는 신기술은 미국과 다른 나라의 방대한 매장량을 채굴하도록 만들고 있다. 이것은 당연히 혁명으로 불릴 정도로 많은 영역에서 전략을 상당히 변화시키고 있다.

셰일가스는 석탄과 같은 다른 에너지 자원보다 청정 연료에 속하기 때문에 전체 탄소배출을 현저히 줄이는 데 도움이 될 것이다. 세계의 화석 연료 매장량도 지난 수십 년간 증가한 것으로 나타났다. 특히 셰일가스 개발은 북미 국가를 에너지 자주국으로 만드는 전례 없는 위업에 해당한다. 수입을 대비해서 미국에 세워진 LNG 터미널과 항구는 이제 수출을 위해 사용될 전망이다. 셰일가스가 모든 분야에서 석유자원을 대체하는 것은 아니다. 일례로 아직도 비행기에는 연료용으로 정제한 석유가 필요하다. 하지만 석유 수요는 일부가 셰일가스로 대체되면서 감소할 것이다. 그 결과, 중동국가는 석유 생산국으로서의 중요성이 떨어지고 힘도 잃을 것이다. 과거 석유가격 인상으로 촉발된 세계 경제 불황 같은 위협은 상당히 줄어들 것이다.

하지만 환경단체는 반기지 않을 것 같다. 이들은 세계가 화석연료기반 에너지에서 벗어나 재생 자원으로 대체하기를 바라고 있다. 하지만 어느 나라도 현실적으로 재생 자원에 의지해서 에너지 수요를 전부, 아니 상당한 비율이라도 충족시키기가 불가능하다. 특히 항공 및 육상 운송 분야처럼 앞으로 오랫동안 석유를 계속 필요로 하는 분야도 있다. 전기차를 도입할 수도 있지만 장거리 여행을 하거나 대형트럭으로 중장비나 무거운 화물을 운송하는 경우에는 한계가 있다.

나는 한때 프랑스 석유가스회사 토탈Total[4]의 국제자문위원을 역임했다. 그 회사는 풍력, 태양광, 조력潮力 등의 대체 에너지에 대한 정기적인 평가를 하는데, 매번 결론은 똑같다. 즉, 세계에서 아주 특별한 일부 지역에서는 특정 대체 에너지원을 이용하기에 적합한 조건을 갖춘 경우도 있을 수 있지만, 대체 에너지가 기여할 수 있는 비중은 크지 않을 것이라는 평가다. 대체 에너지는 보완적 역할은 할 수 있지만, 너무 규모가 작고 불확실성이 높기 때문에 결코 전통 에너지원을 대체할 수는 없을 것이다.

2년 전쯤, 중국에서 온 친구가 중국 가정에서 욕탕 온수 등에 태양 전지판의 이용이 점차 보편화되고 있다고 언급하였다. 나는 싱가포르 환경·수자원부 장관에게 중국의 사례처럼 실제 태양광 발전이 싸다면 왜 싱가포르는 중국에서 태양 전지판 수입을 고려하지 않는지를 물었다. 내가 들은 대답은 아직은 경제적 수익성을 낼 정도의 기술이 아니라는 것이었다. 중국은 태양광 발전 분야에서 세계적인 선도국이 되어야겠다는 전략을 가지고 태양 전지판 생산에 보조금을 지급하고 기술 연구개발에 돈을 쏟아 붓고 있었다. 중국은 경제규모가 큰 나라로서 그렇게 할 수 있는 여력이 있다. 한편 싱가포르는 태양광의 경우 생산 비용이 떨어질 때를 기다려야 한다. 우리는 비용－편익 분석을 통해 보다

4 프랑스 다국적 기업으로 석유 탐사, 운송, 정유, 마케팅, 발전에 이르기까지 석유가스 관련 모든 사업을 하고 있으며 세계 7대 "슈퍼 메이저" 석유가스회사에 속한다(Wikipedia).

경제적인 자원을 선택하면 된다.

결국 우리에게는 석유가스의 대안으로 지구 온난화를 야기하지 않는 원자력을 고려해볼 수 있다. 일본 후쿠시마 원전사고 이후 독일을 포함한 일부 국가에서 기존 원전을 폐쇄하거나 새 원전 건설을 연기하기로 결정했다. 중국과 한국처럼 원전에 대한 기존의 입장을 유지하는 국가도 있다. 일본 스스로는 원전을 계속 유지하는 쪽으로 냉정한 결정을 하였다. 이상적으로는, 핵 사고가 몰고 올 위험과 방사성 폐기물 처리 문제가 아직 해결되지 않았기 때문에, 모든 국가가 핵 없는 사회를 원할 것이다. 하지만 현실적으로 우리에게 주어진 선택은 매우 제한적이다. 장기적으로 많은 국가에서 핵에너지가 더 매력적이라는 사실을 조금씩 이해할 것이라고 나는 믿는다. 셰일가스 혁명 때문에 이런 인식이 좀 미루어질 수는 있다. 하지만 세계 발전총량에서 원전의 비중은 증가할 것으로 보인다.

가장 중요한 것은 세계가 지속 성장하는 데는 한계가 있다는 것을 모든 국가가 인식해야 한다는 것이다. 우리가 편안한 삶을 원한다면 그 범위 안에서 살아야 한다. 우리 모두는 이 지구상에서 살고 있는 공동 운명체이다. 따라서 논쟁에서 누가 이기느냐는 중요하지 않다. 만약 이 지구가 파괴된다면, 우리 모두 심각한 어려움에 처할 것이다. 어쩌면 지금부터 50년에서 150년 사이에 지구 온난화로 큰 재앙을 맞게 될 때, 나도 그렇지만 지금의 많은 사람들은 이 세상 사람이 아닐 것이다. 하지만 우리가 이 지구를 물려받았을 때처럼 희망과 생명력이 가득 찬 세상을 우리의 자식과 손주들에게 물려줄 책임이 있다.

우리가 지금까지 생각해보지 못한 기술 발전을 이루어서 지구 온난화로 인한 최악의 사태를 어느 정도 완화시킬 수 있을까요?

가능합니다. 과학자들이 태양열을 차단하는 방법, 어쩌면 태양열을 커다란 용기에 모아 다시 하늘로 발산시키는 기술을 찾아낼 지도 모릅니다. 하지만 그런 것이 지상에서는 더 쉽겠지만, 물 위에서도 가능할까요?

석유가스 관련하여 남중국해에서 아주 활발한 움직임을 보게 되는데요?

시추가 아직 시작되지 않아서 바다 밑에 무엇이 있는지 누구도 모릅니다. 다만 댜오위다오(중국명) 또는 센카쿠(일본명) 열도의 문제는 석유의 문제로 보지 않습니다. 그것은 오히려 주권과 민족 자긍심에 관한 문제지요. 이 분쟁은 양국의 합의를 보지 못하고 유보된 채로 시간이 흐를 것으로 봅니다. 어느 쪽이든 경제적 관계가 영향을 받는 것은 원하지 않을 겁니다. 일본 입장에서는 중국 투자를 중단할 정도의 중요한 쟁점은 아닙니다. 중국도 이 문제에 호들갑을 떨긴 하지만 일본의 투자를 필요로 합니다. 서로 전쟁까지 가지는 않을 겁니다. 하지만 섬을 중심으로 배타적 경제수역 안에 석유자원이 발견된다면, 중국은 에너지 확보가 절실하기 때문에 양국 간 이해가 첨예해지겠지요.

해수면 상승 때문에 다른 나라에서 싱가포르로 이주해오는 사람들이 있을까요?

우리가 다른 나라로 나가겠지요. 해수면이 1~2m 상승하면 우리가 얼마나 많은 땅을 잃는지 아실 겁니다. 부킷 티마 언덕을 말하는 것은 아니고요.

부킷 티마 언덕

싱가포르에서 가장 높은 언덕으로 163m 높이이다.

싱가포르에서 방조제 건설 아이디어를 얼마나 심각하게 검토해야 하나요?

큰 곤궁에 처하면 우리도 방조제를 건설해야 할 겁니다. 실제로 네덜란드 전문가들을 초청해서 이미 검토를 시켰는데 강 하구에 쌓는 제방으로는 불가능하다는 얘기를 들었지요. 만조의 높은 파도를 막아낼 방조제가 필요합니다. 네덜란드는 해수면보다 낮은 저지대인 반면 우리 싱가포르는 수면보다 높은 육지입니다. 우리의 문제는 방조제 밖에 어떻게 항구를 건설할 것인가에 있습니다.

일부 사람들은 싱가포르가 환경보호 문제에 너무 천천히 대응한다는 얘기를 하는데요. 물론 보호 조치를 취하는 데 필요한 비용도 고려해야 하지만, 그래도 좀 더 신속한 대응을 해야 한다고 보시지 않나요?

국제 무대에서 우리의 역할은 아주 작아요. 우리가 어떤 조치를 취하든 지구 온난화 전체에 큰 영향을 미치지 않습니다. 전 세계 탄소배출량의 0.2%밖에 되지 않아요. 그럼에도 불구하고 싱가포르는 발전 연료를 천연가스로 바꾸고, 자동차 운행 대수를 제한함과 동시에 자동차 사용 정도에 따라 가격을 매기고, 에너지 효율성 제도를 활용하는 등 국내에서 야심차고 의미있는 정책들을 추진하고 있습니다.

그래도 아직 공직에 계신다면 좀 더 많은 것을 하도록 압박하시겠습니까?

연구를 시키고 우리가 취할 수 있는 대안들에 대해서 세심한 계산을 해보겠습니다. 싱가포르 국민은 비용을 아주 중시한다는 점을 고려하겠지요. 에너지가 무엇으로 만들어지든 더 저렴한 것이 무엇이냐에 관심이 있습니다. 정부는 하이브리드 자동차로 바꾸도록 세금 감면 등의 혜택을 주고 있지만 그래도 아직 비싸다 보니 전통적인 휘발유나 경유차를 삽니다. 법으로 강제하면 가능할 수 있습니다. 아주 효율성이 높은 하이브리드 자동차가 나온다면 모든 차를 하이브리드 또는 전기차로 바꾸도록 법을 만들 수도 있습니다.

싱가포르, 특히 젊은 세대에서 친환경 문제가 중요한 정치적 쟁점이 될 것으로 보시나요?

아니요. 왜 정치적 쟁점이 되어야 하나요?

녹색공간을 보전하고 환경을 보호하자는 아이디어는 어떨습니까? 이런 아이디어를 공약으로 하여 유권자를 설득하고 모으는 단체가 등장할 것으로 보지 않으시는지요?

가능성이 적습니다. 어떤 NGO 만큼이나 정부도 모두에게 개방된 녹색공간을 보존하기 위하여 이미 유념하고 있습니다.

2012년에 도로 건설을 위해서 부킷 브라운(Bukit Brown) 공동묘지 땅을 개발하는 것에 대해 시민의 격렬한 반발이 있었는데요?

정서의 문제였지요.

반대론자들이 내세운 논리 중의 하나가 식물 및 동물 서식지 관련된 것이었는데요?

아닙니다. 서식지 문제가 아닙니다. 그곳은 묘지입니다. 바로 고인과 자손의 이름이 함께 남아 있는 선조가 묻힌 곳이고 그곳에 가면 과거를 기억나게 해줍니다. 그래서 정서적인 이유가 있다는 것입니다. 우리는 과거에도 필요한 경우에 공동묘지를 개발해서 건물을 지었습니다. 부킷 브라운도 그런 관점에서 개발해야 하고, 유골은 납골당에 안치할 것입니다.

chapter
10

나의 삶 MY LIFE

떠날 날을 맞아서

나의 하루 일정은 이제 매일 비슷하다. 아침에 일어나서, 이메일을 확인하고, 신문을 보고, 운동을 한 다음 점심을 먹는다. 그 후 사무실에 나가 서류를 정리하고 연설문 등 글을 쓴다. 오후와 저녁에는 가끔 언론인과의 인터뷰를 하고 그 다음에는 중국어 선생들과 1~2시간을 함께 보내기도 한다.

이제 매일 운동하는 것이 습관이 되었다. 89살의 나이에 윗몸 일으키기를 할 수 있고 지팡이 없이 걸을 수 있다. 30대에는 담배와 맥주를 좋아했지만, 선거 유세에서 목이 쉬어 담배는 끊었다. 그것은 담배가 폐암이나 후두암의 원인일 수 있다는 의학 연구가 나오기 전 일이다. 너무나 이상하게도 나는 담배를 끊고 나서 담배에 심한 알레르기 반응을 보이기 시작하였다. 음주로 인해 맥주 뱃살이 붙었고 언론에 난 사진을 보면 그 모습이 드러난다. 체중을 유지하기 위해 골프를 더 치기 시작하였는데 나중에 달리기와 수영으로 바꾸었다. 시간이 덜 들면서 같은 양의 유산소 운동을 하는 장점이 있다. 나는 이제 하루에 세 번, 아침 12분, 점심 후 15분, 저녁 후 15분씩 러닝머신을 걷는다. 보통 저녁식사 전에 20~25분 정도 수영을 하곤 한다. 그렇게 규칙적으로 운동을 하지 않았다면 현재의 건강 상태를 유지하지 못했을 것이다. 규칙적으로 운동하는 것이 나의 원칙이다.

나는 계속 사람을 만난다. 시야를 넓게 가지려면 많은 사람을 접촉해야 한다. 싱가포르 사람뿐만 아니라 말레이시아, 인도네시아, 때로는 중국, 유럽, 미국에서 온 사람들도 만난다. 옛 친구나 정치지도자뿐만 아니라 학자, 기업인, 언론인, 그리고 보통사람 등 아주 다양한 분야의 사람을 만나려고 노력한다.

나는 시차 – 특히 미국 여행에서 심한데 – 때문에 해외여행을 현저하게 줄였다. 하지만 2012년까지 1년에 한번 일본 미디어회사 니혼게이자이일본경제 신문이 주관하는 미래 아시아 컨퍼런스에서 연설 차 일본을 여행한다. 거의 1년에 한번 중국을 잠시 방문하기도 하는데 지금은 환경오염 때문에 북경은 가기가 꺼려진다. 하지만 리더들이 북경에 있다 보니 그들을 만나려면 북경에 갈 수밖에 없다. 내가 자문위원으로 있는 JP Morgan 국제자문위원회는 감사하게도 2012년 연례회의를 싱가포르에서 개최해주었고, 그것은 Total 자문위원회도 마찬가지였다. 프랑스 가는 것은 괜찮다. A380 직항 비행기로 12시간 걸린다. 하지만 뉴욕을 가는 것은 훨씬 피곤하다. 특히 밤낮이 바뀌는 시차 때문에 그렇다. 해외를 여행하는 것은 나의 시야를 넓히는 데 큰 도움이 된다. 다른 나라가 어떻게 발전하고 있는지를 보게 된다. 어느 나라, 어느 도시도 가만히 머물러 있는 곳은 없다. 나는 런던과 파리의 계속 변화하는 모습을 수없이 보아왔다.

공직을 떠나 있기 때문에 싱가포르 국내에서 국정이 어떻게 돌아가는지, 국민이 어떠한 변화를 원하는지 등에 대해서 잘 알지 못한다. 그래서 장관들의 결정을 대체로 따르는 편이다. 정부에 있을 때는 각료회의에 참석해서 함께 충분히 토론도 했지만 지금은 반대 의견을 거의 내지 않는다.

가끔 어떤 결정을 강하게 반대하는 의견이 있으면, 총리에게 알리는 정도이다. 정부가 무료 채널에 중국 방언 프로그램을 재도입하려 했을 때 그런 사례가 있었다. “만다린Mandarin은 표준 중국어로서 이제 싱가포르 국민들이 모두 잘 사용한다. 그러니 나이든 어른들이 중국 드라마를 즐길 수 있도록 지방 방언으로 돌아가자”는 것이 제안 이유였다. 나는 총리 재임 시에 방언 프로그램을 금지시키고 사람들이 만다린을 쓰도록 하기 위해 비싼 대가를 치른 얘기를 하면서 반대하였다. 왜 되돌아가는가? 당시 중국인이 좋아하는 방언 프로그램을 중단하면서 나는 중국인 모두의 적대감을 불러일으켰다. 그때 리디퓨전Rediffusion이라는 방송사에 리다이소李大傻라는 아주 훌륭한 광둥어Cantonese 내레이터narrator가 있었는데, 그가 진행하는 쇼가 나오면 방송을 껐다. 광둥어나 대만어Hokkien로 우리 다음 세대가 물들게 놔두어서는 안 된다는 것이 나의 소신이다. 만약 지방 방언 프로그램을 재도입하면 노인 세대의 일부는 자식이나 손주에게 그 방언을 쓰기 시작할 거고, 그렇게 되면 천천히 하지만 과거로 되돌아 갈 것이 분명하다.

모든 국가는 국민 전체가 이해하는 단일 언어가 필요하다. 영국이 우리에게 남긴 4개국 언어를 쓰는 민족 집단을 통합하는 일은 여간 어려운 일이 아니었다. 화교 학생이 다수인 중국인 학교는 1949년 중국 본토에서 새 중화인민공화국의 건국과 함께 중국어를 자랑스러워했다. 나는 영어를 제1언어로 각 민족의 모국어를 제2언어로 정하기 위해 여러 단체들과 싸워야 했다. 중국어 국수주의자들은 이 정책에 필사적으로 반대했다. 중국계 신문기자와 학교는 그들 독자와 학생들을 지원하고 싶어 했다. 나의 중국어 구사력이 부족했기 때문에, 당시 나의 중국어 언론담당비서였던 리베이첸Li Vei Chen은 중국계 언론, 중국계 중학교, 난양대학교 및 이들 기관의 직원과 지지자들을 엄격히 통제해서 이들이 시위, 태업, 파업 등을 하지 못하도록 막거나 최소화하였다.

결국 문제를 진정시킨 것은 영어로 교육하는 것에 대한 시장가치였다. 그런 언어정책 때문에 오늘의 싱가포르가 있는 것이다. 영어로 우리는 세계 어느 곳과도 연결되고 다국적 기업을 유치하고 있으며, 그리고 제2언어가 있어 중국, 인도, 인도네시아와도 원활한 관계가 유지되는 것이다. 이것이 싱가포르에 아주 중요한 전환점이 되었다. 당시 다른 길을 선택하였더라면 싱가포르는 발전에서 뒤쳐졌을 것이다.

중국과의 무역을 하고 사업을 하는데 있어 정서적인 이유와 실제적인 이유에서 중국어는 제2언어로 필요성이 인정된다. 하지만 방언은 확실히 필요하지 않다. 우리가 그동안 그렇게 많은 시간과 에너지와 정치적 자본을 들여서 대중매체에서 중국 방언을 없앤 것을 지금 다시 원상태로 돌리는 것은 매우 바보스러운 일이 될 것이다.

생을 마감하며

사는 것이 죽음보다 낫다. 하지만 죽음은 결국 누구에게나 찾아온다. 죽음은 많은 사람들이 인생의 한창 때에는 생각해보기 싫어하는 것이다. 하지만 89살에 나는 그 질문을 피할 이유가 없다. 나의 관심은 이제 어떻게 떠날 것인가이다. 어느 날 관상동맥이 막히는 뇌졸중으로 죽음이 갑자기 찾아올까? 아니면 뇌혈관 깊은 곳의 뇌졸중으로 침대에 반 혼수 상태로 몇 달을 누워 있다가 죽음을 맞는 것일까? 둘 중에는 빠른 것이 더 좋겠다.

얼마 전에 나는 만약 관tube으로 연명해야 하거나 회복해서 걸을 가능성이 없다면 의사가 관을 떼고 생을 마감하도록 하는 사전의료지시서Advance Medical Directive, AMD를 작성하고, 나의 변호사와 의사가 서명하도록 하였다.

만약 그것이 없으면, 병원은 환자의 사망을 막기 위하여 할 수 있는 모든 조치를 취하게 된다. 나의 처남이 관을 꽂고 지냈다. 처남은 집에 있었는데 처남의 부인 역시 그의 옆에서 자고 힘든 모습이었다. 의식이 점점 없어지고, 그러다 지금은 세상을 떠났다. 하지만 가족은 몇 년 간 그를 지켰다. 요지는 무엇인가? 아주 흔하게, 의사와 환자 가족은 생명을 유지시켜야 한다고 믿는다. 나는 동의하지 않는다. 모든 것은 끝이 있다. 나는 코를 통해 위까지 연결된 관을 매단 채 반 혼수상태로 움직이지 못하고 침대에 누워 있는 일 없이, 마지막 순간이 가능한 짧고 고통이 없었으면 좋겠다.

나는 스스로를 무신론자라고 부르고 싶지는 않다. 신을 부정하지도 긍정하지도 않는다. 우주는 빅뱅에서 왔다고들 말한다. 하지만 이 지구상의 인간은 지난 2만 년 이상을 진화해서 생각하는 존재가 되었고, 존재 그 이상을 보고 그들 자신에 대해 생각할 수 있게 되었다. 그 인간이 다윈Darwin이 말하는 진화의 결과인지 아니면 신에 의한 창조물인지 나는 모른다. 그러니 신을 믿는 사람을 비웃지 않는다. 그렇다고 꼭 내가 신을 믿는다는 것도 아니고 신의 존재를 부정하는 것도 아니다.

나에겐 친한 친구 혼수이센韓瑞生이라는 독실한 가톨릭 신자가 있었다. 그의 임종에 사제가 그 옆에 있었다. 68살의 친구는 젊어 보였고 조금도 두려움이 없어 보였다. 로마 가톨릭 신자로서 그는 사후에 부인을 만날 것이라고 믿었다. 나도 사후에 부인을 만날 수 있기를 바라지만, 만나질 것으로 생각하지 않는다. 부인이 죽음으로 소멸하였듯이 나도 그냥 소멸할 것이다. 그렇지 않으면 사후 세계는 인구과밀일 테니까. 천국극락이 그렇게 크고 끝이 없어서 과거 수천 년에 걸쳐 죽은 이 지구상의 모든 사람들을 모두 받아들일 수 있을까? 그 질문에 큰 의심을 갖는다. 수이센은 그것을 믿었고 아마 그것을 의지하여 그는 신부와 함께 있던 마지막 순간에 어느 정도 마음의 평정을 유지했을 것이다. 그의 부인은 2012년 11월에 눈을 감았는데 먼저 간 남편을 다시 만날 것으로 믿었다.

내 주변에서 나를 개종시키려고 노력한 사람들이 이제는 희망이 없다는 것을 알고 더 이상 노력하지 않는다. 나의 부인은 학교 때부터 알고 지낸 친구가 있었는데, 그 친구 역시 신심이 강해서 나의 부인을 전도하려고 노력했다. 결국 집사람은 그 친구를 멀리 했는데, 이런 말을 했다: "너무 이해가 안 돼요. 우리가 만날 때마다 나를 전도해서 기독교인으로 만들고 싶어 해요." 부인은 사후세계를 믿지 않았다. 실제 사후세계가 없더라도 있다고 믿으면 위안이 된다는 것을 인정하면서도…

하루하루 날이 갈수록 나는 육체적으로 힘이 빠지고 활동력이 떨어진다. 만약 내게 사람들을 만나 악수하고 아기에 뽀뽀하러 2시의 햇볕으로 나가자고 청하면, 나는 그렇게 할 수 없을 것이다. 20년, 30년 전에는 그렇게 할 수 있었지만, 이제 더 이상은 아니다. 나이가 들고 체력이 떨어지면, 삶이 내게 다가오는 대로 그냥 받아들이면 된다. 내가 때로 사무실에서 쉬고 있는 것을 비서가 보면 다음 미팅을 취소하겠느냐고 묻곤 한다. 그럴 때 가끔은 "아니야, 일정대로 미팅을 하자"고 말한다. 나는 15분 잠깐 잠들었다 깨면 맑은 마음으로 집중할 수 있다. 하지만 내가 할 수 없으면, "그래, 연기하지. 잠깐 잠 좀 취해야겠네"라고 말한다. 이제 몸 상태가 어떨 거라고 예견할 수 없다. 아무리 내가 엄격하고 절제력이 있다 해도, 그저 내리막길에 들어서 있다.

결국, 내 인생에 가장 큰 만족이라면, 내가 많은 시간을 들여 사람들의 지지를 모으고 이곳 싱가포르를 능력주의와 반부패, 그리고 누구나 평등한 나라로 만들기 위해 의지를 발휘했다는 사실, 그래서 지금까지 그 체제가 잘 유지되고 내 사후에도 지속될 것이라는 사실이다. 내가 처음 총리직을 수행했을 때는 그렇지 못했다. 림유혹林有福[1] 정부는 이미 부패하고 있었다. 젊은 세대는 당시 정부 관료였던 막팍쉬麥柏士라는 사람을 잘 모를 거다. 그는 수염을 기른 인디언 중국계였는데 돈을 받고 청탁을 들어주는 해결사였다.

---

1 싱가포르는 제2차 세계대전에서 일본의 패망과 함께 영국의 직할 식민지가 되는데, 림유혹(林有福)은 자치 이양이 가시화되던 1954년 싱가포르 사회당 창당을 주도하였고 1956년부터 1959년까지 수석 장관(chief minister)을 지냈다. 리콴유는 고켕쉬(吳慶瑞), 토친체(杜進才) 등과 함께 1954년 인민행동당을 창당하여 1959년 자치 싱가포르 최초 총선에서 승리함으로써 초대 총리(prime minister)가 된다.

싱가포르는 부패가 만연한 지역에 자리 잡은 부패 없는 곳이 되었다. 반부패청을 설립하는 등 부패가 발을 붙이지 못하도록 국정운영 시스템을 만들었다. 싱가포르 시민은 민족, 언어, 또는 종교가 아니라 능력에 따라 승진하도록 시스템화하였다. 이들 시스템을 유지하는 한, 우리 싱가포르는 계속 전진할 것이다. 그것이 내가 가진 가장 큰 희망이다.

전에 스스로를 이름뿐인 불교신자라고 말했는데요. 지금도 그렇게 생각하십니까?

예. 그렇습니다. 그냥 겉으로 보이는 모습만 의식을 따라하지요. 기독교인은 아닙니다. 도교신자도 아니고요. 어느 종파에도 속해있지 않아요.

의식(儀式)이라고 말씀하셨는데요? 어떤 의미인지요?

정해진 날짜에 조상에 음식 등 공물(供物)을 바친다든지… 일하는 사람들이 제사상을 미리 준비해 놓지요. 하지만 그것도 우리 세대가 지나면 없어질 겁니다. 청명(淸明) 절기에 조상 묘소를 벌초하는 것과 같습니다. 한 세대 지날 때마다 찾는 사람들이 줄어들지요. 그것이 의식이었지요.

선생님께서는 종교가 아니라면 어디서 위안을 얻나요?

유골과 아픔과 괴로움의 끝, 죽음이지요. 그래서 죽음이 순식간에 찾아오기를 희망합니다. 89살에 신문 부고(訃告)란을 보면 나보다 더 산 사람이 많지 않아요. 나는 궁금합니다. 그들이 어떻게 살아왔을까? 어떻게 죽었을까? 오랜 병환 끝에? 정상 생활이 불가능한 상태로? 당신도 89살이라면 이런 것들을 생각해볼 겁니다. 혼수 상태이든, 반 혼수 상태이든 침대에 누워 관으로 음식을 공급받는 것을 원하지 않는다면 사전의료지시서(AMD)를 작성할 것을 추천합니다. 생명을 연장하려고 기계를 끌어들이지 마세요. 자연적으로 가게 내버려 두세요.

이런저런 이유 때문에 싱가포르에서 AMD를 하는 사람이 아직 적습니다.

글쎄요. 죽음을 정면으로 대하고 싶지 않은 거죠.

일부 국가에서 합법화하고 있는 안락사를 우호적으로 보시나요?

네덜란드처럼, 노인을 없애기 위해서 사용하지 않도록 한다거나 고통을 받지 않기 위해 합리적으로 받아들인 결정이라면 찬성합니다. 내가 작성한 AMD처럼, "나를 그냥 가게 놔두세요."

만약 손주들이 선생님께 다가와서 훌륭한 삶이 무엇이었냐고 물으면 뭐라고 대답하실 건가요?

20대의 손주들이 있어요. 아직 그런 질문을 받아보지 않았는데요. 그 아이들이 생각하는 훌륭한 삶의 방식이 있지요. 그들이 사는 물질세계와 그들이 만나는 사람에 변화가 있습니다. 세대 간의 변화가 있고 무엇을 위해 사는지에 대한 목적에 차이가 있습니다.

요즘 젊은이들에게 영향을 준다는 것이 불가능하다는 말씀인가요?

아니요. 태어나서 16살 또는 17살 정도까지는 기본적인 태도에 영향을 줄 수 있습니다. 그 이후에는, 때로는 더 일찍 시작될 수도 있지만, 그들도 자신의 생각을 가지게 되고 그들이 주변에서 보고 사귄 친구들에 의해 영향을 받지요.

사후에 부인을 만나는 것을 믿지 않는다고 말씀하셨는데요. 조용히 시간을 보낼 때조차 그런 희망을 가져보지 않았나요? 그렇게 하는 것이 인간 아닐까요?

아닙니다. 논리적으로 안 맞습니다. 우리 모두 죽은 뒤에 생명이 있다고 가정하면, 그 장소가 어디일까요?

형이상학적, 아마도?

그러면 우리가 유령 같은 모습? 아니요. 그렇게 생각하지 않아요.

부인이 얼마나 자주 떠오르나요?

나는 부인의 유골을 담은 항아리를 가지고 있어요. 정서적 의도로 자식들에게 나의 유골함도 납골당의 부인함 옆에 놓아달라고 말했어요.

그리고 어떤 희망?

별로요. 부인은 떠났습니다. 이제 남은 것이라곤 유골이 전부입니다. 나도 곧 떠날 것이고 나의 유골만이 남겠지요. 정서적 이유에서, 글쎄요, 유골함을 함께 놓아 주는 정도겠지요. 하지만 사후에 만나는 것? 너무 좋아서 믿기지가 않지요. 그런데 힌두교는 환생을 믿지요? 안 그런가요?

힌두교에서는 그렇습니다.

착하게 살았다면, 다음 생에 더 좋은 곳에서 태어나고, 악한 삶을 살았으면 개나 뭐 그런 것으로 태어난다 그런 것 아닌가요?

불교도 그렇습니다.

하지만 불교는 사후 세계에 대한 개념이 그렇게 명료하지 않아요.

요즈음 하루의 정해진 일과가 각료 시절에 비해 많이 다른가요?

물론입니다. 지금은 압박이 없지요.

그래도 선생님께서는 그런 압박을 잘 관리하기로 유명한 분 아닌가요?

글쎄요. 공직에서의 압박은 결정을 해야 한다는 겁니다. 결정해야 할 건이 여러 개가 동시에 놓이면, 문제를 신중하게 살피고 결정해야 합니다. 한번 결정하면 되돌릴 수 없습니다. 다른 종류의 압박입니다.

그런 종류의 압박이 그립지 않은가요?

아니요, 절대로. 그리울 이유가 없습니다. 내가 해야 할 몫은 다 했습니다.

각료회의에 다시 참석하고 싶지 않은가요? 젊은 장관들과 교류하는 기회도 갖고요?

아닙니다. 이제 나는 물러설 때가 왔습니다. 89살이에요. 내가 살던 세상 그리고 내가 세상을 보는 고정된 생각의 틀과 비교해 볼 때, 지금의 싱가포르 지도 – 마음으로 보는 심리적 지도 – 가 바뀌었어요. 나는 주택개발단지를 방문하곤 했지요. 주민회 사람들을 잘 알았지요. 그들과 교류도 했고요. 현장에 대한 좋은 감각을 가지고 있었어요. 지금은 그렇지 못합니다. 지금은 보고서를 의존해서 판단하는데 실제 몸으로 느끼는 것과 다릅니다. 그래서 현장에 찾아가는 책임있는 사람들에게 그것을 맡겨야지요.

2011년 총선 직후 내각을 떠나기로 한 결정을 후회하시지는 않는지요?

아니지요. 현장의 사람들과 만날 기력을 잃었는데 어떻게 계속 정책에 관여하겠습니까? 굉장한 체력이 요구되지요. 뇌졸중이나 치매는 없기 때문에 정신력에는 문제가 없습니다. 하지만 기력이 떨어져요. 인터뷰 전에 간단한 점심을 했어요. 러닝머신을 걸었고 15분간 휴식을 취했지요. 그런 것이 과거에는 필요 없었어요.

그러니까 마무리하지 못한 일은 없다는 말씀이시지요?

없어요. 내가 하고자 했던 일을 다 했지요. 총리직을 고촉통에게 물려준 이후 나의 의무는 끝났어요. 그를 도왔고, 그는 다시 리셴룽에게 물려주었지요. 지금은 다른 세대입니다. 내가 기여할 수 있는 역할의 의미가 줄어들었지요. 중국 방언 프로그램을 재도입하려고 했던 건을 제외하면요.

건강은 어떠신지요?

일과성허혈발작(transient ischaemic attacks)이라는 진단을 받고 최근에 입원한 일이 있지요. 이후 완전히 회복이 되어 업무에 복귀했지요. 내가 내년에 90살이라는 것을 고려한다면… 그 나이에 따라가야 할 롤모델은 없다는 것이 의사의 말이었지요.

그 연세를 고려하면, 지금의 신체적, 정신적 상태에 그런대로 만족하시는 건가요?

체력이 점점 떨어지는 것을 받아들여야지요. 주변의 친구들하고는 다르게 아직까지 나의 정신력은 괜찮아요. 유전적인 이유가 아닌가 생각하지요. 하지만 신체적 노화는 멈출 수가 없지요.

정신력은 괜찮다고 하셨는데 그 역시 생각의 습관 덕분인가요? 총리께서는 국정 상황에 대해 정신력을 집중하고 계속 관심을 가져온 그런 분이신데요.

예, 물론입니다. 나는 계속 중국어 새 단어와 문구를 공부하고 있습니다.

식습성이 좀 바뀌셨나요?

글쎄요. 더 이상 식탐부리지 않습니다. 배부르기 전에 멈추지요. 채소를 더 많이 먹고 단백질을 적게 먹습니다.

80세에 가진 우리 스트레이츠 타임스(*The Straits Times*)와의 인터뷰에서, 한 가지 걱정이라면 나이든 사람들이 갖게 되는 좁은 시야이고, 그 시야가 점점 작아지면 그것으로 존재의 마감이라는 말씀을 하셨는데요? 아직도 세상을 보는 창을 열어 놓아야 한다는 생각을 하시는지요?

그렇습니다. 그렇지 않으면 혼자 앉아 있어야지요. 이 자리에서 이렇게 만나 얘기할 필요도 없겠지요.

때로 외로움을 느낄 때도 있는지요?

외로운 감정(loneliness)과 고독(solitude)은 구분되어야 합니다. 캠브리지 대학에서 페리 크라독(Perry Cradock)이라는 아주 똑똑한 친구 한 명이 있었어요. 지금은 세상을 떠났지요. 당뇨병을 가진 덴마크 출신 부인이 있었는데 두 다리를 잃었지요. 페리가 "나는 나의 고독을 즐겨"라는 말을 하곤 했어요. 그래서 내가 말했습니다. "컴퓨터를 배워서 구글에 들어가 봐. 지금까지 읽고 좋아했던 시들 그리고 많은 문학 작품의 주옥 같은 글귀들이 거기 다 있지. 키워드 몇 자만 치면 다 나와." 그리고 친구는 내가 말한 대로 했지요.

정기적으로 읽는 신문이나 방문하는 인터넷 사이트가 있는지요?

영자 신문 *The Straits Times*하고 중국어 신문 리엔허 자오빠오(*Lianhe Zaobao*)를 읽습니다. 말레이어 신문 베리타 하리안(*Berita Harian*)도 읽곤 했는데 지금은 중단했어요. 말레이어를 참 잘했는데 이제 그럴 필요가 없어요. 대부분 말레이시아계 싱가포르 시민이 영어를 하니까요. 그리고 인터넷으로 싱가포르, 동남아 지역, 중국, 일본, 한국, 미국, 인도, 그리고 유럽에 관한 뉴스도 계속 업데이트합니다. 중동 뉴스는 가끔 보고요. 남미 뉴스는 거의 안 봅니다. 우리와 관련성이 없고, 너무 멀어요.

어떤 특정 인터넷 사이트가 있나요?

구글. 여러 지역의 뉴스가 자동적으로 전달되어 오도록 사전에 다 정리해놓았지요.

최근에 본 영화나 읽은 책이 있다면요?

영화는 보지 않아요.

책은?

보통 관심을 가진 인물의 자서전을 읽어요. 있을 법한 사람들의 일을 가상으로 꾸민 소설에는 끌리지 않고요.

최근에 특별히 즐겨 읽은 책이 있다면?

샤를 드골에 대한 책입니다. 프랑스가 독일과의 전쟁에서 패하고 그는 존재감이 없었습니다. 런던으로 건너가 이렇게 말합니다: "내가 곧 프랑스다." 그리고 알제리아 수도 알제(Algiers)에 가서 당시 비시(Vichy)정부를 따랐던 알폰스 쥐앵(Alphonse Juin)에게 이렇게 말했지요: "프랑스 원수로

프랑스는 1940년 6월 독일에 항복하였고, 독일에 협조적인 비시 정부(Vichy Government)가 출범하였다. 비시 정부는 프랑스군 총사령관을 역임하였고 독일에 협력한 페탱(Henri Philippe Pétain)이 총리를 맡아 통치하였다. 드골은 한때 페탱 장군의 부관으로 일했으나 항복과 함께 영국으로 건너가 자유 프랑스라는 망명정부를 조직한다.

서 당신 자신을 부끄럽게 여기십시오." 그것을 보면 매우 대담한 인물이었지요. 그리고 연합군이 그의 앞길을 열어주면서 파리로 다시 돌아왔습니다.

요즘 많은 시간 집중해서 생각하는 일은 무엇인가요?

인구 문제입니다. 출산율 1.2명으로는 이민을 받아들이는 것 이외에 다른 방도가 없습니다. 그런데 싱가포르 국민의 생각을 바꾸도록 하는 것이 어렵습니다. 여성의 교육수준이 높아졌어요. 조기 결혼과 자녀에 묶이는 것이 아닌 새로운 생활양식을 원하는 것입니다. 그들은 먼저 여행하고, 세상을 둘러보고, 인생을 즐긴 다음, 나중에 결혼을 생각하고 있어요. 그 때는 아이를 갖는데 어려움이 있을 겁니다.

싱가포르에 어떤 희망이 있다면?

글쎄요. 지금까지의 안정적인 길을 계속 유지하고, 다른 국가에서 찾아보기 힘든 우리에게 맞게 정착된 이 모든 제도가 앞으로도 잘 유지되기를 희망하지요.

chapter
11

대화CONVERSATION

옛 친구 헬무트 슈미트와 함께

2012년 5월 이 책을 쓰고 있을 때, 1974년부터 1982년까지 서독 총리를 지낸 헬무트 슈미트 씨가 나를 방문하러 싱가포르에 왔다. 그는 나보다 6살이 많고 친한 친구였다. 고인이 된 부인들끼리도 서로 친구였다. 내가 기억하기로 슈미트 총리는 어떤 복잡한 상황에서도 요점을 잡아내는 강하고 지적인 리더였다. 그의 직관력에 대한 존경은 시간과 함께 커져 갔다. 3일간 우리는 다양한 주제에 대해 서로 얘기를 나누었다. 독일 신문 디 자이트*Die Zeit*의 마티아스 나스Matthias Nass 기자가 사회자로 중간 중간 질문을 던지며 대화를 이끌었다. 대화를 마치고 우리는 "리더십 교훈", "유럽의 비전", "석별"의 부분을 이 책에 포함시키기로 하였다.

리더십 교훈

Helmut Schmidt(HS): 공직생활을 요약해서 말한다면 뭐라고 정리하시겠습니까?

Lee Kwan Yew(LKY): 우선 다른 사람들보다 운이 더 좋았다고 말하겠지요. 결정적인 순간에 행운의 여신이 나에게 웃음을 보냈어요. 싱가포르는 아주 쉽게 붕괴될 수도 있었지만, 세계화로 전 세계가 하나로 통합되면서 우리에게 기회가 찾아왔지요. 말레이시아로부터 분리되면서 우리는 말레이시아 시장을 잃었어요.

HS: 총리직을 맡을 때 인구가 몇 명이었나요?

LKY: 2백만 명이요. 지금은 5백만 명입니다.

HS: 싱가포르 시민이 지금 총리께 "고향이 어디인가요?" "출신 민족이 무엇인가요?"라고 묻는다면 어떻게 대답하실 건가요?

LKY: 저는 싱가포르 사람입니다.

HS: 그러시군요. 언제부터죠?

LKY: 20, 30년 전부터요.

HS: 처음부터가 아니고요?

LKY: 당시에는 괄호( )가 붙어 다녔지요. 싱가포르인이지만 (중국계), (인도계), (말레이계), 등등처럼요. 그것을 지울 수가 없다는 의미입니다. 그것이 현실이었고요. 다른 민족과 결혼을 하는 경우도 있지만 아직 소수에 불과합니다.

HS: 일생에서 가장 기억에 남는 사건이 무엇인가요?

LKY: 첫째는 일본이 싱가포르를 점령한 것이지요. 대영제국의 몰락. 1천 년을 지속할 것으로 보였던 제국을 무너뜨리는 데 3개월이 안 걸렸습니다. 둘째는 말레이시아 본토에서 분리되어 섬으로 국가를 세워야 하는 충격이었지요. 싱가포르가 말레이시아의 민족 균형을 불리하게 만드는 것을 싫어한 말레이시아가 우리를 밀어낸 것이지요.

HS: 싱가포르의 중국인 인구 때문에 당신을 밀어냈다?

LKY: 예, 그렇습니다. 싱가포르로서는 죽느냐 사느냐의 문제였지요. 다행히 세계화가 우리를 도왔습니다. 우리는 내륙 말레이시아를 잃었지만 세계를 내륙으로 만든 것이지요.

HS: 나의 생애에는, 가장 중요한 사건이 두 개 있었어요. 먼저, 1944년 하반기 아마 9월로 기억되는데 내가 그동안 범죄 정부에서 일하고 있었다는 사실을 처음으로 알았습니다. 저는 1937년에 징집되어 군 복무를 했어요. 제가 범죄 정부에서 일했다는 것을 아는데 8년 가까이 걸렸습니다. 종전 6개월 전의 일이지요. 그 때부터 나의 인생은 변하기 시작했습니다. 나는 결코 나치는 아니었고 나치에 반대했지만 어떤 일도 하지 못했습니다. 두 번째 가장 큰 사건은 1989년입니다. 하늘 길이 열리고 통일의 기회가 왔습니다. 그리고 나서 공직을 떠났어요. 당시 이보다 더 중요한 일은 없었지요.

LKY: 통일은 대단한 전환점이었지요. 특히 유럽의 중심부에서 독일의 힘이 부활하는 것을 많은 국가가 우려했기 때문에 독일 통일은 특히 그랬을 것 같습니다.

HS: 어떤 면에서, 조그만 유럽 대륙의 중앙에 위치한 한 나라의 위협이 1천 년 이상 지속되어왔다고 보아야지요. 유럽 대륙에서 주변국 사람들은 중앙의 강력한 국가에 의해 위협을 받거나, 아니면 중앙의 힘이 약할 때에는 유혹을 받는 상황이 계속되었지요. 1천 년 이상의 역사에서 전쟁이 연쇄적으로 계속된 이유가 여기에 있습니다. 어느 대륙도 유럽만큼 많은 전쟁을 경험하지 않았을 겁니다.

LKY: 참 이해하기 힘든 것은 유럽 국가들 모두가 기독교 국가입니다. 그런데 국가마다 다른 야망을 가지고 있고요.

HS: 동의합니다. 자, 화제를 좀 돌려서, 총리께서 공직에 계시면서 정말 자랑스러워한 최고는 무엇입니까?

LKY: 모든 시민이 평등하다고 느끼도록 만든 것, 싱가포르를 중국 도시로 만들지 않은 것입니다. 중국어를 제1언어로 만들려는 중국 국수주의자에 저항했지요. 제가 얘기했습니다. "안 됩니다. 모든 사람에게 중립적인 영어를 채택할 것입니다." 그것이 시민을 통합시키는 데 도움이 되었습니다. 우리는 민족, 언어, 종교 등의 이유로 어떤 사람도 차별하지 않았습니다.

HS: 만약 한 싱가포르 시민이 싱가포르 대중교통 수단을 이용하려고 한다면 어떤 언어로 티켓을 요청해야 할까요?

LKY: 영어입니다.

HS: 영어를 다 합니까?

LKY: 예. 택시 기사가 영어를 합니다. 학교에서 영어를 제1언어로 가르치기 때문에 영어가 싱가포르 전체에 통합니다.

HS: 그것이 싱가포르의 업적에서 가장 중요한 부분이라고 이해해도 되겠습니까?

LKY: 예. 만약 싱가포르 내 모든 민족이 각각의 모국어를 제1언어로 쓰도록 했더라면, 싱가포르는 여러 집단으로 나뉘어졌을 겁니다. 끝없이 충돌이 일어나고 진전이 없었을 겁니다.

HS: 영국 사람들이 당신의 이러한 업적을 아나요?

LKY: 아니요. 싱가포르가 다른 나라가 아닌 영국의 식민 지배를 받았다는 것을 행운이라고 생각합니다. 베트남은 프랑스 지배를 받았습니다. 지금 베트남 국민은 힘들게 프랑스어를 버리려고 노력하고 있고, 전 세계가 말하는 영어를 시작하고 있습니다.

사회자: 홍콩은 지금 그런 이점을 잃고 있는데요? 그런 것을 느낍니다. 영어가…

LKY: 그렇습니다. 지금은 중국의 일부이니까요. 매일 수만 명, 어쩌면 1, 2십만 명의 사람들이 홍콩과 중국의 경계를 넘나듭니다. 홍콩에 사는 많은 사람들이 땅값이 싼 본토에 집을 가지고 있고요. 그렇게 시간이 지나면서 홍콩은 점차 중국으로 재흡수되고 있지요.

사회자: 50~60년의 공직생활에서 얻을 수 있는 교훈, 개인적으로 얻은 교훈이랄까, 또는 정치인으로서의 도덕적 기준이랄까 하는 것

이 있다면 말씀해주시지요?

LKY: 어떤 일을 해내기 위해서는 우선 국민의 신뢰를 얻어야 한다고 생각합니다. 그냥 약속이나 사교적인 인사가 아니라 진정성이 담겨야 합니다. 그래야 성공이냐 실패냐의 문제를 떠나 일단 말한 것을 시작할 수가 있습니다. 제가 성공할 수 있었던 것은 아마 그런 이유 때문일 겁니다. 많은 중요한 사건에서 저는 반대에도 불구하고 제가 약속한대로 실행에 옮겼습니다. 그렇게 해서 신뢰를 얻었고 그 후에는 모든 일이 쉬워졌습니다. 그냥 약속만 하는 정도의 보통 정치인이라면 4~5년마다 새 정치인이 등장하고, 신뢰를 구축할 수가 없고, 국가를 이끌어갈 수가 없습니다.

사회자: 같은 맥락에서 정치적 리더십의 핵심은 무엇일까요? 보통의 정치꾼(politician)이 아니라 리더에게 필요한 것이 무엇이라고 보시는지요? 어떻게 해야 정치인(statesman)이 되나요? 정치꾼과 정치인은 다르다고 보는데요.

LKY: 정치꾼과 정치인의 구분도 여러 차원에서 가능하겠지요. 정치꾼은 자신을 알려서 선출되고, 그리고 정치권에 입성한 것을 출세로 생각하고 즐기려 하는 사람들이지요. 지도자는 사명감을 가지고 있습니다. 무엇인가를 이루기 위해서 수단으로써 권력을 추구하는 것이지요. 정치인은 권력을 추구하면서 일을 실제로 해낼 뿐만 아니라 좋은 후계자에게 권력을 물려줄 수 있어야 합니다. 저는 그렇게 이해하고 있지요.

HS: 총리께서 경험한 위대한 지도자를 싱가포르 밖에서 찾는다면 누구를 예로 드시겠습니까?

LKY: 덩샤오핑입니다.

HS: 저도 동의합니다. 다만 저는 1순위로 윈스턴 처칠을 꼽겠습니다.

LKY: 처칠은 대단한 연설가였지요. 영국 국민이 힘들고 냉혹한 상황에 처해 있을 때 영국 국민의 마음을 움직였지요. 그가 남긴 아주 유명한 말이 있지요. "우리는 해변에서 싸워야 할 것입니다. 우리는 비행장에서 싸워야 할 것입니다. 우리는 들판과 거리에서 싸워야 할 것입니다. 우리는 야산에서 싸워야 할 것입니다. 우리는 결코 항복하지 않을 것입니다." 미국 프랭클린 루즈벨트 대통령이 왜 자신의 연설은 처칠의 것처럼 안 되는지를 비서에게 물었더니 비서가 이렇게 말했다고 하지요: "예 각하, 처칠 총리께서는 자신의 시가(궐련초)를 직접 말아 피십니다." 그것이 영국 국민에게 영감을 주었고 전장에 나가 싸우도록 한 것이지요. 그렇게 해서 미국의 참전을 이끌어내기까지 충분한 시간을 벌 수가 있었지요.

HS: 처칠이 없었다면 연합국이 제2차 세계대전을 이기지 못했을 겁니다.

LKY: 그는 역경을 놀라울 정도로 이겨냈습니다. 처칠 직전의 총리였던 네빌 체임벌린(Neville Chamberlain) 같은 인물이 어느 정도 대등한 리더십을 보여주었을 겁니다.

HS: 프랑스에는 그런 인물이 보이지 않아요.

LKY: 그렇습니다.

사회자: 샤를 드골은 어떻습니까?

HS: 드골은 종전 이후에 등장한 인물입니다. 그의 전성기는 전쟁 이후에 찾아왔지요.

LKY: 좀 다른 면이 있는데요. 전쟁 중에 누구도 그의 대표성을 인정하지 않았음에도 불구하고 자신은 프랑스를 대표하고 있다고 믿었고, 런던에서 프랑스를 대표하는 것처럼 행동했고, 영국과 미국의 성가신 존재로 활동했지요. 하지만 자신이 바로 프랑스이고 프랑스인의 정신을 대표한다고 주장했지요. 그런 점에서는 위대한 사람입니다.

HS: 드골은 특히 1960년대 초기 이후에는 확실히 위대한 인물이지요. 독일에까지 손을 뻗혔지요.

사회자: 앞서 언급하신 덩샤오핑과 처칠은 말하자면 세계를 더 좋은 방향으로 나아가도록 큰 영향을 미쳤습니다. 하지만 지난 세기 세계를 안 좋은 방향으로 이끈 부정적인, 해악을 끼친 인물도 있지 않습니까?

LKY: 아시아에서 한 사람을 든다면 마오쩌둥이라고 말하겠습니다. 마오쩌둥은 혁명국가에 대한 강한 믿음이 있었기 때문에 마오쩌둥이 더 살았더라면 큰 재앙이었을 겁니다. 이런 낭만적인 아이디어를 가지고 있었지요. 안정 속에서는 관료적이 되고, 세계를 개혁하고 변화시켜야 한다는 자극을 잃는다는 아이디어 말이지요. 그래서 마오쩌둥을 위험한 인물로 보았고 그가 더 살고 덩샤오핑이 뒤를 이어받지 못했다면 중국은 무너졌을 거고 그러면 극동아시아 전체에 재앙이 닥쳤을 겁니다. 유럽에는 히틀러가 재앙이었지요. 히틀러가 성공했더라면, 즉 모스크바까지 진격해서 점령했다고 가정하면, 미국과 영국은 프랑스 서쪽에 구축되어 있던 독일의 방어벽을 돌파하는 데 많은 어려움이 있었을 겁니다. 이제 지나간 이야기입니다. 미국은 민주주의와 인권을 지키기 위해서 참전을 결정한 것이 아니라, 유럽이 독일의 강력한 이데올로기 지배하에 놓이는 것을 원치 않았던 것입니다. 그렇습니다. 처칠은 루즈벨트와 좋은 친구 사이였지만, 우정이 작용한 것이 아니었지요. 미국을 위해서도 유럽이 히틀러와 같은 사람의 손에 들어가서는 안 되는 것이었습니다.

HS: 나는 덩샤오핑의 탁월한 성품에 동의합니다. 당시 내가 개인적으로 아는 인물 중에 최고였습니다.

LKY: 그에 대해서 글을 쓴 적이 있는데요. 그의 키는 150센티미터로 단신이었지만 리더십은 거인이었습니다.

HS: 애연가였고요.

LKY: 예. 하지만 폐기종으로 고생하지도 않았고요.

HS: 1미터 안에 타구(唾具)[1]를 두었지요. 자주 사용했는데 실수하는 것을 못 보았어요.

LKY: 베트남이 캄보디아와 라오스를 침공하기 전에 덩샤오핑이 싱가포르를 방문했어요. 싱가포르가 중국편에 서기를 원했지요. 그는 싱가포르 오기 전에 이미 태국 방콕과 말레이시아 쿠알라룸푸르를 들러서 어떤 말을 해야 할 지를 이미 다 익혀놨기 때문에 적어온 쪽지 없이 하고 싶은 얘기를 아주 말끔하게 얘기했지요. 나는 편안하게 여유를 가지고 얘기했어요. "저녁을 할까요? 아니면 지금 대화를 먼저 나눌까요?" 그가 말하더군요: "저녁을 합시다." 다음 날 내가 먼저 얘기를 꺼냈어요. "우리가 러시아 북극곰에 맞서 뭉쳐야 한다고 말씀하셨는데요. 우리 이웃 국가들은 중국 용에 맞서 뭉치기를 원하고 있어요. 그들을 위협하는 것은 북극곰이 아니라, 중국이 태국과

---

1 가래나 침을 뱉는 그릇.

말레이시아 그리고 주변 다른 나라 게릴라에게 제공하는 무선 방송국과 돈입니다." 나는 그가 발끈 화를 낼 것으로 생각하고 대비했는데 그렇지 않았어요. 잠시 가만히 있다가 말하더군요. "내가 어떻게 하기를 원하십니까?" 그래서 대답했지요. "멈추십시오." 덩샤오핑이 대답했지요. "나에게 시간을 주세요." 1년이 안 되어서 베트남과의 충돌이 중단되었어요. 덩샤오핑은 정말 대인大人이지요.

HS: 그게 언제였나요?

LKY: 1978년 11월입니다.

HS: 나는 1983년 그와 다른 대화를 나누었습니다. 중국 건국 기념일이었어요. 우리 둘이 마주 앉았고 통역이 옆에 자리를 했습니다. 당시 우리는 한 10년 정도 알고 지내는 사이였죠. 아주 솔직한 얘기를 나누었어요. 내가 비웃듯이 먼저 얘기를 꺼냈어요. "모든 사실을 볼 때 당신은 그렇게 정직하지 않소. 당신은 공산주의자라고 말하지만 솔직히 유학자儒學者에 가깝소." 덩샤오핑은 한편으로 충격을 받은 것처럼 보였어요. 몇 초 정도 지났나요. 그리고 나서 다음 두 마디 짤막하게 대답하더군요. "So what그게 어때서요?" 그가 대인이라는 것에 저도 동의합니다.

LKY: 아니요. 덩샤오핑은 현실을 직시했습니다. 조그만 섬의 지도자인 나로서는 우리가 두려워하는 존재는 북극곰이 아니라 바로 당신이라고 말할 때, 발끈할 것으로 예상했지요. 대신 잠깐 멈추더니 조용하게 물었지요. "내가 어떻게 하기를 원하십니까?" 그는 대인입니다. 덩샤오핑은 타구로 유명했으니까 그날 밤 저녁 식사 때 그를 위해 타구를 준비했지요.

HS: 그의 앞에 타구를 놓았다고요?

LKY: 청색이 도는 명나라 최고 청자 제품이었습니다. 사용하지는 않았어요. 사전에 그의 참모에게 방에 담배 연기를 빼는 특수 에어컨이 설치되어 있다고 귀띔해주었는데, 담배를 피우지 않더군요.

HS: 귀하에 호의를 베풀었네요.

LKY: 그러지 않아도 되었지요. 그 시간 정도는 미리 대비하고 있었거든요.

HS: 그런데 덩샤오핑이 어떻게 그 당시 다들 사양하는 중국의 리더십을 맡아 압도하게 되었나요?

LKY: 중국 공산당 창당과 대장정에 참여했던 많은 장군들이 그를 보호해주었지요. 마오쩌둥이 사망하자 화궈펑華國鋒이 승계했지요. 하지만 화궈펑은 실질적인 권력 기반이 없었어요. 군은 그들이 신임했던 덩샤오핑에게 충성심을 보였지요. 그래서 화궈펑은…

HS: 마오쩌둥 사후 어떻게 군의 신뢰가 덩샤오핑한테로 옮겨 갔나요?

LKY: 덩샤오핑은 그들이 함께 참여한 대장정의 고난을 함께 한 동지였으니까, 그들에게 잘 알려진 사람이었죠. 그들은 덩샤오핑이 위대한 사람이라는 것, 그가 중국을 위해서 진정성을 가진 사람이라는 것을 잘 알았고, 그래서 신임한 것이지요. 화궈펑은 점잖게 옆으로 배제되는 인물이었고, 그냥 만들어진 최고지도자였습니다. 내가 덩샤오핑을 방문했을 때, 먼저 화궈펑을 면담하고 자기를 보러 오라고 하더군요. 의전상 맞는 얘기였죠.

HS: 당시 덩샤오핑은 중앙군사위원회 위원장 외에 다른 공식적인 직함을 가지고 있지 않았는데요?

LKY: 자리는 중요하지 않습니다. 그는 덩샤오핑이었으니까요. 군과 상당한 행정기관이 덩샤오핑이 중국을 구할 거라고 믿은 것이지요.

HS: 저 같은 외부인이 볼 때, 덩샤오핑이 어떻게 권력을 키워가고 결국 확실한 통치력을 얻게 되는지 매우 흥미로운 일입니다.

LKY: 그게, 그는 배울 준비가 되어 있었어요.

HS: 배울 준비가 되어 있었다, 그렇군요.

LKY: 싱가포르를 방문해서 그는 자원이 하나도 없는 이 조그만 섬나라가 번창하고 사람들이 물질적인 풍요를 향유하는 것을 보았지요. 사람들이 주머니에 돈을 넣고 다니는 것을 보았지요. 그는 매우 날카로운 질문을 하면서 싱가포르 발전의 단초를 찾았지요. 외국인에 투자를 개방하고, 그 돈이 과학기술, 경영관리기술, 그리고 시장을 성장시켰다는 것을 확인했던 것입니다. 덩샤오핑은 귀국해서 싱가포르를 모델로 한 6개의 경제자유구역을 시작하였습니다. 그것이 성공을 거두었고 점차 중국의 개방을 확대시켜 나갔지요. 주룽지 총리 재임시에 중국은 WTO에 가입하였고 중국 전체를 개방했습니다. 그렇게 중국을 구한 것이지요.

HS: 비슷한 시기에, 특히 고르바초프 시기 구 소련의 지도자들에게 나도 오데싸Odessa,[2] 피터스버그Petersburg,[3] 칼리닌그라드Kaliningrad,[4] 그리고 리투아니아Lithuania의 발틱 연안 같은 곳에 비슷한 개방정책을 펼 것을 제안했지만 그들은 이해하지 못했지요. 제안을 거절한 것이 아니라 그것이 무슨 의미인지를 이해하지 못했어요.

LKY: 그런 직관력을 갖지 못했기 때문이 아니라고 봅니다. 그들은 폐쇄사회에 살았어요. 계획경제를 확고하게 믿고 새로운 아이디어에 눈을 뜨지 못한 것이지요. 덩샤오핑은 중국이 구 소련 모델을 따르고 있었기 때문에 효과가 없다는 것을 깨달은 것이지요. 싱가포르를 보았을 때, 그는 말했습니다. "아하! 중국에서 이것이 성공하겠구나."

HS: 프랑스에서 젊은 시절을 보내면서 조금은 준비되어 있었던 것이 분명하군요.

LKY: 그럴 수 있습니다. 마르세이유에서 지냈고, 프랑스와 벨기에에서 일을 했어요. 자본주의 세계를 보았고, 자유기업체제로 무엇이 가능한지를 보았지요. 그래서 서서히 문호를 개방시켜 나갈 수 있었습니다.

HS: 덩샤오핑의 특성을 가장 잘 묘사하는 유명문구가 그의 고양이흑묘백묘 발언이지요. "고양이 색깔이 검은지 흰지는 중요하지 않다. 중요한 것은 쥐를 잡느냐는 것이다." 그것이 한 문장으로 설명될 수 있는 덩샤오핑의 전부입니다.

---

2 우크라이나 오데사주의 주도.

3 모스크바 북쪽에 위치한 상트페테르부르크.

4 러시아 칼리닌그라드주의 주도로서 발트해 연안 도시.

LKY: 그는 지방 순방 중에 남쪽 광둥성을 방문했습니다. 싱가포르 방문 때 이런 말을 한 기억이 납니다. "우리가 이룬 것보다 중국은 더 잘할 수 있습니다. 우리는 중국 남부의 땅 없는 농민의 자손에 불과하니까요. 중국에는 많은 학자와 과학자, 그리고 전문가들이 있습니다. 우리가 어떤 일을 하든, 중국은 우리보다 더 잘할 겁니다." 그는 대답하지 않더군요. 그는 잠시 동작을 멈추었다가 다시 저녁 식사를 계속 했지요. 뒤에, 그는 광둥성에 돌아가서 이렇게 말했습니다. "세계를 배웁시다! 특히 싱가포르를 배웁시다! 그리고 그들보다 더 잘 해봅시다!" 덩샤오핑은 내가 했던 얘기를 결코 잊지 않았지요. 하지만 이제 와서는 그들이 우리보다 잘 할 거라는 확신을 갖지 못합니다. 중국은 법치주의와 시스템이 확립되어 있지 않기 때문이지요.

HS: 글쎄요. 중국도 점진적으로 법치주의를 세워가고 있지 않나요?

LKY: 법의 지배가 아니라 지도자의 지배입니다. 지도자가 하는 말이 법인 것이지요.

HS: 그런 방식의 법 집행이 계속될 수 있을지 확신이 안 섭니다. 중국은 그런 전통을 과거 황제 체제에서 물려받았지요. 하지만 사법제도를 상당한 정도로 바로 세워야 합니다. 중국을 처음 방문했을 때 검찰제도가 없었어요. 지금은 수천 명이 되지요. 그들을 교육시키고 있지요.

LKY: 덩샤오핑은 우리의 법제를 배우기 위해 장관을 저에게 보냈어요. 제가 어떤 목적으로 법제를 배우고자 하는지 덩샤오핑에게 물었어요. 법제를 연구해서 어떻게 그것을 활용할지를 검토하겠다고 답하더군요. 그래서 제가 말했습니다. "법제를 갖기 전에, 시민과 정부 사이의 분쟁에서 정부에 반대되는 판결을 내릴 수 있는 판사의 독립성이 먼저 보장되어야 합니다. 그 다음에 법의 지배가 가능합니다." 덩샤오핑이 대답했습니다. "그것은 걱정 마세요. 법제만 나에게 제공해주세요." 그래서 싱가포르 법제를 주었어요. 그것을 번역했겠지요. 중국이 그것을 실행에 옮길 수 있다고 생각하지 않습니다. 아직 판사는 지도자가 원하는 대로 하니까요.

HS: 아직도 판사는 지도자가 원하는 대로 한다. 첫 세대 재판관들은 결정을 내릴 수 있는 사람들이어야 했기에 군대 출신들이 많았습니다. 이젠 대학을 졸업한 판사들이 배출되고 있습니다. 지켜볼 만하다고 봅니다. 그런데, 덩샤오핑에 대해서 얘기하면, 나의 견해로 그는 지금까지의 공산주의 역사에서 성공한 최고의 공산주의자이지요.

LKY: 아니요. 그는 실제로 공산주의자가 아닙니다. 실용주의자이지요. 무엇이 효과가 있느냐? 흑묘냐? 백묘냐? 그의 좌우명입니다.

HS: 그런데 그의 실용주의 때문에 당신과 나 그리고 미국의 죠지 슐츠 전 국무장관이 서로 만나는 인연이 만들어졌지요.

사회자: 두 분 모두 오늘 90년 내외의 아주 긴 생애를 되돌아보고 계십니다. 세계는 바뀌고 있습니다. 정치적 결정과 정치적 행동을 통해서 이 세상의 일부가 바뀌었습니다. 지금의 세계를 90년 전과 비교해볼 때 어떤 점이 바뀌었나요? 우리는 지금 다른 세계에 살고 있나요? 우리는 지금 더 좋은 세계에 살고 있나요?

LKY: 더 좋은 세계의 의미에 따라 다르지요. 유럽 사람이나, 프랑스 사람이라면 더 좋은 세계에 살고 있다고 느끼지 않을 거라고 생각합니다. 중국과 같은 대국이 등장하고 유럽은 통합이 안 되면서 존재감이 떨어지고 있으니까요. 결국 미국과 중국의 대결장, 소위 G2로 정리가 되는 것이지요. 더 좋은 세계가, 가난이 줄고, 사람들이 사는 집이 많아지고, 일자리가 늘고, 먹을 음식이 충분한 그런 물질적인 삶을 의미한다면 "예"라고 말할 수 있지요. 배고픈 사람이 줄어들었어요. 인도조차도요. 이것은 인도 사람들 때문이 아니라 기술 때문입니다. 필리핀에서도 쌀을 연구해서 지금은 사람들이 먹기에 충분한 양을 생산하고 있습니다. 결국 "더 좋은 세계"를 어떻게 정의하느냐에 따라 달라지지요. 그리고 누구에게 더 좋은 세계인가요? 그냥 일반적으로는, 더 좋은 세계란 배고픈 사람이 더 적고, 실업자가 더 적은 것으로 이해할 수 있겠지요.

사회자: 큰 그림에서 보면, 더 평화로운 세계이고요.

LKY: 그렇습니다. 핵 억지력의 효과이지요. 핵 억지력이 있기 때문에 대국들 간의 전쟁이 불가능한 상태이지요. 중국이 아무리 강력해질 수 있다 하더라도 미국이나 러시아를 결코 공격할 수 없기 때문에 상황이 안정적으로 관리되고 있지요. 프랑스도 핵 억지력을 가지고 있지요. 충분하지는 않지만 상징적으로 반격을 할 수 있습니다. 더 좋은 세계의 의미를 국정을 더 잘 운영하는 것으로 이해한다면 국가마다 다를 이유는 없을 것입니다. 내 말은 아프리카, 어쩌면 남미 국가들은 전보다 상황이 더 안 좋아지고 있습니다. 부패가 매우 충격적입니다. 인도조차도 싱 총리5가 부패를 용인한 것으로 공격을 받고 있습니다. 지금 부패가 만연되어 있지요. 권력의 자리에 올랐다고 해보지요. 권력은 돈을 만들 수 있다는 의미입니다. 권력

5 2004년부터 2014년까지 재임하였다.

에서 물러나더라도 그동안 받은 돈이 있고, 그 돈으로 다시 권력을 잡습니다. 그러니 권력을 쥐고 있는 것이지요. 그런 의미에서, 부패가 매우 심각한 중국도 위험하다고 볼 수 있습니다. 최고 지도자는 문제가 되지 않습니다. 그들은 은퇴 후에도 생활이 보장되니까요. 후진타오는 은퇴한 후에 그의 생활을 걱정할 필요가 없어요. 정부가 제공합니다. 하지만 그 밑으로 가면, 개발업자와 지방관료들은 서로 공모해서 농민들로부터 땅을 수용해서 개발업자가 건물을 짓고 비자금을 만들지요. 그것이 중국의 많은 불행을 초래할 것이고 결국 중국 정부의 정당성에 도전이 될 겁니다.

사회자: 평생을 공직에 바쳤다고 볼 수 있는데요. 90년은 아니지만 50~60년 동안요. 되돌아보면 그만한 노력과 희생의 가치가 있었다고 보시나요?

LKY: 인생을 어떻게 보느냐에 따라 다르겠지요. 내가 개인적으로 행복한 삶을 살고 싶었다면 변호사나 기업인이 되어 지금보다 훨씬 부자가 되어 있을 겁니다. 하지만 나는 그 길을 선택하지 않았어요. 내가 생각하기에 당시 상황이 잘못되어가고 있었기 때문에 그것을 똑바로 잡아보고 싶었습니다. 저는 국민들이 더 잘 먹고, 더 좋은 집에서 살고, 자기 집을 가지고 살고, 자녀들을 모두 학교에 보내고, 더 좋은 의료서비스와 레크리에이션 시설을 이용하는 것 등 국민이 원하는 것이 제공되는 것을 보면서 만족했습니다. 문제는 이제 그런 생활이 당연하고 자동적으로 계속 제공될 수 있다고 믿는다는 것입니다. 나는 그렇게 생각하지 않습니다. 정부가 능력 없는 지도자에게 넘어가면 점차 퇴보하게 될 겁니다. 조종사 조작 없이 최고 속력으로 비행하는 그런 물체는 없습니다.

사회자: 슈미트 총리께서는 60년 정치생활의 좋았던 것 나빴던 것을 견주어 보았을 때 그만한 노력의 가치가 있다고 보시는지요?

HS: 그렇습니다. 부자가 될 기회를 포기할 만한 가치가 있었습니다.

LKY: 지도자가 된다는 것은 국민이 부자가 되도록 만드는 것입니다. 국민이 부자가 된 것은 국정을 잘 운영했다는 것이고 그것으로 만족해야 합니다. 한번은 선전深圳의 당비서에게 이런 말을 했습니다. "지도자로서 성공하고 싶다면, 당신 자신을 생각하지 마세요. 다른 사람들이 돈을 벌고 부자를 만드는 시스템을 만드세요. 정직한 공직자로 그리고 청빈을 유지하기를 바랍니다." 그 뒤에 나의 조언을 따랐는지는 모르겠습니다.

유럽의 비전

HS: 유럽 정치인들의 행동을 전반적으로 정리해 보면, 유럽의 큰 비전을 얘기하는 것이 현명하고 효과적이라고 생각하는 지도자들이 상당수에 이릅니다. 하지만 지도자들은 그 큰 비전을 실현시키는 데 3세대의 긴 시간이 필요하다는 것을 알아야 합니다. 유럽에서 모든 선거유세를 보면 – 프랑스는 작년, 독일은 금년 – 실현되지 못할 비전을 내놓고 있습니다.

LKY: 그림의 떡이지요.

HS: 예, 싱가포르의 성공을 보면 총리께서는 그렇지 않았어요.

LKY: 그렇습니다. 이민 사회라는 이점이 있었지요. 변화하는 사회였습니다. 싱가포르는 오랜 역사, 오랜 불화, 오랜 적敵이 없습니다. 나는 싱가포르 사회에 영어, 공정한 경쟁, 그리고 민족·언어·문화가 아닌 능력 중심의 채용이라는 공통의 플랫폼을 만들었죠. 이런 덕분에 국가통합을 이루었습니다.

HS: 당신이 없었어도 그런 싱가포르가 만들어졌을까요?

LKY: 누군가 다른 사람이 할 수도 있었겠지요. 그런 사람이 있었다는 것이 전제조건입니다.

HS: 죠지 슐츠, 헨리 키신저, 그리고 저를 포함해서 다른 어느 누구도 그 입장이 되어 보지 못했지요.

LKY: 하지만 슈미트 총리께서는 독일의 긴 역사와 많은 사람들을 물려받았지요.

HS: 그렇습니다. 싱가포르 국민도 그들 민족 뒤에는 고유의 역사를 가지고 있지 않나요?

LKY: 하지만, 보세요. 많은 사람들이 그들의 역사를 중국에, 인도네시아에, 인도에 가지고 있습니다. 그래서 제가 말합니다. "보십시오. 여러분 조상의 역사를 잊어버리십시오." 여러분은 이곳 싱가포르의 앞을 생각하고 미래를 위해 일해야 합니다. 계속 뒤를 돌아보면 우리는 실패할 것입니다. 사람들은 자기가 태어난 나라를 불문하고 싱가포르에서 꼭 성공해야 한다고 결심했지요. 나의 정책이 성공할 수 있었던 것은 그런 힘이었습니다.

사회자: 처음 정치를 시작할 때 동기는 무엇이었나요? 식민 지배를 경험해서인가요?

LKY: 글쎄요. 영국의 식민 지배는 여러 가지로 관대했습니다. 우리를 교육시켰고요. 저도 영국 캠브리지에서 공부하게 해주었어요. 영국은 권력이 언젠가는 이양된다는 것을 알았어요. 그 때를 대비해 영국에 우호적인 엘리트 계층을 만들려고 했지요. 그래서 영국에 대한 고통과 불만이 없어요. 그들은 여러 식민지 국가를 하나로 통합할 수 없다는 것을 알았습니다. 1947년 이후, 인도를 시작으로 실론, 버마, 말레이시아, 그리고 싱가포르까지 식민지가 하나하나 사라지기 시작했지요. 우리는 당시 식민 권력 영국이 자신들의 힘이 약화되고 신사답게 물러나야 한다는 것을 인식했다는 것이 큰 행운이었지요. 그래서 영국과 힘든 싸움을 할 필요가 없었고요. 우리 앞에 있는 문을 밀치니 문이 그냥 열린 것이라고 얘기할 수 있습니다.

HS: 정치 입문 처음부터 아시아적 가치6를 생각하고 얘기한 것인지요? 아니면 몇십 년 국정운영을 경험하고 나서 아시아적 가치가 떠오른 것인가요?

LKY: 음, 선천적으로 내면에 가지고 타고난 것이라고 봅니다.

HS: 그렇군요. 자신도 모르게 가슴으로 느끼고는 있었지만 머리로 인식하진 못했던 것이군요.

LKY: 예. 그 덕분에 내가 국민을 동원해야 했을 때, 개인보다 공동체를 더 중시하는 공동체주의를 이용했던 것이지요. 국민들에게 나를 따르도록 했고 말했습니다. "보십시오. 이것이 우리 공동체에 이로운 일입니다." 개인의 권리가 제한될 수도 있지만 사회 전체가 이득이 될 겁니다. 우리가 긴 역사와 억울한 적대감을 가진 경직적인 사회를 물려받았다면 그런 사회건설이 불가능했을 겁니다.

HS: 언제 유학자가 되었나요?

LKY: 스스로 그런 질문을 해본 적이 있어요. 집에서 유학자로 자라고 그 가치가 주입되었다고 생각해요.

HS: 캠브리지 대학생일 때도 내면에 그런 가치가 있었나요?

---

6 동아시아 및 동남아시아 국가에서 공통으로 나타나는 집단주의와 가부장적 권위주의 등 유교적 전통에서 나온 문화적·사회적 가치를 말하며, 1970년대 이후 고도성장한 한국, 싱가포르, 대만, 말레이시아 등 아시아 개발 국가의 경제성장을 설명하는 중요한 개념이었다. 리콴유 싱가포르 총리, 마하티르 모하마드 말레이시아 총리 등이 주장하였다. 한편 아시아적 가치는 아시아의 다양성을 고려할 때 개념화가 쉽지 않고 인권이나 언론의 자유 등 보편적 가치를 억압하는 현실을 호도하기 쉽고, 1997년 아시아 외환위기 이후 경제성장을 설명하는 개념으로도 적합하지 않다는 비판이 제기되었다(Wikipedia, Asian Values).

LKY: 예, 그것은 나에게 선천적이었다고 말하고 싶어요. 중국에 이런 말이 있습니다. 너 자신을 돌보는 것이, 가족을 돌보는 것이고, 황제에 충성하는 것이고, 그래서 나라가 성공할 것이다. 즉, 첫 번째 해야 할 일이 자신을 돌보고 인품을 갖춘 신사가 되는 것입니다. 가장 중요한 것이지요. 모든 개인은 신사가 되도록 뜻을 세워 노력해야 합니다.

HS: 나는 집에서 기독교인으로 자랐는데 지금은 아무것도 믿지 않게 되었어요.

LKY: 글쎄요. 유럽 사람들은 미국 사람들과 다릅니다. 미국 사람들은 아직 믿음을…

HS: 굉장히. 아주 순진한 방식으로.

LKY: … 인간은 신의 창조물이다. 진화론은 말이 안 된다 등등. 유럽 사람들은 두 번의 큰 전쟁을 경험하면서 인간으로서 생각이 매우 복잡해졌다고 생각됩니다. 헛된 반목과 증오, 위대한 아이디어에 대한 희망이 종국에 비극이 되어버리는 것 등을 직접 경험하면서 터득한 것이지요. 유럽을 통일시키려고 나폴레옹이 시도했고, 히틀러가 시도했지요.

HS: 유럽 사람들은 남북으로 영국의 켄트에서 이탈리아의 나폴리까지, 동서로 터키의 이스탄불에서 스페인의 리스본까지 대부분 지역에서 거의 2000년 전부터 기독교인으로 자랐습니다. 그런데 실제 정책을 놓고는 기독교 이념에도 불구하고 번갈아가며 전쟁을 했어요. 그들은 교육받고 가슴으로 배운 것과는 반대로 행동했지요. 어리석은 사람들입니다.

LKY: 강한 국가가 등장하면 유럽을 통일시키고 싶은 생각이 발동한

적이 있었지요.

HS: 아니요. 통일이 아니라 정복하고 싶었지요. 총리께서 너무 우호적입니다.

LKY: 그렇지 않습니다. 나폴레옹이 승리했다고 가정해보십시오. 프랑스어가 유럽의 언어가 되었을 겁니다. 히틀러가 승리했더라면 독일어가 유럽어가 되었을 테고요. 그것은 야망입니다. 거칠게 표현해서 유럽을 함락시키고 제국을 건설한 것입니다. 이념적으로 각색하면 유럽을 통일한 것이 되지요.

HS: 1200년 전, 샤를마뉴Charlemagne[7] 통치가 마지막 기회였습니다.

LKY: 예, 맞습니다.

HS: 지금 유럽은 20년 전보다 더 분열되어 있어요.

LKY: 유럽의 통합은 미온적인 노력 때문에 교착상태에 빠졌다고 봅니다. 그리스부터 시작해서 유럽 통합에 환멸이 초래되었지요. 유럽의 선택은 우선 하나의 유럽중앙은행과 하나의 재무부를 가진 완전 통합을 생각해볼 수 있습니다. 통합 유럽의 모든 국가 예산이 이들 기구에 의해 청산되는 방식입니다. 다른 하나는 27개 국가가 각자 27개 재무부장관을 두고 각자의 길을 가되 단일통화 유로화를 쓰는 것입니다. 불가능한 일입니다. 어떻게 단일 유로체제에서 빠져 나올 수 있느냐가 관건입니다. 나도 모르겠습니다. 대단한 혼란을 불러올 테니까요.

---

7 742~814. 서로마 멸망 후 많은 공국으로 분열되어 있던 서유럽을 통일하였다. 무력을 통한 영토의 확장에 의한 통일이 아니라 문화적으로 "하나의 유럽"이라는 의식을 확고히 한 위대한 지도자로 평가받고 있다(진덕규, 한국대학신문, 2014. 8. 24).

HS: 그것이 불가능하다는 데 동의합니다. 다른 한편 완전 통합의 방식도 불가능하다고 봐요. 단계적으로 가야 합니다. 장 모네 Jean Monnet[8]라는 프랑스 경제학자가 한 세대 지나고 그 다음 세대까지 이어지는 점진적 접근 아이디어를 냈지요. 어떤 면에서 칼 포퍼Karl Popper[9] 같은 사람이 주장한 핵심 사상의 이론적 근거입니다. 단계 단계 나아가는 것 말고 다른 방도가 없어요. 하지만 어떻게 점진적으로 하나의 재무부로 발전시키느냐가 문제이지요.

LKY: 저는 효과가 없을 것으로 생각합니다. 분열의 골이 깊습니다. 유럽 각국이 고유의 역사가 있고, 자국의 문학과 언어 그리고 문화에 긍지를 가지고 있습니다. 자, 좋아요. 유럽 사람들이 루소Rousseau니 자유주의 사상이니 신경 안 쓰고 하나의 유럽 사람이 되기로 결정했다고 가정하지요. 먼저 필요한 것이 공통 언어입니다. 합리적으로 선택한다면 영어를 모든 유럽 사람들에게 제2언어로 정하는 것이지요. 그래서 프랑스 사람, 독일 사람, 체코 사람이 만나 영어로 대화하고 프랑스어, 독일어, 체코어를 그대로 유지하면서요. 영어가 서서히 유럽 사람 모두를 하나로 결속시키겠지요. 하지만 프랑스가 거기에 결코 동의하지 않을 겁니다. 보세요. 유럽 모든 국가가 자기 나라의 문학을 포기할 수 없는 신성불가침이라고 여길 겁니다. 반면 미국은 신대륙에서 영어로 새로운 문학을 창조한 많은 위대한 작가와 학자가 나왔지요. 그런 점에서 유럽은 과거와 역사에 발목이 잡혀 있어요.

HS: 유럽이 각자의 역사에 잡혀 있지만, 당신이 보는 것처럼 유럽

8 1888.11.9~1979.3.16. 유럽공동체 의장을 역임하였다.

9 1902.7.28~1994.9.17. 영국 철학자.

이 그렇게 부정적이진 않습니다. 유럽 사람들은 협력해야 하고 이제 환상이 되어버린 비전이지만 하나의 유럽이 되어야 한다는 것을 전쟁에서 돌아와 확신하게 되었지요. 내가 아직 26살의 젊은 청년이었을 때입니다. 그 때 장 모네를 처음으로 만났어요. 그는 매우 설득력 있게 유럽 통합이 한 단계씩 점진적으로 이루어질 수 있다는 것을 설명해주었어요. 전체를 한 순간에 이룰 수 없습니다. 나는 1989~1990년 동유럽의 몰락이라는 대변화가 올 때까지는 이 단계적 접근을 신봉했지요. 그런데 동유럽이 붕괴되면서 갑작스럽게 몰려드는 사람들로 어쩔 줄을 몰랐지요. 그리고 갑자기 모든 국가가 유럽연합에 가입할 수 있게 되었지요.

LKY: 그것이 잘못이었다고 봅니다.

HS: 맞습니다.

LKY: 현실은 유럽 국가가 역사적으로 모두 똑같은 것이 아니라 중심 국가가 있었던 것이지요.

HS: 예, 실책이었어요. 그렇다고 유럽 국가들에게 "자유 국가가 된 거 환영합니다. 하지만 우리는 당신들과 함께 가는 것을 원하지 않아요"라고 말할 수는 없었습니다.

LKY: 어쩌면 이렇게 말했어야 했겠지요. "기다려보십시오. 준회원 국가로 받아들였다가 나중에 결정합시다. 중심 국가들은 통합되어 있어야 합니다."

HS: 예. 장 모네에 의해서 유럽 통합이 시작되었을 당시는 6개국이었습니다. 프랑스, 이탈리아, 독일, 벨기에, 네덜란드, 그리고 룩셈부르크 이렇게 6개국입니다.

LKY: 그것은 말이 됩니다.

HS: 가능성이 있었지요. 몇 번의 큰 어려움은 있었지요. 예를 들어, 1960년대 중반, 프랑스 드골 대통령이 자국의 장관이 회의에 참석하는 것을 금지시켰어요. 소위 프랑스의 공석空席 정책이었죠. 하지만 그 어려움도 극복하고 단합을 유지했지요. 영국이 참여하려는 시도가 있었지만 1952년부터 1970년대까지 20년 이상 6개국 체제를 유지했습니다. 드골이 반대했고, 그래도 그때까지는 좋았습니다. 그런데 1970년대에 영국, 아일랜드, 덴마크를 추가로 받아들였지요. 특히 영국이 가입한 동기가 밥상을 차리는 것이 아니라 차려진 밥상에 수저를 놓겠다는 것이었음을 알고 이해가 안 되었지요. 그 다음 10년 사이에 포르투갈, 스페인, 그리스가 가입했습니다. 그래서 12개 국가가 된 겁니다. 이들 세 나라는 스스로 파시스트 독재 권력을 이겨냈기 때문에 환영했습니다. 회원국으로 받아들임으로써 보상을 해주어야 한다는 생각이었지요. 그래서 1990년대 초, 마스트리히트 회의Maastricht Conference까지만 해도 12개 회원국이었지요. 관리 가능한 규모였지요. 몇 번의 잘못된 결정을 했지만 그래도 끌고 갈 수 있었습니다. 문제는 마스트리히트 회의에서 회원국을 개방하기로 결정한 것이었습니다.[10] 그 결과 이후 10년 사이에 회원국이 12개국에서 27개국으로 늘었습니다. 규모가 2배 이상 되면서 통제하기 어려운 상황이 된 것입니다. 새로 가입한 국가 중 일부는 유럽연합에

10 1992년 2월 네덜란드 마스트리히트에서 열린 회의에서 유럽연합 조약(Treaty on European Union), 일명 마스트리히트 조약(Maastricht Treaty)을 체결하였다. 그동안의 유럽공동체(EC, European Community)보다 단일통화를 포함한 경제적·사회적 일체성 강화 등 통합의 수위를 높이는 것을 목표로 유럽연합(EU)을 출범시켰다.

자금이 넘치기 때문에 자금 조달에 이점이 있을 거라는 생각을 했고, 다른 국가들은 "이제 우리도 처음으로 제 역할을 할 수 있겠다"는 생각을 했던 것입니다. 일부 프랑스인들은 아직도 그렇게 생각하고 있습니다. 일부 독일 사람들도요. 유럽공동체를 세운지 60년이 지난 21세기에 아직도 실패하지 않을 거라는 희망을 가진 사람들이 있습니다. 하지만 나는 확신이 가지 않습니다.

LKY: 너무 규모가 큽니다. 너무 크고, 이질적인 국가들이 모였어요.

HS: 그렇습니다.

LKY: 경제성장의 단계가 다르고, 미래에 대한 생각이 서로 다릅니다. 많은 국가들이 유럽연합에서 얻을 수 있는 혜택을 보고 가입하였습니다.

사회자: '지금까지의 많은 단점과 잘못에도 불구하고 유럽연합이 결성된 것은 역사적 기적이고 대단한 성취였다, 어떤 점에서 세계의 다른 지역에 영감을 불어넣었다.' 토론의 차원에서, 뭐, 이렇게 얘기하는 것이 공정하지 않을까요?

LKY: 그렇지 않습니다. 유럽연합이 세계에 영감을 주었다고 생각하지 않아요. 너무 빨리 확대하는 잘못된 판단 때문에, 실패 가능성이 높은 대기업이라고 봅니다.

사회자: 그렇다면 유럽의 통합에서 아시아 국가가 얻을 교훈은 없다고 보시는 거군요?

LKY: 분명히 말하지만 없습니다. 그와 같은 방식으로 통합을 이룰 수 없습니다. 아시아 국가는 모두가 기독교 국가도 아니고, 언어도 다르고, 역사도 다릅니다. 우리가 가질 수 있는 것은 공통의 이익과 자유무역에 대한 공감을 키워가고 있는 정도이지요. 거기부터 서서히 기반을 닦고 있습니다. 아시아의 쟁점은 오히려 중국의 지배적 영향입니다. 중국을 포함시킨 아시아 연대를 얘기하면 그것은 곧 중국을 중심으로 한 나머지 아시아 국가와의 연대를 의미하는 것입니다. 그것은 바뀔 수가 없습니다.

사회자: 그래서 자유무역부터 시작한다는 것인가요?

LKY: 자유무역과 공동의식이지요. 우리는 서로 전쟁하지 않아요. 차이점을 인정합니다. 서로 위협하지 않고 정기적으로 만나 토론합니다. 이미 그 정도가 진행중입니다.

사회자: 슈미트 총리께 질문을 드리겠는데요. 유럽연합(EU)이나 유럽공동체(EC)의 역사는 패배와 후퇴와 위기의 역사이고…

HS: 성공의 역사도 있고요.

사회자: 그렇군요. 여러 위험을 잘 극복해 내기도 하고 또 그런 중에 성공적으로 해결한 것도 있고요. 사람들은 이러한 위기가 정치적 통합이라는 큰 진전을 이룰 수 있는 기회일 수도 있다고 말합니다. 현실적으로 가능한 일일까요?

HS: 음, 이론적으로 보면 맞을 수도 있습니다. 현실적으로 보면 지도자가 필요합니다. 리콴유 총리 같은 지도자 말이지요.

사회자: 어떤 사람들은 메르켈 총리를 거명하기도 하는데요?

HS: 아닙니다.

사회자: 개인이 아니라 국가로서 독일은 어떻습니까? 터스크(Donald Tusk)[11] 폴란드 총리는 독일이 유럽을 이끌고 가야 한다고 말했는데요? 좋은 아이디어로 보시는지요?

LKY: 독일은 두 번의 전쟁에 대한 부담이 있어요. 죄의식을 떨쳐버리지 못했고, 다른 국가들에 강하게 보이는 것을 원하지 않지요. 그럼에도 불구하고 중심 유럽을 되살리기 위한 활력을 가진 유일한 국가입니다. 그런데 유럽 사람들은 왜 프랑스가 독일과 대등하다고 믿는지 이해할 수가 없어요. 유럽 밖에서는 아무도 그것을 믿지 않는데 말이지요. 개인 차원에서 사르코지 전 프랑스 대통령이 메르켈을 만날 수 있습니다. 사르코지가 메르켈보다 더 말을 잘 할 수 있습니다. 하지만 국가 차원에서 사르코지의 프랑스는 독일을 능가할 수 없습니다. 그것이 세계 사람들이 갖는 인상입니다.

HS: 그것은 1990년대부터 생겨난 새로운 현상입니다. 2000년대 들어서서 그런 인상이 굳어져갔죠. 1990년대 독일이 다시 통일되었을 때만 해도 누구도 그런 일이 일어나리라 기대하지 않았습니다. 예외라면 영국의 대처 전 총리입니다. 프랑스의 미테랑 전 대통령과 이탈리아의 안드레오띠 전 총리도 어느 정도는 예외였고요. 유럽 사람들은 역사적으로 학습한 것이 있습니다. 독일이 통일되면 어느 정도의 위험이 있다고 생각했고 그래서 통일에 반대했지요. 미국 그리고 구 소련 고르바초프와의 합의가 있었기 때문에 바뀐 것이지요.

LKY: 나는 그렇게 보지 않습니다. 그렇지 않았어도 독일이 통일되었을 겁니다. 동독에 대한 구 소련의 통제력이 무너지면서, 동독은 서독에 합치는 것 외에 다른 갈 곳이 없었어요. 동독

11 2007~2014년 폴란드 총리 역임. 2014년 12월부터 현재 제2대 유럽 이사회 의장으로 활동하였다.

사람들은 서독의 생활수준이 자신들과 다르다는 것을 이미 알고 있었습니다. 서독 텔레비전을 볼 수 있었지요. 하지만 베를린 장벽 때문에 동독에서 서독으로 넘어가지 못하고 잡혀 있었던 것이지요. 죄수로 갇혀 있었던 것입니다. 그러니 어떻게 그들을 막을 수가 있었겠습니까? 동독 사람들은 통일을 원했던 것이지요. 서독에서 어떻게 "안 돼. 우리는 당신들을 원치 않아"라고 말할 수 있었겠습니까?

HS: 서독 사람들은 "우리는 당신들을 원치 않아"라는 말을 할 수 없었습니다. 아니 우리는 그들을 원했습니다. 그랬다 하더라도 우리가 8천만 명의 인구를 가진 국가가 되리라고는 전혀 몰랐지요.

LKY: 하지만 동독 사람들을 지원하느라 너무 큰 대가를 치러야 했지요.

HS: 그렇습니다. 어떤 면에서 통합이 매우 성공적이었던 것은 아닙니다. 인프라 측면에서 동독이 서독보다 더 잘 구축되어 있었지요. 하지만 이렇게 좋은 동독의 인프라가 경제활동에 충분히 활용되지 않았지요. 모든 경제활동이 동독이 아니라 서독에 집중되었지요. 동독에서 잘 나가던 모든 회사들이 하나도 회생하지 못했고 공산주의자들이 그냥 폐쇄되도록 방치했지요. 베를린 동쪽 교외 지역에 위치한 마르짠Marzahn에서 기계를 생산하는 공장을 기억합니다. 1990년 아니면 1991년에 정부는 기계 생산에 필요한 크레인과 모든 장비를 갖춘 공장으로 다시 세워주었습니다. 한때 종업원은 2천명에 달했는데 지금은 그 공장에 170명이 남아 있습니다. 그곳에서 생산하는 기계가 너무 비싸거나 품질이 좋지 않거나, 그 어떤 이유로든 기계가 팔리지 않았기 때문이지요. 실제로 알고 보면 그 두 가지 문제가 결합되었던 것이지요. 이것이 어떻게 보면 구 동독 전체 산업의 전형적인 실상이었던 것입니다. 그리고 우리는 정말 잘못된 통화 교환율로 통일을 하였습니다. 분명한 비율은 3:1이었어야만 했지요.

LKY: 그런데 1:1로 교환했고요.

HS: 큰 실책이었지요. 그렇게 하다 보니 모든 동독 제품은 가격 대비 품질이 따라주지 않았고 판매가 될 수 없었던 것입니다. 저는 그 때 이 문제를 지적했어요. 한편, 몇 세대가 지나면 문제가 해결되리라는 믿음도 있었지요. 하지만 그렇지 못했습니다. 이제 20년이 지났는데 기회가 없습니다. 구 동독 지역의 실업률은 서독보다 거의 2배나 높습니다.

LKY: 이유를 따져보면 구 동독사람들이 중앙의 계획경제에 세뇌되어 있고, 시장경제와 기업간 경쟁 아이디어를 혐오했기 때문이라고 봅니다. 성공한 기업은 성공하지 못한 기업을 희생시켜서 성장한다고 생각하는 것이지요. 문화가 다른 것입니다. 구 동독 체제에서 40~50년 살면서 성공은 후천적 노력이 아니라 선천적으로 어느 정도 예정되어 있다는 인식이 몸에 배인 것이지요.

석별

HS: 그런데, 오래전에 우리 둘이 함께 참석한 회의를 마치고 나오는데 당신이 나에게 건넨 편지가 기억이 나네요. 거기에 이런 문장이 들어 있었지요. "예나 다름없이 여전히 예리하십니다." 그러고 보니 사실은, "당신"이 예나 다름없이 여전히 예리하군요.

LKY: 아니요. 이제 정신력이 떨어졌어요. 몇 시간 글을 쓰는 그런 정신력 말이지요.

HS: 그래요.

LKY: 글 쓰는 데는 집중력이 필요하고, 체력이 필요해요.

HS: 그렇지요. 다른 한편 그래야 더 오래 살고요.

LKY: 그건 동의하기 힘든데요.

HS: 나는 그게 사실이리라고 믿어요. 정말로요.

LKY: 아니요. 정신을 깨어 있게 하지요.

HS: 음, 정신을 깨어 있게 한다. 담배도 그렇습니다. 몸에는 해롭지만요.

LKY: 깨트릴 수 없는 자연의 법칙입니다. 누구나 그 법칙에 순응해야지요.

HS: 맞습니다.

LKY: 우리의 유전자에는 얼마 동안 살 것인가가 입력되어 있다고 봐요. 만료 시점을 넘기면 재생산이 안 되는 세포들이 있지요.

HS: 이번이 이쪽 지역에는 나의 마지막 방문이 되겠네요. 이제 더 이상 오랜 시간 여행은 못할 겁니다.

LKY: 하지만 오래 사십시오. 건강을 빌고 또 충만하고 보람있는 삶을 기원합니다.

HS: 행운을 빌어요.

LKY: 당신도요. 당신을 알게 되어 기뻤고 영광이었습니다.

찾아보기

ㅅ

저자 약력

리콴유(李光耀)는 1923년 당시 대영제국의 식민지였던 싱가포르에서 태어났다. 일본이 싱가포르를 침략하고 쇼난도(昭南島)로 이름을 붙였을 때 성년을 맞았다. 제2차 세계대전이 끝나고 캠브리지 대학에 입학하여 아주 좋은 성적으로 법학과를 졸업하였다. 그는 1959년 싱가포르 자치정부의 총리가 되었으며 1965년 싱가포르를 완전한 독립국가로 이끌었다. 그는 싱가포르를 제3세계에서 1등 국가로 발전시킨 공로를 인정받고 있다. 그는 작은 무역 도시에 불과하던 섬나라를 효율적이고 부패 없는 국정운영 시스템을 갖춘 글로벌 도시로 바꾸어 놓았다. 1990년 총리직을 내려놓은 다음에는 2011년까지 선임장관과 장관 멘토로서 계속 내각에서 국정에 참여하였다. 리콴유 전 총리는 국제적인 정치인으로 널리 존경받아 왔다. 특히 많은 글로벌 리더들이 중국, 미국, 아시아 국가에 대한 그의 견해를 존중하고 요청했다. 그는 프랑스 다국적 석유회사 토탈(Total)과 세계적 금융회사 제이피 모건(J.P. Morgan)의 국제자문직을 맡고 있으며, 싱가포르 투자청의 고문이다.*

* 2013년 이 책이 발간될 당시를 기준으로 한 저자 약력이다. 리콴유 전 총리는 2015년 3월 23일 91세의 나이로 서거하였다.

역자 약력

역자 **유민봉(庾敏鳳)**은 대전에서 태어나 대전고등학교, 성균관대학교 행정학과를 졸업하였다. 행정고등고시에 합격하고 해병대 장교로 입대하여 군 복무를 마친 후 잠시 공직에 있다 1984년 미국 유학을 떠났다. 미국 The University of Texas(Austin) 존슨정책대학원에서 석사 학위를, The Ohio State University(Columbus) 행정대학원에서 박사 학위를 받았다. 1991년 성균관대학교 교수를 시작하여 2016년 퇴직할 때까지 행정학이론, 리더십 등의 과목을 강의하였다. 재직 중 Duke University에서 초빙교수로 연구년을 보냈으며, 성균관대학교 기획조정처장과 국정전문대학원장 그리고 한국행정학회 편집위원장과 부회장을 역임하였다. 주요 저서로 한국행정학, 인사행정론 등이 있다. 2013년 박근혜 정부 출범과 함께 2년간 국정기획수석으로 일하면서 국정 비전과 과제를 설계하고 정부조직개편을 주관하였다. 2016년 비례대표로 제20대 국회에 진출하여 현재 자유한국당 국회의원으로 의정활동을 하고 있다.

리콴유의 눈으로 본 세계

초판 1쇄 발행 2017년 7월 15일
초판 2쇄 발행 2017년 9월 10일
초판 3쇄 발행 2019년 8월 10일

지은이 리콴유
옮긴이 유민봉
펴낸이 안종만 · 안상준

편 집 전채린
기획/마케팅 임재무
표지디자인 권효진
제 작 우인도 · 고철민

펴낸곳 (주) 박영사
서울특별시 금천구 가산디지털2로 53, 210호(가산동, 한라시그마밸리)
등록 1959. 3. 11. 제300-1959-1호(倫)
전 화 02)733-6771
f a x 02)736-4818
e-mail pys@pybook.co.kr
homepage www.pybook.co.kr
ISBN 979-11-303-0421-2 03340

정 가 20,000원